KB266679

바른 세계관과 통찰

바른 세계관과 통찰

바른 세계관과 통찰

지은이 이상운
펴낸이 이세운집
편 집 이시영
디자인 이시영 이세운집
인 쇄 (주)좋은땅
초판 발행 2026.01.24
펴낸곳 아름다운 세상
등 록 제 2020-00015호
주 소 경기도 부천시 부천로 90번길 43 202호
ISBN 979-11-996807-0-8
값 16,000

bscbook2025@ naver.com
www.beauscreators.com

WORLDVIEW SERIES vol.1

바른 세계관과 통찰

Right Worldview and Insight

이상운 지음

다원주의로 물든 사상의 혼돈 속에서
참된 관점과 통찰을 생각하다

아름다운 세상

글을 시작하며

이 땅에 종교개혁의 전통을 잇는 기독교 복음이 전파된 지 142년이 되었다. 이 땅에서 기독교는 조선이 멸망해가던 시기에 전파되어 일제 강점기를 지나며 함께 고통에 참여하다가 해방을 경험했다. 한반도는 열강의 잘못된 결정과 이념의 분열, 권력욕에 사로잡힌 지도자들의 정치적 선택으로 분단국가가 되었다. 그 결과, 세계대전의 축소판인 한국전쟁 속에서 기독교는 엄청난 시련을 겪었다. 어쩌면 이런 혹한의 시련은 기독교가 내세 지향적이며 현실 세계에 적극적인 대안을 제시하지 못한 결과인지도 모른다.

성경이 말하는 기독교는 하늘에서 뜻이 이루어진 것 같이 땅에서도 뜻이 이루어지기를 기도하고 실천하는 공동체이다(마6:10). 기독교는 메시아이신 예수께서 선포한 하나님 나라를 교회를 통해 드러내는 공동체이다(마16:19). 땅에 임한 하나님의 나라는 그리스도를 통한 하나님의 구속적 통치이다(마4:23, 9:35). 하나님 나라 복음은 가난한 자들에게 기쁜 소식이고 종된 자들이 해방되는 것이며, 마음 상한 자들이 치유를 경험하는 희년이 이루어지는 나라이다(사61:1-2). 그러나 하나님 나라에 대한 이해의 부족과 오해로 인해 적극적인 사상적 대안을 제시하지 못했다. 그 결과 사상의 분열과 민족분단이 일어났고 이는 전쟁으로 이어졌다. 기독교는 자본주의나 공산주의, 심지어는 사회주의를 넘는 사상을 제시하여 사회변혁, 문화 변혁을 주도해야 했으나 그러지 못했다.

그렇다고 기독교가 세상의 정치에 개입하여 신정정치를 해야 한다고 주장하는 것은 아니다. 다만 하나님 나라에 대한 오해로 비롯된 기독교의 미미한 영향력에 대해 지적하고 싶을 뿐이다. 곧, 기독교는 기독교 사상을 삶과 정치에 적용할 수 있는 사회지도자를 길러내지 못했다. 기독교인 정치가들은 있었지만, 기독교 사상을 정치에 적용하지는 못했다. 일제 강점기를 지나며 온 국민이 동의할 수 있는, 독립 후에 펼쳐져야 할 나라의 모습을 제대로 제시하지 못했고 계몽할 기회 또한 부족했다.

그럼에도 기독교가 긍적적 영향을 미친 부분도 있다. 기독교는 선교 초기부터 한글 번역 성경을 보급하여 한글 교육에 앞장섰다. 당시 신분제도에서 벗어난 백성들의 살길이 교육에 있다고 보았다. 그래서 이 시기에 선교사들의 도움에 힘입어 기독교회는 많은 학교를 세워 교육에 힘썼다. 병원을 짓고 구제기관도 세워 주님의 사랑을 실천했다. 이렇게 형성된 교육열은 해방 이후의 혼란과 전쟁의 참혹한 피해에도 불구하고 식지 않았다.

60년대 이후 한국은 적극적인 교육열, 부지런함과 경제정책으로 전 세계에 유례없는 급성장을 이루어 냈다. 기독교도 산업사회와 선진사회로 이어지는 대격변기를 겪으며 세계에서 유례를 찾아볼 수 없을 만큼 큰 성장을 이루었다.

하지만 기독교가 양적으로 확대된 만큼 질적으로도 성장한 것은 아니었다. 선교 초기에 병원과 학교, 구제기관을 세워 주님의 사랑을 실천하던 사역들은 국가가 부유해짐에 따라 교육도의료도 복지도 모두 국가와 사회 기관에 넘어가게 되었고, 이제 교회 사역은 예배와 성경 공부만 남은 듯하다. 한국 교회는 지금보다 더 창의적인 영향력을 발휘해야 한다. 그러려면 더욱 기독교의 본질로 돌아가야 한다.

하지만 교회가 성장주의에 붙잡혀 본질을 왜곡하게 되면서 선한 영향력을 상실하게 되었다. 성경이 말하는 복이 아니라 세상이 말하는 복 사상이 교회에 들어와 자본주의를 넘어 배금주의에까지 물들게 되었다. 신학이 성경적이지 못하면 본질이 왜곡됨과 동시에 교회는 참모습을 잃게 되며 올바른 기능과 역할을 수행할 수 없게 된다.

기독교는 창조주를 믿고 섭리의 주를 의뢰하며 심판의 주를 소망하는 삶을 전파했다. 하지만 하나님의 섭리 가운데 펼쳐진 하나님의 구속 역사를 제대로 설명하지 못했다. 하나님의 구속 역사는 언약을 성취하시는 하나님의 경륜으로 드러난다. 창조 목표를 회복하기 위하여 하나님은 백성을 선택하시고 기르시고 인도하시고 교훈하시어 하나님의 백성답게 살도록 일하신다. 타락하여 에덴, 즉 창조의 축복을 잃어버린 사람들을 심판하시는 중에도 은혜로 남길 자를 남기셨다. 그런 노아 홍수 속에서의 구원을 잊은 채 바벨탑을 쌓으며 반역한 인류를 흩으실 때도 한 개인 아브라함을 선택하여 종족으로, 종족에서 나라로 키워 가셨다. 그리고 열방이 제국을 꿈꾸는 세상에서 제사장 나라가 무엇인지 보여주심으로 하나님의 통치를 드러내셨다. 또한, 이스라엘이 제사장 나라로서의 사명에 실패했음에도 불구하고 하나님은 메시아 왕국, 곧 하나님 나라를 주시고 그 증거기관으로 교회를 세우셨다. 그리고 새 하늘과 새 땅을 주시기까지 인류의 역사에 대한 하나님의 구속 역사는 계속될 것이다.

따라서 지금, 교회는 그런 하나님의 나라, 곧 통치를 보여주어야 한다. 교회는 천국을 죽어서 가는 장소적 개념으로 설명해서는 안 된다. 이 땅에 하나님 나라가 어떻게 드러나는지에 대한 과정을 사랑으로 보여주어야 한다. 다시 말해, 이 땅의 교회는 그리스도를 통해 이루어진 복음적 진리인 하나님 나라를 어떻게 교회 속에 드러내야 하는지 바르게 전해야 한다.

어려운 시대에 사역한 목회자들은 성도들이 처한 고통스러운 현실의 삶을 위로하려고 내세에 대한 소망을 더 많이 강조했다. 죽어서 누릴 안식을 소망하게 했는데 그것을 천국으로 소개하며 위로했다. 그것이 천국개념을 더욱 왜곡했다. 원래 내세란 주님의 재림으로 임할 세상이다. 이제 교회는 더욱 성경으로 돌아가 그리스도의 오심으로 시작된 참된 하나님 나라 복음을 제시해야 할 때이다.

성경은 이미 기독교 공동체에서 오류가 없는 하나님의 자기 계시의 기록인 것으로 확인되었다. 그러므로 하나님의 말씀인 성경은 교회의 기준이다. 또한, 인간과 우주 만물의 기준도 성경이다. 인간이 생각하고 행동하는 기준도 성경이어야 한다. 그 성경을 주신 하나님의 의도대로 성경을 바르게 이해하고 설교하고 가르침으로 교회를 훈련하여 교회가 세상 속에서 제 역할을 다하도록 해야 한다.

교회는 세상의 소금과 빛이며 만물을 충만하게 하는 분의 충만이어야 한다. 교회는 주님의 영이 함께 하시는 성전과 하나님 나라가 무엇인지를 보여주고 주의 뜻을 행하는 그리스도의 몸 된 기능을 수행하여야 한다. 그렇게 하려면 기독교 세계관으로 보고 생각하고 분별하여 의미와 가치, 그리고 뜻과 이치를 이해해야 한다.

그렇다면 기독교 세계관이란 무엇일까? 구속 역사를 이루어 가시는 하나님의 경륜을 살펴보면 하나님의 뜻과 사상이 드러난다. 그 뜻과 사상 속에는 하나님께서 세상을 바라보시고 인식하시는 세계관이 담겨 있다. 우리는 이를 기독교 세계관이라 부른다. 이 기독교 세계관이 기독교인들에게 세상을 인식하는 프레임이 되어야 한다.

그런데 기독교 세계관과 기독교인의 세계관은 다르다. 기독교인들이 성숙하면 성숙할수록 기독교 세계관에 근접하게 된다. 기독교 세계관은 철저히 성경적이어야 하고 그리스도의 복음과 일치해야 한다. 성경에 나타난 하나님의 경륜을 상세히 이해하여야 기독교 세계관을 구체적으로 알 수 있다.

성경이 기독교 세계관의 근거가 되려면 성경이 진리여야 한다. 성경은 하나님의 자기 계시의 기록이다. 성경은 예정과 약속을 통해 사람들 속에 드러난 하나님의 뜻이 이미 역사 안에서 이루어진 것과 이루어지고 있는 것과 앞으로 이루어질 것에 관한 기록이다. 성경이 하나님의 말씀인 것과 진리인 것을 확신해야 기독교 세계관이 확고해지며 그것이 세상을 바라보는 관점이 될 수 있다.

자존하시는 하나님께서 모든 것을 **예정**하신 가운데 우주 만물을 **창조**하셨고, 인간의 **타락**에도 불구하고 **구속**의 역사를 펼쳐내시며 창조질서를 **회복**하시고 예정을 **완성**하시기 위해 지금도 일하신다. 그리고 재림을 통해 세상을 심판하시고, 구속의 완성을 통해 세상을 새롭게 하시고 **영원**히 보존하실 것이다. 하나님께서 신실하지 않다면 성경은 믿을 수 없는 신화에 불과하겠지만, 하나님께서 예정을 언약과 예언하신 대로 신실하게 이루신다면 믿지 않는 것은 불신의 죄이며 결국 심판의 대상이 된다. 지구에 살면서 지구의 주인을 인정하지 않고 산 삶을 심판받는 것이다.

따라서 기독교 세계관을 갖는다는 것은 세상에 있는 여러 관점 중 하나를 선택한 것이 아니라 참된 관점을 찾은 것이다. 참된 관점으로 보아야 이치를 왜곡하지 않고 제대로 통찰할 수 있다. 세상에는 수많은 관점과 그 관점으로부터 나온 수많은 사상이 있다. 그런 사상들이 다 바르고 옳은 것이기 때문에 널리 퍼진 것도 아니고, 널리 퍼져 사람들의 공감을 얻었다고 다 옳은 것도 아니다. 바른 세계관, 좋은 세계관이라는 것은 반드시 진리에 입각한 세계관이어야 한다.

그래서 지금부터 이 책을 통해 기독교 세계관과 그 관점을 근거로 세상을 함께 통찰해 볼 것이다.

<Ⅰ부: 진리와 세계관>에서는 세계관과 진리, 진리인 성경, 그리고 성경이 보여주는 중심 내용이 무엇인지 다루었다.

Ⅰ부의 1장에서는 세계관이 무엇이며 왜 진리와 연관되어야 하는지 그리고 진리가 무엇인지에 대하여 다루었다. 꼼꼼하게 읽어 가면서 논리적 동의가 되어야 다음 장을 소화할 수 있다.

Ⅰ부의 2장에서는 진리의 보고인 성경은 왜 오류가 없어야 하며, 오류가 없기 위한 하나님의 개입을 보여주는 하나님의 영감이 무엇인지에 대한 이야기와 그 성경의 기록방식, 그리고 그 내용이 대략 무엇인지를 다루었다. 성경의 내용에 대한 기본 지식이 있으면 그 내용을 보다 체계적으로 이해할 수 있도록 정리했다.

Ⅰ부의 3장에서는 성경의 중심 내용이 무엇인지 다루었다. 성경의 중심 내용을 이해하면 성경을 체계적으로 이해하기가 쉽다. 성경의 중심 내용을 먼저 고민하고 연구한 믿음의 선배들의 헌신적 결과를 지금 우리가 누리는 것이다. 성경을 더 체계적으로 이해하면 기독교 세계관에 대하여 공감하고 더 큰 확신으로 삶에 적용할 수 있다.

<Ⅱ부: 기독교 세계관>에서는 성경의 중심 내용을 근거로 하여 하나님의 경륜이 보여주는 기독교 세계관을 다루었다. 기독교 세계관은 본서의 핵심 주제라고 할 수 있다. 언약을 성취하는 과정에서 드러내신 하나님의 경륜과 하나님 나라를 살펴보며 어떤 관점으로 하나님께서 이 세상을 통치하시는가를 다루었다.

Ⅱ부의 4장에서는 창조, 5장에서는 타락, 6장에서는 구속이라는 주제를 다루었는데 기독교 세계관의 구조를 구체화하여 자존 하시는 하나님에서부터 예정, 창조, 인간의 타락, 구속, 회복, 완성, 영원에 이르기까지 조금 더 세밀하게 설명했다. 이것이 왜 세상을 인식하는 프레임이 되어야 하는지 확신하게 되면 새로운 관점을 갖게 된다.

<Ⅲ부: 기독교 세계관과 학문>에서는 기독교 세계관과 관련된 분야들을 다루었다. 기독교 세계관의 배경이 되는 성경 신학, 기독교 세계관의 뼈대를 강화해주는 조직신학, 성경에 근거한 기독교 세계관의 산실인 교회, 인간의 삶과 힉문의 배경이 되는 일반은총, 기독교 세계관의 빛 아래 회복되어야 할 철학, 그리고 세상을 이해하는 토대가 되는 학문에 관해 다루었다.

Ⅲ부의 7장에서는 성경 신학적 성경연구가 기독교 세계관을 어떻게 풍요롭게 하는지를 다루었다. 성경 신학은 구약과 신약을 분리해서 이해하는 것이 아니라 성경 전체를 통일된 계시로 보고 그 계시의 특성인 역사성, 점진성, 유기성을 전제로 중심 내용을 연구하는 학문이다. 이러한 연구를 통한 학문은 하나님의 경륜을 이해하게 하여 기독교 세계관을 더욱 확고히 한다.

Ⅲ부의 8장에서는 조직신학이 기독교 세계관의 핵심 내용이 될 수 있는 가치를 지님에도 불구하고, 그 기본적 인식방법으로 인한 철학적 문제와, 이것이 왜 그리고 어떻게 기독교 세계관을 통해 보완되어야 하는지를 다루었다. 조직신학의 철학적 문제를 본론을 통해서 자세히 이해해야 할 필요가 있다.

Ⅲ부의 9장에서는 하나님의 경륜 가운데 드러난 하나님의 나라를 받드는 교회가 기독교 세계관으로 진리를 더 드러내는 곳이며, 기독교 세계관을 가르쳐서 하나님의 백성을 백성답게 양육하는 곳임을 다루었다.

Ⅲ부의 10장에서는 특별은총이 오면 일반은총이 회복되는

데, 일반은총의 영역에서 그 회복을 위해 기독교 세계관이 왜 유용한지를 다루었다. 그리고 다음 장에서 다룰 철학의 배경이 되는 일반은총 영역을 정리하였다.

Ⅲ부의 11장에서는 기독교 세계관이 인식하는 눈이라면 철학은 사유임을 다루었다. 그 철학에서 사상이 나오고 그 사상이 법과 제도의 토대가 된다. 더 나아가 다른 학문의 기초가 되는 철학의 역할을 다루었다.

Ⅲ부의 12장에서는 기독교 세계관과 학문을 다루었다. 모든 학문은 그 출발에 있어서 관점과 개념이 있어야 한다. 기독교 세계관이 어떻게 학문의 관점이 되고 개념을 찾아내는데 유용한 역할을 하는지 다루었다.

사람은 동물과는 다르게 시공간 속에 펼쳐진 우주 만물과 그것들을 향한 하나님의 뜻을 이해하기 위해 공부해야 하는 존재이다. 참된 관점을 소유하는 것은 거짓에 속지 않게 되는 것을 넘어 사상을 분별하여 참된 이치를 알게 하는 눈을 회복하는 것이다.

성경의 내용을 상세히 설명하려다 보니 다소 길고 동일한 내용을 다른 주제 안에서 다시 다루기도 하지만, 그것은 불필요한 반복이 아니라 성경이 강조하는 본질을 여러 각도에서 보여주기 위함이다. 독자 여러분께서도 이 점을 이해하시고, 성경이 말하는 바를 더 깊이 음미하는 기회로 삼아 주시기를 바란다. 글의 내용을 함께 생각하며 끝까지 정독해 주시기를 부탁드린다.

---CONTENTS---

II부. 기독교 세계관

I 부. 진리와 세계관

진리가 없다면
세상의 모든 이론은
탁상공론일 뿐이며
인류의 역사도 사상도
믿음도 헛된 것이다.

진리를 아는 것이
모든 공부의 시작이며
기초여야 한다.

진리는 실재하며
일하고 있다.

성경은 하나님이 주신
오류 없는, 하지만
정확한 해석이 필요한
진리의 보고이다.

성경은 참된 세계관을
만들어 준다.

1장. 세계관이란 무엇인가?

1. 관점의 차이가 인식의 차이를 가져온다.

　TV에서 정치적인 토론을 할 때 각 참여자가 같은 사건이나 현상을 놓고도 견해가 달라 격한 논쟁을 하는 것을 보게 된다. 선호하는 관점이 없는 사람이 들으면 각각의 논리적 주장에 일리가 있다고 여기게 된다.

　그렇다면 무엇이 동일한 사건이나 현상에 대한 토론자들의 해석과 주장을 다르게 만드는가? 그것은 토론자들의 관점이 다르기 때문이다.

　세상을 보고 인식하게 하는 관점이 세계관이다. 학자들은 세계관을 세상을 바라보는 창틀에 비유하며, 이를 프레임이라고 부르기도 한다. 이 세계관이라는 틀은 모양도 형태도 제각각이며 늘 투명한 것도 아니다. 그 세계관은 마치 색안경과 같다고 볼 수 있다. 프레임을 구성하는 요소가 무엇이냐에 따라 세상은 전혀 다른 모습으로 인식된다. 프레임을 구성하는 요소는 다양한 경험들로 만들어지기 때문에 이 세상에는 수많은 세계관이 존재한다고 볼 수 있다.

　이러한 세계관은 개인 차원에만 국한되지 않는다. 각 학문에도 나름의 세계관이 존재하는 것을 확인할 수 있다.

　사회학에서 이야기하는 가치체계, 즉 기능주의나 갈등주의, 통합주의와 같은 이념이 사회를 인식하는 틀이 된다. 어떤 이념을 관점으로 받아들여 세상을 바라보느냐에 따라 학문과 사상의 내용과 방향이 달라진다.

　과학은 '실험과 관찰이 가능하고 검증될 수 있어야 과학의 대상이 된다‘는 전제를 바탕으로 하고 있으며, 이는 경험주의적 사상에 기초한 과학의 세계관이다. 따라서 과학은 실험과 관찰이 불가한 영역을 연구의 대상으로 삼지 않는다.

가치체계 곧 이념이 인식을 다르게 하는데, 과학의 정의에 내포된 이념은 인식 범위의 한계를 정한다. 이 인식의 한계는 연구대상에 대한 이해 범위를 다르게 한다. 실험과 관찰, 검증이 가능하다는 조건이 과학을 정의하는 요소가 되었지만, 그 조건은 과학이라는 분야가 인식할 수 있는 범위의 한계를 정한 것이다. 즉, 과학의 관찰 범위를 벗어난 것은 과학적 탐구의 대상이 될 수 없다는 세계관이 과학에 내재되어 있다. 그러므로 어떤 사상에 내포된 관점이 있다면 그 관점은 사실이며 진리인가를 먼저 질문하고 확인해야 한다.

학문에도 각각의 다른 관점이 존재하듯, 이 세상에는 세계관이 완전히 같은 사람은 없다고 할 수 있다. 인간이 태어나면 처음에는 이성도 도덕도 발달하지 않은 상태이다. 오직 본능과 그 본능에 연결된 감정적 인식만이 생존과 직결되어 드러난다. 중요한 타인인 부모님의 공급과 보호, 안내와 교훈을 받으며 개인의 세계관이 형성된다. 누구와 어디에서 어떤 문화를 소비하며 살아가느냐가 세계관 형성에 결정적인 영향을 미친다. 더 나아가 세계관은 여러 신념을 통해서 형성되기도 한다. 동기이론에 따르면, 특정 욕구의 충족 여부의 경험도 인식을 다르게 하는 세계관의 형성요소가 될 수 있다. 트라우마 전문가들에 따르면, 작은 트라우마든지 큰 트라우마든지 그것을 경험하면 세계관에 많은 변화가 일어난다고 한다. 이렇듯 한 사람의 세계관이 형성되기까지 수많은 요소들의 작용이 있기에 타인과 나의 세계관이 온전히 일치하는 것은 불가능하다.

그렇다고 해서 서로 다른 세계관이 서로를 향해 항상 틀린 것도 아니고, 다른 세계관을 늘 배척해야 하는 것도 아니다. 누군가를 만나서 대화할 때 서로의 세계관이 달라도 틀리지 않음을 인식하고 서로 그 관점을 수용할 수 있다면, 그 경험이 세상을 달리 보게 하며 우리의 사고를 더욱 폭넓게 한다.

그러나 틀린 관점으로 행하는 인식과 사유에는 비판과 분별이 필요하다. 틀린 관점으로 만들어진 세계관은 잘못된 사상을 만들어 개인, 가족, 사회, 국가, 더 나아가 세계를 힘들게 만들기 때문에 세상에 대한 바른 세계관을 갖고 세상을 인식하는 것은 너무나 필수적이다. 진리에 근거한 세계관만이 바른 세계관이다. 바른 세계관은 또한 진리를 분별하게 하는 소중한 열쇠가 된다.

2. 왜 옳고 바른 세계관을 갖는 것이 중요한가?

"눈은 몸의 등불이다. 그러므로 네 눈이 성하면 네 온몸이 밝을 것이요, 네 눈이 성하지 못하면 네 온몸이 어두울 것이다. 그러므로 네 속에 있는 빛이 어두우면, 그 어둠이 얼마나 심하겠느냐?"(마6:22-23).

이 구절은 그리스도 예수께서 하나님 나라의 법전과 같은 산상수훈에서 하신 말씀이다. 개인의 경건을 권면하시는 가운데, 재물에 대하여 교훈하시며 인생의 태도와 관점에 대해 말씀하셨다.

이 말씀의 핵심은 염려로 인해 더 많이 소유하려는 삶을 살 것인가, 아니면 하늘에 잇대어 인생의 본질을 살아갈 것인가에 대한 관점을 제시하는 데 있다. 참된 사람은 그의 나라, 즉 의의 통치를 구하기 위해 살아야 하고 삶에 필요한 의식주는 하나님이 공급하여 주신다는 맥락으로 해석해야 한다. 먹을 것, 마실 것, 입을 것을 구하느라고 하나님 나라 곧, 의의 통치를 구하지 못하면 인생은 허비되는 것이다. 예수님께서 출애굽 후의 이스라엘 백성들의 광야 여정을 생각하시며 이 말씀을 주셨다고 해석해야 한다.

출애굽한 이스라엘 백성들은 하나님을 경험하고도 믿음으로 반응하지 못해 광야에서 세대교체를 당했다. 이스라엘 백성은 출애굽의 과정에서 열 가지 재앙으로 상천 하지의 여호와 하나님을 만났고 홍해를 건넜다. 광야에서는 써서 마시지 못할 물을 단물로 바꿔주시고 만나와 메추라기를 주시는 하나님을 경험했다. 또한, 밤에는 불기둥으로 낮에는 구름 기둥으로 보호하고 인도하시며, 바위에서 물이 나게 하시고 아말렉 족속을 이기게 하시는 하나님을 경험했지만 믿음이 없어서 광야에 사십 년 동안 머물며 세대교체 되었다.

우리는 출애굽의 이스라엘 백성을 통해 하나님을 경험해도 하나님을 알려 하지 않으면 관점이 고쳐질 수 없다는 것을 보았다. 하나님을 경험하고도 주를 경외하며 하나님의 주권을 인정하지 않으면 참된 세계관을 가질 수 없다. 단지 염려하고 자기 안전을 구하며 존재의 목적보다 존재 유지를 위해 살게 되는 것이다. 결국, 주의 말씀대로 눈이 어두우면 온몸이 어둡게 된다. 올바른 세계관만이 참된 삶을 살게 한다.

잘못된 관점은 잘못된 생각을 하게 하고, 잘못된 생각은 잘못된 행동을 하게 한다. 잘못된 행동의 반복은 잘못된 습관을 만들고, 잘못된 습관은 왜곡되고 삐뚤어진 인격을 만들어 자신이나 다른 사람에게 해를 가져온다. 그러므로 바르고 정확한 관점으로 만물을 통찰하고 이해하는 것은 무엇보다도 우선되어야 한다. 어떤 대상을 이해하기 위한 관점과 개념이 잘못되면 허위이론이나 그릇된 주장이 나올 수밖에 없다. 잘못된 이론이 널리 퍼지면 사회를 병들게 하는 이념과 사상이 되고 인류는 고통을 경험할 수밖에 없다. 그렇기에 '옳고 바른 관점이 무엇인가'에 대한 질문을 통해 바른 관점을 찾아 적용하는 것이 너무나 중요하다. 어려서부터 정확하고 바른 관점을 갖도록 자녀를 양육하는 것은 가장 중요한 일 중의 하나이다.

하지만 세상에서 옳은 관점이 다 편리하거나 승리하는 것이 아니기에 사람들은 옳은 관점을 선택하지 않으려 한다. 옳고 바른 관점으로 크고 길게 그리고 전체적으로 바라봄으로써, 편향된 사고에 갇히지 않고 부분적 사고에서 벗어날 수 있다. 또한 깊고 세밀하게, 다각적·다층적으로 살피며 역사와 세상을 존재하게 하신 하나님의 의도를 생각해야 참된 의미를 알게 된다. 그렇다면 옳고 바른 세계관은 무엇인가?

3. 옳고 바른 세계관은 무엇인가?

　우주 만물의 기원과 그 본질, 기능, 역할 그리고 목적을 알도록 하는 것이 바른 세계관이다. 기원을 알아야 본질을 알기 쉽다. 특히 본질을 안다는 것은 우리의 이해, 분별, 느낌 그리고 결단을 바른 방향으로 인도하기 때문에 바른 세계관을 갖고 통찰하는 것은 학문하는 인간의 필수적 요건이라 하겠다. 철학은 우주 만물의 이치와 본질을 이해하기 위해 질문하고 답하여 정리하는 학문이다. 철학적 사유는 모든 학문의 참된 시작이며 방법이 된다. 바른 세계관을 가지고 철학을 한다면 참되고 올바른 학문에 이를 것이다.

　그렇다면 바른 세계관을 버린 철학으로 본질을 탐구할 수 있을까? 우주 만물을 조성하신 창조주를 버린 세상은 바벨탑 이후 고대 철학자에서부터 현대 철학자까지 만물의 근본이 무엇이며 인간이란 무엇일까 생각하고 답을 찾아왔지만, 여전히 그 답을 정확하게 알지 못한다. 참된 관점을 버린 철학은 그저 수많은 이론을 양산할 뿐이다.

　철학에서 파생한 다양한 학문은 세분화, 전문화되어 왔다. 그러한 학문의 발달에도 불구하고 부분적 이해는 가능할지라도 전체적인 통찰을 통해 바르게 인식하는 데는 실패했다. 이처럼 철학이나 학문을 통하여 정확한 인식을 할 수 없는 이유는 철학이나 학문이 창조주의 관점을 알지 못하기 때문이다. 옳고 바른 세계관은 진리를 알게 한다. 또한, 진리는 올바른 관점을 갖게 한다. 진리에 근거한 세계관이 바른 세계관이다. 진리에 근거한 세계관이 바른 세계관이라면 진리는 무엇이고 어디에 있는가?

4. 진리란 무엇인가?

진리란 사전적 의미로는 참된 이치이다. 진리란 변하지 않고 영원해야 하며 사실이어야 한다. 법칙이나 원리는 자연이나 사회 속에 질서가 있다는 것을 의미하지만 그것이 진리의 모든 면은 아니다. 특히 자연의 원리나 법칙이 있어 질서가 있다는 것은 우연이 아니라 인격적 의도에 의해 비롯된 것임을 의미한다. 그러므로 진리는 참이신 고도의 인격적 존재가 의도한 이치라고 보아야 한다.

성경은 고도의 인격적 존재인 거룩한 분이 드러내신 계시의 기록이다. 거룩한 분에게서 진리가 나오고 그 진리가 이루어지는 것이 선이며, 그 선한 것 안에는 미와 의를 비롯한 수많은 가치와 의미가 조화롭게 되어 실재한다.

여기에 더해 진리는 인류의 근본문제를 해결할 수 있는 능력이 있어야 한다. 인류의 근본문제는 인류가 사는 세상에 죄악과 재앙이 만연해 있다는 것과 병들고 죽는다는 것이다. 진리는 이것을 어떻게 이해하고 해결할 것인가, 그리고 어떻게 사는 것이 바르게 사는 것인가에 대한 답을 해야 한다. 하나님은 스스로 계시며 거룩하신 창조주이며 섭리와 심판의 주인이신 진리의 하나님이시다. 참이신 하나님의 말씀이 진리이다. 그래서 이런 진리는 모든 철학적 질문에 대한 참된 답이 된다. 인간과 우주가 어떻게 시작되었고 인간은 누구이며 무엇을 해야 하는지, 무엇이 문제이고 그 해결책은 무엇인지, 그리고 결국은 어디로 가며 최종 상태는 어떻게 되는지와 같은 모든 근본적 질문에 답을 줄 수 있어야 수긍할 수 있는 진리이다. 성경만이 그 모든 질문에 모순 없는 답을 줄 수 있다.

성경은 인간이 겪는 모든 문제가 진리를 버린 데서 비롯되었다고 말한다. 인간이 하나님과의 언약 관계를 파괴하도록 하는 뱀의 유혹을 받아 하나님의 말씀 곧 진리를 버리고 거짓에 근거하여 행한 것이 타락이며, 타락하여 살게 된 모든 것이 죄이고 그 열매가 악이다. 금단의 열매인 선악과를 먹어 스스로가 하나님처럼 될 수 있다는 것이 유혹의 내용이다. 유혹을 이기지 못하고 죄를 범한 결과로 질병과 저주, 사망이 들어왔다. 죄의 대가는 단순히 죽음으로 끝나는 것이 아니라, 행한 대로 갚으시는 하나님의 정의로운 심판에 이르는 것이다. 하나님의 계시인 성경은 공의로운 심판이 있다는 것을 분명히 말한다. 그러므로 진리란 오직 하나님만이 참되다는 것에서부터 시작한다.

또한, 진리는 하나님께 속한 것이며 인간에게 주어진 것이기도 한데, 이 말은 하나님과의 관계 속에서 모든 것을 이해하고 사는 것이 진리를 아는 시작이라는 뜻이다. 지혜로운 왕이었던 솔로몬은 "여호와를 경외함이 지식과 지혜의 시작이다."(잠언 1:7)라고 말했다. 이해와 분별, 통찰과 문제를 푸는 능력, 이런 것들이 지혜이다.

이런 지혜를 어떻게 얻을까? 지혜에는 크게 세 종류가 있다. 히브리어로 '호크마'와 '다아트', '비나'이다. '호크마'는 많은 연구를 통한 진리적 지식에 근거한 실천적, 도덕적, 기술적 지혜이다. 원리와 법칙을 알고 이해하는 것의 결과이다. '다아트'는 단순한 정보가 아니라 하나님과의 관계 속에서 얻은 체험적인 앎이라 할 수 있다. '비나'는 직관적 통찰로 얻어진 분별력, 이해력, 해석하는 능력이다. 세 지혜는 상호 보완적이다. 하나님의 계시의 기록인 성경을 읽고 연구하여 이해할 때, 우리는 '호크마'와 같은 지혜를 얻고 그 지혜로 하나님을 경외하게 된다. 그 경외 속에서 '다아트'와 같은 관계적 앎에 이르며, 하나님과의 깊은 관계 속에서 통찰력인 '비나'의 지혜가 생겨난다. 이 세 가지 지혜가 상호 보완적으로 작용하여 진정한 진리에 관해 깨닫게 된다.

결국, 하나님의 말씀인 율법 책을 읽고 묵상할 때 여호와 경외하기를 배울 수 있다(신17:18-19). 여호와를 경외하는 것은 하나님의 주권을 인정하며 그 엄위하심을 두려워하고 사랑하는 것이다. 이 관점으로 만물을 살피면 직관적 지혜인 비나를 얻게 된다. 솔로몬 또한 직관적 지혜인 비나를 통해 아기의 진짜 엄마를 분별해낼 수 있었다. 다윗은 솔로몬이 어려서부터 지혜로웠다고 평가했다. 하지만 솔로몬은 하나님의 통치를 위해 왕이 된 후에, 그 통치하는 일에 있어 자신을 어린아이와 같다고 했다. 그러나 은혜로 하나님께 지혜를 받고 난 후에는 다른 모든 지혜로운 자들보다 더 지혜로웠다고 성경 기록자는 평가했다. 하나님의 주권, 하나님의 자존과 예정, 창조를 인정할 때 그 관점이 만물의 기원과 본질을 알 수 있게 해주기 때문이다. 그래서 솔로몬은 곤고한 날이 이르기 전에 창조주를 기억하라고 강조하며, 여호와를 경외하고 그의 율법을 지켜 행하는 것이 인생의 본분임을 전도서 마지막 장에서 선포했다.

참되신 하나님에게서 나온 말씀이 참된 이치, 곧 진리이다. 성경은 예수 그리스도를 하나님의 말씀이 육신을 입고 오신 분이라 증거 한다(요 1:14). "솔로몬보다 더 지혜로운 이가 여기 있느니라(마 12:42)."라고 예수님은 자신을 가리켜 말씀하셨다. 또한, 진리의 영이신 성령을 보내 주시겠다고 하셨다(요 14:17). 말씀의 육체적 실체이신 예수께서 말씀하셨다. "너희가 내 말에 거하면 참으로 내 제자가 되고 진리를 알지니 진리가 너희를 자유롭게 하리라(요 8:31-32)." "내가 곧 길이요 진리요 생명이니 나로 말미암지 않고는 아버지께로 올 자가 없느니라(요 14:6)." 그러므로 성경과 스스로 계신 하나님, 예수 그리스도, 진리의 영이신 성령을 모르고는 정확하게 진리를 안다고 말할 수 없다.

5. 진리는 어디에 있는가?

옛날의 성현들은 삶에서 실천해야 할 마땅한 참된 이치를 진리라고 말했다. 그래서 옛날에는 종교와 성현의 가르침에서 진리를 찾았다. 하지만 현대인은 진리에 관해 별로 관심이 없다. 서양 학문이 세계화된 이후로 진리는 철학이나 종교의 영역으로 제한되었고, 현실에서는 각자의 소견이 가장 중요하게 여겨지는 듯하다.

우리는 동서양의 역사 속에서 진리가 어떻게 왜곡되고 받아들여져 왔는지를 살펴볼 필요가 있다.

서양에서는 진리를 논하려면 당연히 철학에 물어야 한다. 그 진리를 언급하는 서양의 두 사상체계는 헤브라이즘과 헬레니즘이다. 성경에서 말하는 진리의 체계가 헤브라이즘이고 그리스에서 시작한 철학적 사조가 헬레니즘이다. 헤브라이즘은 유일신 사상을 가지고 창조주를 인정하는 신학 사조이다. 반면, 헬레니즘은 다신론을 인정하고 이원론을 주장하며 세상을 물질의 세계와 이데아의 세계로 나누어 이해하려 한다. 이데아의 세계는 고귀하지만, 이 물질적인 세상은 극복해야 할 열등한 세계로 규정한다. 중세에는 헤브라이즘과 헬레니즘이 뒤섞여 암흑기를 겪었다. 성경이 말하는 하나님 나라는 이 땅에 임한 하나님의 구속적 통치이다. 그러나 하나님 나라를 이데아의 세계와 연결하여 죽어서 가는 곳으로만 여겼고, 하나님께서 창조하시고 보시기에 좋았더라고 하신 만물을 보잘것없는 것으로 오해하였다. 그 결과, 중세의 기독교는 성경이 금하는 일을 하나님의 이름으로 행하는 반기독교와 비진리적 성격을 띠게 되었다. 이에 대한 실망으로 사람들은 교회를 떠나 진리의 보고인 성경을 버리기에 이르렀다. 따라서 중세의 암흑기는 신학의 혼란으로부터 빚어졌다고 말할 수 있다. 철학이 성경을 이해하고 신학을 전개하는 데 도움이 된다고 생각하여 받아들였는데, 그리스(헬라) 철학의 이원론이 오히려 성경과 신학을 왜곡하게 했다. 사라가 아들을 얻으려 아브라함에게 하갈을 주었으나 하갈이 임신한 후에 사라를 업신여긴 것 같이, 신학을 위해 받아들인 철학이 성경을 왜곡하여 신학을 오염시켰고 중세의 암흑기를 낳았다.

교회는 신자들의 모임이고 성전이다. 그리스도의 죽음과 부활 그리고 승천 이후 성령의 강림하심으로 교회가 세워졌다. 하지만 중세의 기독교는 구약의 성전과 세상의 신전을 뒤섞어 장엄한 교회당을 짓고 그것을 성전이라 부르며 신성시하였다. 또한 사제라는 직급을 만들어 직분을 변형시켰으며, 하나님 나라 곧 통치를 이데아의 세계와 연결하여 천국을 죽어서 가는 장소적 개념으로 생각하게 하였다. 그래서 이 땅에 이미 임한, 교회를 통하여 드러내야 할 하나님 나라를 오해하게 했다. 더 나아가 교황은 그 직분에 따른 권위를 가지고 세상의 지배자가 되려고 했다. 섬기기 위해 오신 그리스도를 본받지 않고 세상의 왕들도 굴복하게 만드는 불의한 권력자가 되었다.

또한, 온 세상을 사역의 현장으로 주셨음에도 이스라엘이 성지라는 생각에 집착하여 십자군 전쟁을 일으켰다. 이처럼 중세의 기독교는 수많은 사람을 죽음과 고통에 빠뜨리는 악이 되어 기독교 교회의 본질인 사랑을 훼손했다. 이런 실망 속에서 세상에서는 기독교로부터 멀어지는 르네상스가 일어났고, 교회 내에서는 성경으로 돌아가자는 종교개혁이 일어났다.

르네상스 이후, 서양은 기독교를 거부하거나 교회당 안으로 성경을 가뒀다. 성경이 기준이 아닌 이성의 사변에 근거한 학문을 전개했다. 중세시대에 신학 대전을 집필한 토마스 아퀴나스는 인간의 타락에도 불구하고, 인간의 이성이 진리를 인식하는 기능은 여전하다고 보았다. 르네상스는 이성이 진리를 이해하고 분별하는 기능을 넘어 판단자의 자리에 오르는 계기를 마련했다. 하지만 하나님의 주권을 인정하지 않는 모든 것이 타락이기 때문에, 하나님의 주권을 거부한 이성적이고 논리적인 탐구는 또 다른 타락으로 이어졌다. 인간의 이성이 하나님의 주권을 인정하지 않으면 원리를 이해하는 것조차 왜곡으로 이어진다. 르네상스 이후로 서양의 학문은 냉철한 이성 곧 논리를 핵심으로 삼고, 모든 것을 회의적인 태도로 탐구했다. 그들은 기독교를 떠나는 것을 '진리를 버리는 것'이 아니라, 속박에서 벗어나는 자유로 여겼다. 그렇게 이성을 판단자의 위치에 놓고 합리적 의심을 학문의 방법으로 사용하여, 경험 가능한 것을 학문의 대상으로 삼았다. 서양의 학문은 합리성과 냉철한 논리를 지향하며 진리의 근원을 이성적 사유에서 발견하려 했다. 그리고 그 사유적 방법을 얻기 위해 다시 헬레니즘 철학으로 더 깊이 돌아갔다. 이러한 이성주의와 그 사상에서 비롯된 이념은 서구 사회를 과학적, 경제적으로 발전시키기도 했다. 그러나 이는 문명을 선점한 국가들이 자원을 값싸게 얻고 물품을 팔기 위해 다른 나라를 식민지로 만드는 악으로 이어졌다. 더 나아가 열강들은 식민지 쟁탈전을 벌여 세계를 제1·2차 세계전쟁의 불덩이에 몰아넣었다. 그 결과로 이성에 대한 회의를 경험하게 되었다.

서구 사회는 서구의 종교와 이성적 사유의 결과에 실망한 나머지 진리에 대한 목마름으로 동양의 종교에 몰입하기도 하였다. 동양의 종교 사상이 서양의 종교와 학문에 뒤섞이면서 괴테의 『파우스트』, 니체의 『짜라투스트라는 이렇게 말했다』, 헤르만 헤세의 『데미안』과 같은 문학작품들이 등장했다. 그러나 서구 사회는 진리에 대해 지금도 여전히 목마른 상태에 있다.

이에 반해, 기독교를 버리지 않고 성경으로 돌아간 종교개혁

자들에게는 헤브라이즘의 사상이 회복되었다. 헤브라이즘은 구약과 신약 성경이 말하는 진리체계에 근거한 유일신 사상을 의미하는데, 기독교 초대 교회와 고대 사회에 정점에 이르렀으나 위에서 살펴본 것처럼 중세에 헬레니즘과 혼합되어 그 맛을 잃고, 중세를 암흑기로 만들었다. 종교개혁을 통해 회복하고자 했던 노력은 역사 속에서 개혁주의 정신으로 남아 있다.

하지만 세상의 학문은 그리스도 예수의 구원에 무지하여 하나님의 주권을 인정하는 관점을 버렸기에, 하나님의 섭리와 통치를 이해하지 못하고 진리를 아는 눈을 잃어버렸다. 우리가 살아가는 삶의 현장에 진리가 있다는 것을, 세상은 잘 알지 못한다. 그 결과, 어떻게 살아야 하는지 알지 못한 채 나름의 의미를 추구하며 살게 되었다. 성경은 인간을 다스림의 사명을 행하도록 창조된 존재라 말하지만, 세상의 철학은 인간을 우연히 세상에 내던져진 존재로 보기도 한다. 심지어 과학은 인간을 우연히 진화한 존재로 여긴다.

동양에서는 유교, 불교, 선 등 종교에서 진리를 구했다. 종교라는 말이 으뜸 된 가르침 또는 근본 된 가르침을 의미하기 때문에 그 안에서 진리를 찾을 수 있다고 생각한 것이다. 종교의 경전이라고 하는 책들은 성현의 가르침과 그 해설집을 의미한다. 그러나 각 종교의 성현과 가르치는 주장이 다름은 어느 것이 진리를 담고 있는지 알 수 없게 한다. 그래서 현대는 동서양의 사상이 만나 혼돈과 혼란을 겪기도 했으며, 서로 다름을 인정하자는 취지에서 다원주의를 만들고 그 세계로 들어

갔다. 다원주의는 산 정상에 이르는 길이 다양한 것 같이, 진리에 이르는 여러 길로서 각 종교가 존재한다고 여기며 각각의 존재를 서로 인정하자는 사상이다. 그리하여 주장하는 바의 옳고 그름을 판단하기보다는 각자의 신호도에 따라 취사선택하는 시대가 되었다.

동양 사상을 간략히 살펴보면 이 시대를 조금 더 이해할 수 있다.

유교는 거룩한 것에서 도가 나오고 도에서 덕이 나오고 덕에서 인이 나오고 인에서 의가 나오고 의에서 예가 나오고 예에서 지가 나온다고 주장한다. 하지만 거룩을 제대로 이해하지 못하면 도가 바를 수 없다. 유교는 세상에서 함께 살아가기 위한 관계를 위하여 윤리와 철학을 논한다. 그래서 삶의 철학으로 인의예지에 집중한다.

불교는 힌두교 사상의 영향 아래 있긴 하지만, 세상의 고뇌에서 벗어나려는 고행자들에게 몸을 고통스럽게 하는 고행이 아닌 바른 수행 방법을 가르친 싯다르타로부터 시작된 종교이다. 불교는 사성제를 논하는데, 그중 수행 방법을 다루는 도성제에서는 오욕칠정을 이기기 위한 팔정도의 수행을 통해 누구나 윤회의 고리를 끊고 해탈할 수 있다고 가르친다. 유교가 현실의 삶을 강조하고 있다면 불교는 이 세상을 넘어가야 할 곳으로 인식하며, 해탈을 통한 인간의 극락왕생을 염원한다.

도교는 조화를 중시하며 선과 악의 공존을 자연스러운 이치로 받아들인다. 그래서 인간 또는 외부의 개입을 배제하는 것이 최선이라 보고, 무위(無爲)를 주장하며 자연 상태로 돌아갈 것을 권고한다. 도교는 세상을 볼 때 선과 악이 동전의 양면처럼 서로를 보완한다고 생각한다. 즉, 악이 있어서 선이 드러난다고 보는 것이다. 마치 영화에서 악역을 통해 주인공의 서사가 완성되듯, 세상 또한 그러한 맥락으로 보아야 한다는 것이 도교의 입장이다.

이렇게 종교마다 주장하는 바가 다른 이유는 각 종교의 기원이 그 창시자의 깨달음에서 출발하기 때문이다. 이런 종교의 모습은 세상에 대한 나름의 부분적 이해에 불과하며 결코 '절대 진리'에 도달할 수 없다. 하나님의 계시 없이 인간의 깨달음만으로는 진리를 정확히 인식할 수 없으며, 주님의 계시에 근거하지 않으면 어떤 사상도 통일성을 가질 수 없다.

하나님께서는 시간과 공간 속에서 개인이나 공동체와 언약을 맺으셨고 그 언약을 성취하시는 가운데, 백성들은 주님의 일하심을 체험하였다. 그리고 그 체험은 하나님께서 택하신 사람에 의해 기록되었다. 그 기록을 공동체가 읽고 듣고 확인하여 공동체의 문서로 남겼다. 그것이 바로 성경이다. 곧 성경은 하나님의 역사를 체험한 공동체에 관한 기록이며 공동체의 체험적 진리이기에 거짓과 타협할 수 없는 속성을 가진다.

이처럼 성경이 거짓과 그릇된 사상에 대해 배타적이기에, 세상은 기독교를 편협하다며 비판하기도 하지만 성경을 떠나서 진리를 탐구하면 결국 모순에 빠지게 된다. 우주 만물의 주인이신 창조주와 그의 계시, 즉 진리를 떠나 우주 만물 속에서만 이치를 발견하려고 하니 부분적 지식만 얻게 된다. 또한,

창조의 시작과 의도를 모르니 그 기원과 본질, 기능과 역할, 목적을 왜곡하게 된다. 인간은 하나님과의 관계 속에서 인격 곧 이성과 감정과 의지로 우주 만물을 이해하고 분별하고 품고 느끼면서 결정할 때, 진리를 알게 되며 그 진리에 근거하여 살 수 있다. 하나님을 떠난 인격은 모든 것에 대해 왜곡과 오해를 반복할 수밖에 없다. 수많은 철학자가 지금도 찾고 있는 진리는 바로 하나님과 그 말씀으로부터 출발해야 한다. 그러나 자유와 과학을 명분 삼아 하나님을 거부하고 스스로 삶의 주인이 된 인간은, 눈이 어두워져 진리를 분별하지 못한다.

성경에 따르면 진리란 삼위일체 하나님과 그분이 계시를 통해 드러내신 뜻이다. 바울은 참 진리인 십자가의 복음을 세상의 지혜로는 결코 알 수 없다고 했다. 성경을 알게 될 때 하나님도, 사람도, 시간과 공간도, 역사도, 그리고 만물도 제대로 이해할 수 있다.

이제 학문이나 사상, 그리고 세상의 종교나 과학이 아닌 성경으로 돌아가 그 의미를 바로 이해하는 데서부터 진리를 찾아야 한다.

6. 인간의 인식체계는 진리를 아는데 합당한가?

진리를 탐구하고 그 진리를 바라보는 관점을 지닌 인간의 인식은 옳은가? 인간이 인식한다는 것은 무엇인가를 탐구하고 이해하고 분별하여 그 가치와 의미를 수용한다는 것이다. 그러므로 인식의 도구인 인간의 이성에 어떤 한계가 있는지 살펴볼 필요가 있다.

데카르트는 의심, 즉 합리적 회의를 인식방법으로 사용했다. 존재하는 모든 것을 의심해 본 그는, 인간은 생각하는 존재이며 그 사실을 부인할 수 없으니 인간이 존재하는 것이 사실이고, 그 인간이 존재하려면 그 존재의 근거가 되는 신도 존재해야 한다고 추론했다. 그러한 데카르트의 생각은 하나님의 계시보다 인간의 이성과 논리적 사고에 무게를 둔 것이다.

한편, 영국의 경험론적 방법은 인식 가능한 범위의 한계를 경험 가능한 것으로 정했다. 그것은 인간의 인식 능력에 대한 한계를 그대로 인식의 범위에 적용한 것인데 그것이 과학의 기반이 되었다. 그 과학이 진리의 잣대가 되면 결국 인간의 인식 범위의 한계로 인해 진리를 찾을 수 없다는 결론에 도달할 수밖에 없다. 인간은 인식 영역을 넘어서는 부분에 대해서는 이해할 수 없는 존재이기 때문이다.

그래서 칸트는 '순수 이성 비판'이라는 책을 썼고, 합리론과 경험론을 통합하여 관념론을 펼쳤다. 그는 인간의 순수한 이성만으로는 하나님을 알 수 없다고 말했다. 그것은 하나님이 존재하지 않는다는 뜻이 아니다. 초월자이신 하나님은 인식의 대상이 아니라 믿음의 대상이라는 의미이다. 여기서 말하는 믿음이란 성경을 통해 하나님을 알고자 하는 것이 아니다. 성경을 버리고 하나님을 인식하려 했기 때문에, 하나님을 인식할 수 없는 존재로 여기고 그냥 믿자는 것이다. 다시 말해, 칸트는 '실천 이성 비판'에서 인간의 이성으로는 하나님의 존재를 인식할 수는 없지만, 최고의 선을 위해 무시할 수도 없으니 알 수 없어도 믿어야 한다고 주장했다.

그러나 하나님이 주신 계시의 기록인 성경을 연구하여 하나님을 알고자 하면, 하나님은 계시를 통해 이해되고 인식되어 믿음의 대상임을 마땅히 알게 된다. 결국, 이성적 인식과 그 인식 범위의 한계를 고민하던 칸트는 이성의 한계를 논했으나, 계시에 의존하지 않았기 때문에 인간의 순수한 이성으로는 하나님을 알 수 없다고 말한 것이다.

계시인 성경을 버린 칸트의 철학을 지나 헤겔에 이르자, 이제 하나님에 대한 생각을 아예 배제하고 인간의 이성적 작용으로 정반합이라는 논리적 사고방법, 즉 변증법을 고안해 냈다. 정반합이라는 사고 과정은 계시에 의지하지 않는 인간 이성의 합리적 사고의 허점일 뿐이지, 역시 진리를 찾아가는 참된 방법은 아니었다.

비트겐슈타인에 이르러서는 탐구의 도구인 이성보다는 철학의 도구인 언어 자체를 연구했다. 언어는 의미와 사실, 가치와 사상, 그리고 모든 것을 담을 수 있는 하나님이 주신 선물이다. 사람은 그 언어를 통해 인식하며, 인식의 과정과 결과를 정리하고 전달한다. 비트겐슈타인은 이런 언어를 연구했는데, 연구 초기에는 탐구의 과정에서 사용하는 언어라는 것이 얼마나 정확하게 의미를 담을 수 있는지를 논했다. 노년에는 언어가 그 의미를 온전히 담기에는 본질적으로 부족하다고 결론지었다.

이런 모든 논의는 선행한 탐구자들이 연구하며 정리해 놓은 것을 숙고하고 발전시킨 것이라서, 그 사회 철학의 흐름 속에서 나름 타당하다고 여겨졌을지 모르나 성경 계시를 버린 연구라서 진리가 될 수 없고 진리를 대신하는 것 또한 불가능하다.

그러므로 이성과 감정과 의지, 곧 인격이 진리와 관계하여 어떤 위치에서 기능해야 하는지를 아는 것이야말로 학문의 참된 시작이라 할 수 있다. 인간의 상상력은 시간과 공간의 한계를 뛰어넘는다. 하지만 진리에 근거하여 상상하지 않는다면 거짓을 양산하고 세상을 오염시킬 뿐이다. 인간의 이성은 진리를 이해하는 것에 목적이 있고 그 목적을 위해 기능해야 하지, 이성 자체가 진리이거나 진리의 창조자가 되어서는 안 된다. 인간의 이성이 하나님의 주권자 되심을 인정할 때 학문적 태도가 준비된다. 인간의 인식은 이성과 감성과 의지를 통해 이루어진다. 하나님의 주권을 인정하며 인간의 인격이 자기 자리에서 기능과 역할을 다할 때 진리를 아는 데 이를 수 있다.

사람은 이성적 논리로만 인식하는 존재가 아니다. 감정적 인식 또한 인간에게 있어서 행동의 근원이 된다. 인간은 태어나서 이성과 도덕적 판단력이 생겨나기 전에 이미 내재하는 원초적 감정을 가지고 상황에 대하여 본능적으로 반응한다. 생존을 위한 반응을 시작으로 분노, 공포, 놀람, 슬픔, 기쁨, 혐오와 같은 원초적 감정이 환경이나 주요한 타인에 대하여 반응하면서 과정적 정서로 드러난다. 그런 과정적 정서는 3단계로 나타나는데, 특정 사건에 대한 첫 반응으로 1차적 감정이 나타난다. 그리고 그 감정을 포장하기 위한 2차적 감정인 위장적 감정이 생겨나고, 더 나아가 상대와의 관계를 조정하기 위한 3차적 감정이 나타난다. 예를 들어, 어떤 발표를 하다가 실수를 했을 때 1차 감정으로 당황이나 자괴감이 생기고, 이를 숨기거나 포장하기 위해 2차 감정으로 무관심한 태도나 억지웃음이 나타난다. 그리고 그 감정을 처리하는 과정에서 3차 감정으로 상황을 탓하는 분노가 생겨나기도 한다. 감정의 대상에 대한 생존본능으로 상황에 따라 감정이 생산되는데, 그 감정의 특성은 순응일 수도 있고 반항일 수도 있다. 결국, 중요한 것은 이런 과정에서 하나님의 주권을 인정하게 되면 악에 빠지지 않게 되지만 하나님의 주권을 인정하지 않으면 감정이 악의 도구가 될 수 있다는 것이다. 상황인식의 감정적 요소를 고려해야 한다. 하지만 서양의 학문에서는 감정은 무시하고 차가운 이성만 중시했었다.

도덕적 의지 또한 자신의 생존에 유리한 것을 기준으로 삼아 하나님의 주권적인 뜻과 도덕적 가치까지도 판단하기에 이른다.

정리하자면, 인간이 가진 인식체계는 참된 인격, 즉 지·정·의를 갖추지 않으면 쉽게 왜곡될 수 있다. 성경에서 인정하는 참된 인격을 계발하기 위해서는 하나님의 주권을 인정하는 믿음으로 성령의 역사 안에서 거듭나야 한다. 하나님의 말씀인 성경을 공부함으로 예수 그리스도를 믿고 아는 일에 장성하며 성경적 세계관을 받아들이고 성령의 열매를 맺어야 한다. 그래야만 참된 인격을 소유한 자가 된다. 부모는 양육함에 있어 자녀가 참된 인격을 갖추도록 어린 시절부터 필요를 공급하고 보살피고 안내하고 교육하고 훈계함으로 잘 도와야 한다. 또한, 가치를 인정해주고 시간을 내어 교제하며 사랑을 베풀어 온전한 사고를 할 수 있도록 이끌어야 한다. 특히 신앙 안에서의 관점을 소유하고 생각할 수 있도록 도와야 한다. 진리를 알게 하는, 즉 하나님의 주권을 인정하는 참된 관점을 소유하지 못하면 인간의 이성, 감정, 그리고 도덕적 판단을 하는 의지조차 모두 역기능적으로 작용하게 될 뿐이다.

7. 하나님, 곧 예수 그리스도가 진리이다.

앞에서 논한 것 같이 진리는 성경을 통해서만 제대로 알 수 있다. 성경을 읽으며 하나님의 주권을 인정하고 믿을 때만 참된 인식을 할 수 있는 인격을 갖출 수 있다. 일반은총 영역인 자연의 법칙과 원리는 고도의 인격자의 의도를 보여주는 증거이지만, 성경을 버리고 믿지 않으면 눈이 어두워져 그 창조자를 인식할 수 없다.

성경은 삼위일체 하나님과 그 말씀이 진리라고 말한다.

모세 오경은 출애굽을 경험한 이스라엘 백성들의 상황과 시선으로 해석해야 한다. 이는 곧 그들의 역사에 참여하는 태도로 접근하는 것이다. 10가지 재앙, 홍해 바다를 건너게 하신 것, 광야에서 써서 마시지 못할 물을 단물로 바꾸어 마시게 하신 것, 식량이 떨어졌을 때 만나와 메추라기를 내려주신 것, 반석에서 물 나게 하신 것, 그리고 이스라엘을 괴롭힌 아말렉 족속을 이기게 하신 것 등을 체험한 이스라엘 백성들은 상천하지에 오직 여호와 하나님만이 스스로 계시며, 모든 것을 창조하시고 섭리하시고 심판하시는 분임을 분명히 알게 되었다. 그렇기에 이스라엘 백성들은 조상들로부터 전해 내려온 창세기의 내용을 사실로 받아들일 수 있었다. 백성들이 언약과 예언의 성취를 체험함으로써 하나님이 계신 것과 하나님의 말씀이 진리임을 확인하도록 하나님이 증거하셨고, 이것은 하나님의 역사 계시 방법이었다. 이 방법은 가설을 세우고 실험하고 관찰하여 검증하는 과학적 방법보다 결코 부족하지 않다. 하나님의 계시의 기록인 성경은 시간과 공간 속에 펼쳐진 인류의 역사 가운데 하나님께서 자신의 존재와 능력, 신실함을 증명하신 역사에 대한 기록이다.

신약의 복음서와 사도행전은 예수 그리스도의 출생에서부터 사역, 죽음과 부활, 승천, 성령의 강림, 그리고 교회의 설립과 확장에 이르기까지의 기록이다. 출애굽기가 공동체 내에서 확인된 기록인 것처럼, 이 또한 모두 초대 교회 공동체가 직접 체험하고 확인한 기록 유산이다.

신약 성경을 조금 더 자세히 살펴보면, 예수 그리스도가 이 땅에 오심으로 구약의 예언과 언약이 성취되었고 하나님 나라가 임했음을 알 수 있다. 예수님께서는 천국을 선포하시고 가르치시며, 약한 자들을 고치시는 사역을 행하셨다. 신자 공동체가 세워질 무렵, 십자가의 죽음을 통해 백성들의 죄를 대속하셨다. 사흘 만에 부활하신 후 40일 동안 제자들에게 모세의 율법과 선지자의 글, 시편 말씀을 근거로 하나님 나라에 대해 설명하셨고, 이후 구름을 타고 승천하셨다. 약속대로 성령을 보내 주시어 교회를 세우시고 세상에 하나님 나라를 증거 하여 보여주도록 하셨다. 그리고 성령과 사도들을 통하여 계시를 완전히 드러내시어 완성해 주셨다.

 사도행전에 따르면 바울은 교회를 개척하고, 다른 지역으로 떠나서도 그 교회들을 견고히 하기 위하여 편지를 썼다. 그 편지를 통해 바울은 교회를 주님의 가족이자 성전, 주님의 몸이라고 말하며, 교회를 진리의 기둥과 터로 삼으신 것을 인정하고 믿어야 한다고 가르쳤다. 교회는 예수 그리스도가 진리이며 하나님이신 것을 믿고 증거 하는 공동체이다. 그리고 여기서 믿는다는 말은 믿는 자의 신념이나 의지에 관한 것이 아니라 하나님의 신실하심에 대한 당연한 반응이다.

 성경은 예수 그리스도가 구약의 약속된 메시아이며 복음이며 진리이며 길이며 생명이라고 한다. 우리는 왜 예수 그리스도가 길이며 진리이며 생명이 되는가를 생각해야 한다. 창조주 하나님을 아버지로 만나게 하시는 것이 그리스도의 사역이다. 구약에서는 제사를 통해서만 하나님을 만날 수 있었지만, 그리스도께서 단번에 자신을 영원한 제물로 드리고 하늘 성소에 들어가 성령을 보내셨기에 이제는 제사 없이도 하나님 아버지를 만날 수 있다.

 이처럼 그리스도는 새 생명을 얻게 되는 유일한 참된 길이다. 따라서 믿음과 사유와 행동의 근거가 되는, 정확하고 오류가 없는 성경이 무엇인지 알아야 그리스도와 그 말씀이 진리라는 사실을 확신할 수 있고 그 진리에서 올바른 세계관을 찾을 수 있다. 사유를 통한 신념이 아닌, 계시의 기록에 대한 확신은 관점을 확고히 하게 하며 그 관점으로 세상을 통찰할 때만 오류 없이 사유하며 살 수 있다. 하나님 없이 사람에게서 나오는 여러 생각이나 사상은 여전히 악하고 세상을 더럽힐 뿐이다.

8. 기독교 세계관만이 올바른 세계관이다.

하나님께서 세상을 통치하시는 경륜을 살펴보면 기독교 세계관을 이해할 수 있다. 하나님은 스스로 존재하시고 모든 것을 예정하시어 시간과 공간, 우주 만물을 창조하신, 인격적이고 전지전능한 분이시다. 통치자로서 모든 것에 관계하는 하나님은 영원하시다. 이런 하나님께서 예정, 창조, 섭리, 구원, 심판의 역사를 진행하고 계심을 분명하게 알아야 한다. 이러한 관점으로 우주 만물의 이치를 헤아려야 진리를 구체적으로 알게 되고 참된 삶을 살 수 있다. 기독교적 관점으로 세상을 보는 것은 하나님을 경외하는 것이며 모든 지혜와 지식의 근본이며 시작이다. 기독교 세계관, 즉 창조, 타락, 구속이 진리를 파악하는 관점이 되려면 성경은 확실히 진리여야 한다.

그렇기에 성경이 진리인 것을 알기 위해서 성경이 무엇인지 연구하고 확신하는 과정이 필요하다. 성경이 진리인 것을 확신하는 만큼 삶에서 신실할 수 있다. 거짓에 근거한 신념은 이념이 되어 삶을 파괴하지만, 진리에 근거한 확신은 신앙이 되어 삶을 풍성하게 한다.

묵상과 토론을 위한 질문

1. 세계관은 사람, 문화, 경험, 신념 등 여러 요소의 영향을 받아 형성됩니다. 지금 나의 세계관은 어떤 영향 속에서 형성되어 왔는지 돌아보고, 주님을 인격적으로 알기 전 왜곡되었던 세계관은 무엇이었으며, 그 세계관은 말씀을 통해 어떻게 회복되었습니까?

2. 모든 관점이 틀린 것은 아니지만, 진리에서 벗어난 관점은 분명 존재합니다. '다른 관점'과 '틀린 관점'을 어떻게 구분할 수 있는지, 그리고 다른 세계관을 가진 타인과의 대화 속에서 진리를 붙들되 존중을 잃지 않는 태도는 무엇인지 생각해 보세요.

3. 예수님께서는 "눈은 몸의 등불"이라 말씀하셨습니다. 이 말씀에 비추어 볼 때, 나의 관점과 세계관은 삶의 선택과 방향, 관계와 우선순위에 어떤 영향을 주고 있는지 점검해 보세요.

4. 출애굽이라는 구원을 경험했음에도 실패한 이스라엘의 모습을 통해, 하나님에 대한 체험 자체가 관점의 변화를 보장하지 않음을 알 수 있습니다. 하나님을 경험하고도 관점이 바뀌지 않았던 이유는 무엇이며, 이것이 오늘 우리의 신앙생활에 주는 경고는 무엇일까요?

5. 잘못된 관점은 개인의 사고와 인격을 왜곡할 뿐 아니라, 공동

체와 사회 전체를 병들게 합니다. 왜곡된 사고의 반복이 실제 삶과 공동체에 어떤 결과를 낳는지 구체적 사례를 들어보세요.

6. 인간의 철학이나 시대의 학문이 아니라, 창조주 하나님께서 스스로 드러내신 진리를 기준으로 삼는다는 것이 삶의 결정과 판단에 어떤 변화를 요구하는지 생각해 보세요.

7. 성경은 진리를 하나님 자신과 그 말씀이라 말합니다. 변함없 고 인격적이며 구속적인 진리를 자신의 언어로 정리해 보고, 이러한 절대적 진리가 세상의 '상대적 진리'라는 개념과 무엇 이 다른지 정리해 보세요.

8. 인간의 이성·감정·의지는 진리를 인식하는 도구이지만, 성경의 하나님을 배제할 때 쉽게 왜곡됩니다. 하나님을 인정하지 않는 인식체계가 왜 진리에 도달할 수 없는지, 그 한계를 말해 보세 요.

9. 예수 그리스도를 진리라 말할 수 있는 근거는 무엇입니까? 그 분의 말씀과 사역, 십자가와 부활이 진리의 실체임을 내 삶 속 에서 어떻게 경험하고 있는지 돌아보세요.

10. 기독교 세계관은 삶의 변화를 요구합니다. 창조-타락-구속의 틀로 오늘의 개인적·사회적 문제를 바라볼 때, 나는 무엇을 새롭게 보아야 하며 어떤 삶의 태도를 선택해야 할지 묵상해 보세요.

2장. 성경이란 무엇인가?

1. 성경의 유래

지금의 성경은 다양한 언어로 번역되어 널리 읽히고 있지만, 성경이 기록될 당시 처음 사용된 언어는 히브리어와 아람어 그리고 헬라어였다. 약 1600년에 걸쳐, 다양한 장소에서 40여 명에 이르는 저자에 의해 기록되었다. 그 기록이 수집되고 함께 진위를 조사, 분별하여 공동체의 문서로 남게 되었다. 성경을 하나님의 말씀으로 인정하고 그 권위를 받아들인 것이다.

그렇다면 성경은 사람들이 기록한 글인데 어떻게 창조주 하나님의 말씀으로 여겨지는 것일까. 성경의 시간적 범위는 영원에서 시작하여 영원에 이른다. 곧 시작과 끝을 포함한 과거, 현재, 그리고 미래가 다 하나님의 주권에 속한다. 또한, 성경은 하늘과 우주 만물이 다 하나님의 것이라고 선포한다. 무엇이든 정확한 기원을 알면 그 본질을 이해하게 되고, 그 본질을 알게 되면 존재의 목적과 이유 그리고 그 기능과 역할을 알게 된다. 이러한 이해를 통해 우리는 무엇을 해야 하며 왜, 어떻게 살아야 할지 그리고 만물을 어떻게 활용해야 할지 알게 된다. 이런 내용이 담겨 있는 성경이 믿을 수 없는 거짓이라면 신앙은 헛된 것이 되고, 성경이 사실의 기록이라면 믿지 않는 것은 어리석음과 죄가 된다. 그러므로 왜 성경이 믿을 수밖에 없는 책인지를 알아야 한다. 왜 성경이 하나님의 자기 계시의 기록이라고 하는지 알아야 한다.

2. 성경은 왜 믿을 수밖에 없는 책인가?

사람은 인격적 존재이다. 육체를 가지고 있으며 그 안에 본능과 욕구가 있다. 시공간과 유전자의 한계를 넘어서기 어려운 면이 있다고 할지라도, 인격적으로는 이해하고 분별하고 느끼며 결정할 수 있는 존재이다. 타당성과 합리성을 통해 참과 거짓을 분별하고, 그 참과 거짓을 통해 좋고 싫음, 좋고 나쁨 등의 감정을 느끼며, 옳고 그름을 판단해 행동을 결정하는 존재이다. 그 이해와 느낌, 판단과 결정이 하나님의 주권을 인정하는 관계 속에서 이루어진다면 진리에 근거한 삶에 도달할 수 있지만, 하나님을 인정하지 않고 자신이 주인인 삶을 산다면 진리에 근거한 신실한 삶에 이를 수 없다.

사람은 진리를 탐구하는 존재이다. 어떤 것이 진리가 되려면 먼저 사실이어야 한다. 그리고 그 이치가 참이어야 하고 도덕적으로도 옳아야만 진리가 되며, 진리는 또한 영원해야 한다.

결국, 우리의 지·정·의로 성경을 믿을 수 있느냐는 것은 곧 성경이 사실이냐는 것이다. 성경에는 기적에 대한 많은 이야기가 나오지만, 그 기적을 지금 증명할 수 없기에 성경은 과학의 영역을 넘어선다. 성경은 비과학적인 책이 아니라 초과학적인 책이다. 과학의 영역을 포함하여 초과학적인 것을 다루기 때문에 성경 자체가 무엇인지 이해하려는 또 다른 차원의 노력이 필요하다.

성경의 내용이 오직 인간과 우주 만물에 대한 것이라면 과학적 접근이 가능하지만, 그 기록이 신의 영역을 포함하고 있기에 계시가 무엇인지를 먼저 이해해야 한다. 신의 계시를 배제한 인간의 추구나 탐구만으로는 하나님을 온전히 이해하는 것은 불가능하기 때문이다. 눈에 보이지 않는 하나님을 아는 방법은 시공간 속 인류 역사 안에서 예언과 언약이 성취되는 것을 보는 것이다. 그리고 이를 통해 믿음에 이르게 된다. 하나님은 사람들을 선택하시고 그 사람들에게 언약이나 예언을 주시며 그것을 공동체에 알리게 하셨다. 그 언약과 예언이 성취되는 것을 공동체가 경험하며 하나님의 존재와 신실함, 그리고 그 권능을 이해하게 되었다. 누군가 그 공동체가 체험한 내용을 기록하고 그 내용을 공동체에 낭독하여, 그 공동체가 그 기록이 틀림없음을 인정하게 되면, 그것이 공동체의 문서로 남아 하나님의 말씀으로 권위가 세워지고, 그 말씀이 공동체의 기준이 되어 삶의 규범이 되었다.

그런데 그 성경은 하나님께서 이 세상을 창조하셨다고 한다. 하나님께서 세상을 창조하시는 것을 본 사람이 아무도 없는데 어떻게 기록하였으며 증거할 것인가? 창세기에 "태초에 하나님이 천지를 창조하셨다."라고 기록되어 있다. 이것이 성경의 시작이다. 하나님은 빛과 대기를 창조하시고 바다와 육지를 구분하셨으며, 식물과 태양, 달, 별을 만드셨다. 또한, 하늘의 새와 바다의 물고기, 땅을 기어 다니는 짐승과 사람도 창조하셨다. 이것을 어떻게 믿을 수 있을까? 하나님은 덮어 놓고 믿으라고 하시는 분이 아니다. 모세는 성경의 처음 다섯 권 곧 율법을 기록한 사람이다. 그러나 그에게도 창세기의 내용은 직접 경험한 것이 아니다. 공동체와 함께 조상으로부터 들어 알게 된 내용이다. 이처럼 창세기의 내용을 모세와 공동체가 다 함께 알고 있긴 했지만, 모세가 활동할 당시에 그 공동체는 이집트에서 노예 생활을 하고 있었다. 고난이 계속되는 가운데, 아브라함에게 주셨던 출애굽의 약속은 그 기한이 다 되었음에도 이루어지지 않고 있었다. 당시에 이집트는 다신론 사회였으며, 세계에서 가장 강한 나라 중 하나였다.

모세의 나이 팔십이던 어느 날 하나님께서 모세를 부르신다. 모세가 호렙산에서 양을 치고 있을 때 가시 떨기나무에 불이 붙었으나 타서 사그라지지 않았다. 그 현상을 기이하게 여겨 가까이 다가가는 모세를 하나님이 부르셨다. 영광(榮光)을 표현하는 한자, 영화로울 영(榮)은 모세가 본 가시 떨기나무의 현상을 그대로 이해하게 해준다. 나무에 무엇인가가 덮여있고, 그 위에 불이 붙었으니 나무가 불에 타 사라지지 않고 온전한 것이다. 이것은 하나님의 임재와 그 영광의 모습이다. 하나님께서 모세에게 신을 벗으라고 하셨다. 당시에 종들은 신을 신지 않았다. 따라서 신을 벗는다는 것은 모세가 하나님의 종이 되어야 한다는 의미이다. 여호수아서를 보면 여호수아에게도 신을 벗으라고 하신다. 하나님의 선택을 받아 지도자가 되는 모든 자는 먼저 하나님의 종이 되어야 한다. 하나님께서는 자신을 아브라함의 하나님, 이삭의 하나님, 야곱의 하나님으로 소개하신다. 이스라엘 민족은 하나님이 아브라함과 이삭, 그리고 야곱과 언약을 맺으신 것을 들어 익히 알고 있었다. 그렇기에 그 하나님이 드디어 언약을 이루시러 오셨다는 것을 알 수 있었다. 모세가 백성이 하나님의 이름을 물으면 무엇이라고 대답해야 하는지 질문할 때 하나님은 자신을 '스스로 있는 자'라고 소개하셨다. 이스라엘 백성이 믿을 수 있도록 창세기의 내용에 근거하여 자신을 계시하신 것이다. 그러면서 '아브라함과 이삭과 야곱의 하나님'은 하나님 자신의 영원한 이름이요, 대대로 기억할 칭호라고 하셨다(출3:15). 아브라함과 이삭과 야곱이 죽어 없어진 것이 아니라 하나님은 여전히 그들의 하나님이시라는 말이다. 다시 말해 죽고 없어져 존재하지 않는 자들의 하나님이 아니라, 육체적으로는 죽었으나 하나님과의 관계 속에서 여전히 존재하는 자들의 하나님이시며, 그들과 하신 약속을 그들의 후손들에게 이루려고 오셨다는 의미이다. 예수님은 마태복음에서 이 말씀을 인용하신다. 아브라함과 이삭과 야곱의 하나님이라는 말의 의미를 산자의 하나님이라고 말씀하시며 부활 사상과 연결하여 해석하셨다(마22:32).

모세는 이스라엘 백성이 하나님이 나타나지 않았다고 주장하면 어떻게 하느냐고 하나님께 다시 질문한다. 그때 지팡이를 던져 보라고 하셔서 던지니 지팡이가 뱀이 되었다. 그 뱀의 꼬리를 잡으라고 하셨고 모세가 뱀의 꼬리를 잡으매, 그 뱀은 다시 지팡이가 되었다. 이스라엘 백성들은 뱀이 인류의 조상을 타락으로 이끈 존재라는 것을 알고 있었다. 하나님께서는 유혹하는 자도 하나님의 주권적 통치 아래 있다는 것을 보여주시며, 모세를 보내신 것을 믿을 수 있도록 증거로 주셨다. 손을 가슴에 넣었다 꺼내 보라고 하셨다. 그리하니 문둥병에 걸렸고 그 문둥병에 걸린 손을 다시 가슴에 넣었다가 꺼내라는 하나님의 말씀에 모세가 순종하니 손이 회복되었다. 당시에 가장 무서운 저주는 문둥병에 걸리는 것이었다. 그런 저주도 다스리심을 보여주셨다. 물을 바닥에 부으면 피가 될 것이라 하셨다. 이는 생명을 하나님께서 주관하심을 보여주시려는 의도였다. 노아 홍수 후에 언약을 말씀하실 때 피에 생명이 있다고 하셨다. 이 기적들은 곧 창세기의 내용이 믿을 수밖에 없는 기록임을 확인시켜 주신 것이다. 인류를 유혹한 세력도, 저주도, 생명도 주관하시는 '스스로 계신 자'로 자기를 백성들에게 알리시고, 모세를 보내시어 조상들에게 약속하신 것을 백성들 가운데 이행하려고 오셨다는 것을 믿도록 하셨다.

출애굽 과정을 통해 보이신 열 가지 재앙은 온 세상 사람들이 의지하여 사는 것들을 누가 주관하고 있는지 보여주는 사건이었다. 사람들은 물, 땅, 동물, 곡식, 그리고 태양 없이는 살 수 없다. 당시 이집트 사람들은 물과 땅과 동물과 곡식을 주관하는 신이 각각 따로 있다고 믿었고 그중 태양이 생명을 주관하는 가장 위대한 신이라고 생각했다. 따라서 열 재앙은 하나님이 상천 하지의 하나님이신 것에 대한 자기 증명이며 당시 사람들이 신이라고 여기는 것들이 신이 아님을 증명하는 사건이었다. 첫째 재앙으로 물이 피가 되고, 둘째 재앙으로 물에서 개구리가 나온다. 이것은 물을 주관하시는 이가 누구인지에 대한 싸움이다. 스스로 계신 여호와가 주관자이심을 보여주셨다. 셋째 재앙으로 땅에서 이가 나오고 넷째 재앙으로 파리가 나오도록 하여 땅의 주인도 여호와이심을 보여주셨다. 다섯번째 동물의 전염병 재앙과 여섯 번째 악한 종기 재앙으로 동물의 주인이 누구신지를 보여주셨다. 일곱 번째 우박 재앙과 여덟 번째 메뚜기 재앙을 통해서는 곡식의 주관자가 누구신지를 보여주셨다. 아홉 번째 흑암 재앙과 열 번째 장자의 죽음 재앙을 통해 태양이 생명을 주관하는 신이 아님을 밝히셨다. 하나님께서 빛과 생명을 주관하심을 보여주시어 상선 하시에 오직 여호와만이 하나님이심을 증명하셨다. 모세가 기록하여 읽어 준 출애굽기에는 거짓이 있으면 안 된다. 이스라엘 백성 모두가 경험한 사건이기 때문이다. 모세가 거짓으로 기록하고 읽었다면 그는 추방되던지 돌에 맞아 죽어야 했을 것이다.

성경을 읽을 때 1차 독자의 관점으로 읽는 태도가 필요하다. 성경이 그들에게만 주어진 것은 아니지만, 우선 1차 독자의 상황에서 이해할 수 있도록 기록되었기 때문이다. 따라서 출애굽을 경험한 백성들의 입장이 되어 하나님을 알게 되면 창세기 1·2장의 창조의 내용을 낭독할 때 의심하지 않고 받아들일 수 있다. 그러나 불신자들은 창조기사를 의심한다. 왜냐하면, 그 사건을 직접 경험하여 확인할 수도, 하나님의 일하심을 인정할 근거도 발견할 수 없기 때문이다.

출애굽을 경험한 이스라엘 백성의 관점에서 보자. 고센 지역에는 빛이 환하고 온 이집트는 캄캄하여 벽을 더듬어야 할 정도였다고 성경은 기록한다. 아홉 번째 재앙을 경험한 사람들은 빛을 누가 창조했고 누가 주관하는지 믿을 수밖에 없다. 또한, 장자의 죽음을 보며 태양이 생명을 주관하는 것이 아니라 여호와가 생명을 주관하시는 것을 알게 된다. 그러니 하나님이 빛을 창조하시고 태양도 창조하신 것을 믿을 수밖에 없다. 우박과 메뚜기 재앙을 보며 대기를 누가 만들고 주관하는지 심지어 곤충과 동물을 누가 만들고 주관하는지를 알게 된다. 악질과 악종을 보며 질병을 누가 주관하는지 알게 되고, 홍해 바다를 마른 땅처럼 건널 때 바다와 육지를 나누신 분을 믿지 않을 수 없다. 이스라엘 백성들은 광야에서 쓰디쓴 물을 단물로 바꾸어 마시게 하시는 하나님을 보며 치료의 하나님을 만났다. 메추라기와 만나로 그들을 먹이시고 공급하시는 하나님을 만났다. 낮의 뜨거움과 밤의 추위에 구름 기둥과 불기둥으로 보호하시는 하나님을 경험했다. 심지어 반석에서 물이 나게 하시어 마시게 하셨다. 이런 경험으로 그들은 창세기의 내용을 의심 없이 받아들일 수 있었다. 창조기사를 믿느냐 신화로 보느냐에 따라 세상을 인식하는 관점은 완전히 달라진다.

10가지 재앙과 광야에서의 수많은 경험은 하나님을 알도록 하는 최선의 길이다. 그들은 경험했고 우리는 그들의 경험의 기록을 읽는다. 1차 독자는 직접 경험한 사람들이다. 그러니 지금의 과학적 관점을 가지고 접근하여 성경을 오해하는 것은 이스라엘 백성들의 관점에서 보자면 이상한 일이 아닐 수 없다. 그 백성들에게 하나님은 충분한 공급자요, 보호자요, 안내자이시다. 십계명과 율법 그리고 율례를 주시어 교훈하시는 하나님이신 것을 그들은 다 경험했기에 다신론 사회 속에서도 유일신 사상을 갖게 되었다. 이때 그들에게 십계명은 지켜야 할 무거운 규율이라기보다는 출애굽을 하며 경험한 하나님에 대한 지식에서 비롯된 당연한 결과이다.

창세기는 성경의 시작이다. 그래서 후에 따르는 성경 각각의 책들은 창세기와 조금도 모순될 수 없다. 오히려 그 내용을 보충하고 확장할 뿐이다. 그러니 구약의 다른 책들도 다 이러한 관점으로 읽어야 한다. 신약의 복음서를 보아도 구약을 근거로 하여 예수 그리스도의 사역을 해석한다. 예수님의 열두 제자 중 하나였던 마태가 기록한 마태복음은 아브라함과 다윗이 자손으로 오셔서 하나님 나라를 선포하고 메시아 사역으로 그 모든 구약의 약속을 성취하신 예수님의 천국 복음에 대한 기록이다. 베드로의 아끼는 제자, 마가는 마가복음에서 그리스도가 복음이라고 선포하며 하나님 나라의 복음을 믿으라고 한다. 선지자들의 예언대로 이루어진, 이방인들을 향한 하나님의 나라 곧 메시아적 통치의 확장을 설명한다. 바울의 제자였던 누가는 당시 사람들 사이에서 이루어진 사실에 대해 자세히 살피고 확인한 내용을 누가복음에 기록하여, 은혜의 해를 선포하러 오신 인자이신 그리스도를 증거한다. 요한은 예수께서 성육신하신, 말씀이신 그리스도이며 그가 하나님이신 것을 강조한다.

왜 예수님께서는 죽은 자를 살리시고 물 위를 걸으시고 군대의 영을 쫓아내셨을까? 왜 제자들을 길러내고 십자가의 대속과 부활과 승천, 후에 성령을 보내 주시어 교회를 세우신 것일까? 이 모든 것은 다 구약을 이루려 하신 것이고 자신이 바로 하나님이며 메시아이신 것을 알게 하려 하신 것이다.

예수님이 행하신 모든 일은 지어낸 이야기가 아니라 온 이스라엘의 땅에서 실제 있었던 일이다. 그리고 그것이 기록되어 공동체의 확인을 거쳐 공동체의 문서로 남았고, 지금 우리의 손에 주어졌다. 우리는 그것을 우리의 모든 것에 기준이 되는 하나님의 말씀으로 받고 살아간다. 성경은 아무리 의심하고 부인하려고 해도 1차 독자의 관점에서 보면 믿을 수밖에 없는 기록이다. 그들에게 확실한 증거로 주어진 말씀을 우리는 먼저 그들의 역사적·문화적 상황 속에서 해석하고, 그리스도 안에서 성취된 사실을 토대로 재해석하며, 나아가 오늘의 시대와 맥락에 맞게 확장하여 상황화하고 삶에 적용해야 한다.

3. 영감은 무엇인가?

성경은 사람이 기록한 책임에도 불구하고 오류가 없는 하나님의 말씀이다. 성경은 하나님이 직접 말씀하시고 누군가가 받아 적은 기록이 아니다. 그렇다면 어떻게 성경이 하나님의 말씀이 될 수 있는가? 하나님은 사람들을 선택하시고 그 사람들에게 언약이나 예언을 주셨다. 그리고 그 언약과 예언을 시대를 넘어 성취하심으로써 공동체적으로 하나님을 체험하게 하셨다. 그리고 그것을 기록하고 공동체에 낭독하도록 하셨으며, 공동체의 확인 후에 사실로 받아들여졌다. 이러한 과정을 통해 그 기록은 공동체에서 하나님의 말씀으로 인정되었고, 오늘날의 성경이 되었다.

하나님께서는 하나님의 사상을 알도록 성경의 저자들을 택하시고 그들을 기르시며 감동을 주어 기록하게 하셨는데, 이를 영적인 감동 곧 영감이라고 한다 (딤후3:14-16). 성령의 영감은 성경이 오류 없이 기록되도록 하면서도, 각 저자의 이해가 반영되게 하신 하나님의 방법이다.

하나님의 영감에는 유기적 영감과 축자적 영감이 있다. 우선 유기적 영감은 인간 저자의 수준이나 성향, 그가 이해한 역사적 배경을 그대로 반영하는 것이다. 축자적 영감은 성경에 오류가 없도록 저자가 글자를 선택하는 것까지 감동케 하신 것이디. 성경에 오류가 없도록 사상뿐 아니라 문자까지도 그 선택을 도우셨다는 축자적 영감은 너무나 중요하다. 주님은 율법의 일점일획이라도 없어지지 아니하리라고 하셨다(마5:18).

이처럼 성경은 하나님의 깊은 것까지 통달하시는 성령의 감동으로 기록되어, 과거의 역사적 사실뿐 아니라 미래에 대한 예언도 담고 있다. 이러한 이유로 베드로 사도는 성경을 사사로이 풀 것이 아니라고 말한다(벧후1:20). 성경은 인간 저자의 수준을 포함하지만, 그 내용의 전개 과정에서 하나님의 영의 역사가 나타나 그 인간 저자의 수준을 뛰어넘는 하나님의 경륜을 펼쳐내신다. 그러므로 성경을 읽을 때, 문자 그 이상의 의미를 이해해야 한다. 성경을 바르게 이해하기 위해서는 바른 해석이 필요하다. 해석을 바르게 하기 위해서는 성경의 각 책이 갖는 장르의 목적을 이해할 필요가 있다.

4. 성경에는 여러 장르가 있다.

성경에는 이야기식 장르로 기록된 책이 많다. 이야기식 장르는 역사적으로 실제 있었던 일을 기록하는 데 적합하고, 이와 같은 사건 전개 방식에는 이야기의 논리가 있어서 기억하기가 쉽다.

법의 장르는 하나님을 충분히 체험한 백성들이 하나님 앞에서 서로 함께 합당한 삶을 살아가도록 주신 말씀이다. 아름다운 공동체적 삶의 규모를 위해 주신 것이 법이다.

시의 장르는 하나님께서 행하신 일에 대한 감동을 노래로 기억하기 위함이다. 이는 찬양과 교육, 예언을 위한 계시이다.

격언의 장르는 하나님 앞에 율법을 행하며 살아가야 할 백성들에게 삶에서 깨달은 지혜를 전달하기에 좋은 방법이다.

예언이나 묵시의 장르는 일어나고 있는 역사가 다가 아니라, 보이지 않는 곳에서 하나님이 어떻게 일하고 계신지를 보여주는 것에 적합하다. 하나님의 영에 붙잡힌 선지자들이 하나님께서 온 세상을 통치하심을 보여주는 장엄한 형식이다. 구약과 복음서 안의 묵시를 완전하게 성취하는 요한계시록의 묵시는 그리스도께서 온 교회와 온 세상을 주관하고 통치하시는 분임을 파노라마 같은 그림 언어로 보여준다.

복음서의 장르는 같은 내용을 네 명이 기록했다. 각 복음서마다 서로의 강조점이 다른데, 이는 그리스도의 모습을 구약과 연결하여 온전히 이해하는데 상호 보완이 된다. 이때 서로의 강조점이 다른 이유는 같은 상황에 대한 저자들의 이해가 다르기 때문이다. 또한, 약간씩 다르게 기록된 것은 여러 저자의 관점을 통해 다 각도로 보게 하여, 독자들이 복음을 보다 온전하고 정확히 이해하도록 하기 위함이다.

서신서의 장르는 사도들의 선교 활동으로 세워진 교회들이 견고해지기를 바라며 복음에 대한 설명과 삶을 위한 교훈을 담은 권면이다.

5. 성경은 해석되어야 한다.

 성경이 믿을 수밖에 없는 역사적 사실에 대하여 성령의 감동으로 기록된 책일지라도 반드시 해석되어야 한다. 해석할 때 성경의 권위를 인정하고 독자비평이 아니리 성령의 조명하심을 구하며, 성령의 의도와 사람 저자의 의도를 살펴야 한다. 또한, 1차 독자의 상황적 관점에서 읽고 해석하며, 예수 그리스도를 향한 하나님의 경륜을 이해하고 그리스도의 성취를 통해 재해석해야 한다. 그래야 그 이해를 오늘의 시대에 적합하게 적용할 수 있다.

 성경은 히브리어, 헬라어, 아람어의 문자로 기록되었기 때문에 그 언어들의 문법적 특징을 고려하여 해석해야 한다. 그리고 성경 각 권의 장르적 특징을 고려하여 이해해야 한다. 여기서 성경을 문법적, 문예적으로 이해하여야 한다는 말은 성경의 역사적 사실성을 부인하는 것이 아니라, 언어와 기록방식의 특징을 이해해야 한다는 의미이다.

 성경은 언약과 예언이 역사 속에서 성취되는 구조를 갖기 때문에 역사적 맥락에서 이해해야 한다. 역사적 맥락을 이해하기 위해서는 우선 역사적 배경에 관한 연구가 필요하다. 역사적 배경을 연구한다는 것은 성경의 기록이 사실인 것을 인정하고 그 시대적 한계와 상황을 이해하는 것이다. 성경 안에 묘사된 현장, 언어와 역사, 지리와 기후, 그리고 그 시대의 사회, 종교, 문화, 정치적 배경을 이해해야 한다.

이러한 역사적 이해를 기본으로 성경의 계시가 지닌 고유한 특성을 파악해야 한다. 성경은 언약이 예언되고 성취되며 갱신되는 과정을 담고 있다. 성경의 계시는 그리스도를 향해 나아가며, 이 과정은 역사 속에서 점진적이고 유기적으로 전개된다.

구약을 대할 때는 그 내용이 신약의 메시아 왕국과 메시아의 사역을 향해 나아가는 것을 중심으로 이해해야 하고, 신약을 대할 때는 구약에서 신약으로 달려온 계시를 이해해야 한다. 즉, 성경의 계시는 역사적이고 점진적이며 서로 유기적인 특징이 있음을 인정하고 해석해야 한다. 그런 계시의 특성을 기억하고 신구약의 언약과 성취 구조를 잘 파악하는 것이 필요하다.

구약은 메시아를 여자의 후손으로, 아브라함의 씨로, 이삭과 야곱의 자손으로, 유다 지파에서 나올 자로, 다윗의 부좌에 앉을 후손으로, 또한 처녀가 잉태하여 낳을 아들로 예언하였다. 신약에서 마리아에게 성령으로 잉태되어 오신 분으로 그리스도 예수가 나타나기까지, 계시는 점진적으로 그 감추었던 비밀의 경륜을 드러낸다.

구약에서는 동물로 제사를 드렸지만, 신약에서는 왜 예배를 드리는지 생각해야 한다. 구약에는 성전이 있지만, 신약에서는 왜 믿는 자들을 성전이라고 하는지도 살펴야 한다. 이처럼 앞의 언약과 뒤의 언약이 어떻게 예언과 성취의 관계로 연결되는지를 이해할 때, 성경 전체의 유기성이 드러난다.

성경은 시간과 공간 속에 펼쳐지는 인류의 역사 가운데 주신 계시일지라도, 사람의 차원을 넘어서는 하나님의 섭리와 통치적 차원의 기록이다. 그러므로 성경은 단순한 역사 문서가 아니라, 신의 영역에 속한 영적 차원의 계시로서 반드시 신학적으로 해석되어야 한다.

6. 성경을 어떻게 공부해야 하는가?

성경을 읽어도 그 성경이 무엇을 뜻하는지 처음에는 알기 어렵다. 이것은 성경 저자의 상황과 현 독자의 상황에 큰 차이가 있기 때문이다. 각기 처한 시대와 지리가 다르고, 종교와 사회적 배경이 다르다. 기록된 언어와 번역된 언어의 뉘앙스가 다르다. 기록자의 수준과 독자의 수준 또한 다르다. 이러한 이유로 성경을 혼자 읽을 때는 그 의미를 온전히 파악하기 어렵다. 그러므로 성경을 바르게 이해하기 위해서는 신뢰할 만한 참고 서적을 함께 읽거나, 성경에 통달한 전문가와 더불어 공부하는 것이 필요하다. 그렇게 공부하면서도 성령께 의지하여 지혜와 총명, 그리고 명철을 구해야 한다. 성령의 조명하심을 구하며 성경을 읽고, 그 내용에 익숙해지는 것이 우선돼야 한다. 성경 내용에 익숙해지면 교회에 나가서 설교를 듣거나 공부할 때 성령께서 더 많이 깨닫고 이해하도록 도우시는 것을 경험하게 된다.

성경을 공부할 때 그 목적이 성경이 의도하는 방향과 같아야 한다. 문제 해결 방법이나 성공을 위한 방법을 찾기 위해 성경을 읽으면 안 된다. 성경은 하나님의 자기 계시의 기록이기에, 성경이 하나님을 어떤 분으로 묘사하고 있는지를 살피며 하나님의 행하심과 그 모습을 이해하려고 해야 한다. 그리고 하나님의 경륜과 하나님 나라가 어떻게 드러나는지를 이해해야 한다. 그것이 언약을 중심으로 펼쳐지기에 언약이 무엇인지를 이해해야 하며, 그 모든 언약이 지향하고 있는 그리스도 중심의 성경 읽기를 해야 한다.

또한, 구약 39 신약 27의 저자가 누구이며 어떤 시대적 배경인지를 이해하고 1차 독자가 누구인지, 그들에게 들려주고자 하는 것이 무엇인지를 파악하며 성경을 읽어야 한다. 성경 각 책의 시대적 배경을 살피고 본문과 친숙해지기 위해 노력해야 한다. 성경은 한번 읽고 덮을 책이 아니라 평생을 옆에 놓고 읽으며 연구하고 묵상하여야 하는 책이다(신17:19). 이를 통해 주를 경외하기를 배우고 겸손하게 되며, 지혜와 지식이 늘어나고 하나님의 사람으로, 선을 행하기에 온전한 사람이 될 수 있다(딤후3:16,17).

성경을 반복해서 읽을 때 세세한 의미에 중점을 두는 것이 아니라 우선 내용이 무엇인지 파악하며 읽어야 한다. 그리고 참고 서적들을 읽어 가면서 도움을 받고 그 의미를 알기 위한 해석 방법을 연구해야 한다. 선지자들도 다른 선지자들에 의하여 제재를 받아야 한다고 했듯, 해석자들도 그 해석이 검증되기 위해서는 정통한 사람들이나 그들의 책과 비교해 보아야 한다.

성경을 대하는 마음의 태도 또한 중요하다. 성경 공부하며 교만해지지 않는지를 늘 살펴야 한다. 자기 강화를 위해 성경을 공부하면 안 된다. 주님을 닮아가며 겸손하여 낮아지고 다른 사람들을 섬겨야 한다. 하나님의 경륜과 하나님 나라에 동참하기 위해서 지역 교회에 속하여 성도들과 열심히 교제하려고 하는지 늘 자신을 살펴야 한다.

성경은 교훈과 책망과 바르게 함과 의로 교육하기에 유익하여 하나님의 사람으로 모든 선한 일을 행하기에 온전한 사람을 이루는 데 그 목적이 있기에, 진실한 마음으로 성경을 공부하면 이단이 되거나 교만할 수 없다. 다만 정확해지고 겸손해지게 된다. 성경을 공부하는 것은 결국, 하나님을 경외하기를 배워 삶으로 살아내기 위함이다.

묵상과 토론을 위한 질문

1. 성경이 약 1600년이라는 긴 시간 동안, 40여 명의 저자에 의
   해 서로 다른 시대와 언어, 문화 속에서 기록되었음에도 불구
   하고 한 가지 진리를 일관되게 전하고 있다는 사실은 우리에
   게 어떤 의미를 줍니까?

2. 성경은 "비과학적이 아니라 초과학적이다"라고 말합니다. 이
   표현은 과학으로 증명할 수 없는 하나님의 세계를 다룬다는
   뜻인데, 그렇다면 신앙과 과학은 서로 어떤 관계에 있어야 한
   다고 생각하십니까?

3. 하나님께서는 왜 직접 말씀하지 않고, 인간 저자들을 통해 자
   신의 뜻을 기록하게 하셨을까요? 인간의 언어와 한계를 사용
   하신 하나님의 의도는 무엇일까요?

4. 출애굽을 경험한 이스라엘 백성은 하나님이 창조주이심을 의
   심 없이 받아들였습니다. 그들의 관점과 오늘날 우리가 성경
   을 대하는 관점에는 어떤 차이가 있으며, 그 차이가 신앙의
   깊이에 어떤 영향을 미친다고 생각합니까?

5. '영감(靈感)'이란 성경 저자가 하나님의 감동으로 기록했다는
   뜻입니다. 하나님이 사람의 개성과 언어를 사용하시면서도 오
   류 없이 말씀을 기록하게 하셨다는 사실은, 성경을 읽는 우리
   에게 어떤 태도를 요구합니까?

6. 성경에는 역사, 시, 법, 예언, 복음서, 서신 등 다양한 장르가 있습니다. 하나님께서 이렇게 여러 형태로 말씀하신 이유는 무엇이며, 장르를 이해하는 것이 왜 성경 해석에 중요할까요?

7. 성경은 하나님의 말씀이라 해도 반드시 해석이 필요합니다. 왜 해석이 필요하며, 해석할 때 인간의 생각이 아니라 성령의 조명하심을 구해야 하는 이유는 무엇이라고 생각합니까?

8. 성경 전체는 '언약과 성취'의 구조로 이어집니다. 구약과 신약이 서로 연결되어 하나님 한 분과 하나의 구속 역사를 증언한다는 점을 어떻게 설명할 수 있을까요?

9. 성경 공부의 목적은 지식을 쌓기 위함이 아니라 하나님을 더 깊이 알고 경외하는 데 있습니다. 나는 지금 어떤 목적과 태도로 성경을 읽고 공부하고 있으며, 그것은 본문에서 말한 방향과 얼마나 일치합니까?

10. 성경은 "교훈과 책망과 바르게 함과 의로 교육하기에 유익하다"(딤후 3:16)고 했습니다. 최근 말씀을 통해 내 삶에서 바뀌거나 도전받은 부분은 무엇이며, 앞으로 어떤 결단을 내리고 싶습니까?

3장. 성경의 중심 내용은 무엇인가?

1. 성경은 하나님의 말씀이다.
2. 성경은 하나님의 자기계시이다.
3. 성경은 하나님의 언약의 기록이다.
4. 성경은 하나님 나라의 기록이다.
5. 성경은 그리스도에 대한 기록이다.
6. 성경은 하나님의 경륜에 대한 기록이다.
7. 성경은 하나님의 구속에 대한 기록이다.

성경은 약 40여 명의 저자에 의해 구약 39권 1500년, 신약 27권 100년 총 66권 1600년 동안 기록되었다. 또한, 여러 지역에서 세 가지 언어로 기록되었다. 그런데 그 성경은 몇 가지 중심된 주제를 한결같이 말하고 있다. 이러한 싱경의 중심 주제를 바르게 이해하면 성경을 읽기가 쉬워지고 해석과 공부에도 도움이 된다. 함께 살펴보자.

1. 성경은 하나님의 말씀이다.

기독교인들에게 성경이 무엇이냐고 질문하면 대부분 하나님의 말씀이라고 대답한다. 성경 자체도 성경을 하나님의 말씀이라고 한다. 그리고 이미 앞에서 성경이 사실의 기록이며 신의 차원에서의 계시라서 권위를 가지게 되었다는 것을 논했다. 그러면 하나님은 무엇을 말씀하시기 위해서 역사 속에 사람을 택하여 일하시고 계시를 주시고 기록하게 하시고 공동체의 문서가 되도록 하셨을까 하는 생각을 해보아야 한다. 사람도 사랑하는 대상과 서로 알아가며 관계를 만든다. 하나님께서도 자기 백성과 깊은 교제의 관계를 원하신다.

성경은 신적 차원의 믿을 수 있는 책이기 때문에 하나님의 말씀이다. 그런 성경의 권위를 확신하기 위해서는 2장에서 언급한 것과 같이 하나님의 말씀으로 인정되기까지의 과정을 먼저 이해해야 한다. 성경이 왜 진리인지 확신함으로 읽고 연구할 때, 성경이 말하는 내용을 들을 준비가 된다.

성경이 하나님의 말씀임을 확인하고 확신하는 것은 성경을 정확히 이해하기 위한 출발점이다. 이러한 권위 인정은 성경의 기록 목적을 가장 효과적으로 경험하게 한다. 그러면 성경은 무엇을 말씀하시기 위해 주신 하나님의 말씀일까? 성경은 하나님, 즉 자기 자신과 뜻을 알려 주시려는 하나님의 말씀이다.

2. 성경은 하나님의 자기 계시의 기록이다.

성경은 하나님께서 자기 자신과 뜻을 가르쳐 주시는 내용의 기록이다. 성경은 시작부터 하나님을 시간과 공간의 주인이라고 선포한다. 그리고 세상을 왜 만드셨는지 특별히 인간을 왜 만드셨는지 정확히 보여준다. 하나님은 자신이 누구인지와 계획이 무엇인지 그리고 이 세상의 통치 방식에 대해서도 정확히 말씀하신다. 하나님이 주권자이시지만 인간과 언약을 맺고 인간에게 통치를 위임하셨다. 그러나 인간은 언약 그리고 하나님의 뜻과 사명을 저버리고 타락하였다. 하나님은 타락한 인간을 심판하시는데, 그 심판 전에 어떻게 구속의 역사를 이루시고 전개하시는지를 언약의 성취 과정을 통해 보여주신다. 구약 시대에는 선지자들을 통하여 말씀하셨고 신약에서는 아들을 통해 말씀하셨다고 히브리서 기자는 언급한다(히1:1). 하나님의 아들이며 그 구속 역사의 중보자이신 예수 그리스도는 하나님의 온전한 계시이다. 그리스도는 부활 승천 이후에도 성령으로 영감을 주며 일하셨고 특별히 사도 요한에게 자기 계시를 주셨다. 그리스도는 요한에 의해 기록된 요한계시록을 통해 계시의 기록을 완성하여 주신 분이다. 기준으로 주신 계시의 기록이 종결된 이후로도 하나님은 역사를 이루어 가신다. 그모든 것은 하나님의 계획을 완성하시기 위한 섭리의 역사이다.

어떤 계시를 접하거나 기적을 접할 때 그 체험이 성경보다 권위를 가지면 안 되는 이유는 혼란을 방지하기 위함이다. 혼란을 방지하기 위해서는 그 기록된 계시인 성경이 모든 것의 기준이 되어야 한다. 성경은 생각과 행동과 영직 체험에 대해서도 기준이다. 하나님께서 자기를 알려 주시며, 모든 것의 기준이 되도록 주신 계시의 기록이 성경이기 때문이다.

성경을 읽어 보면 구속 역사를 통해 하나님의 모습이 삼위일체임을 알게 된다. 출애굽의 구속 역사의 과정을 통해 스스로 계시고 전능하신 분이며, 신실하시고 충분한 분이며, 부족함 없는 공급자이시며, 보호자이시고 안내자이시며, 교훈하시는 분이심을 알게 하신다. 하나님은 자연에 대해 초월하시며, 동시에 인류의 역사와 모든 만물을 주관하시는 주권자이심을 드러내신다. 성경에는 수없이 많은 하나님의 모습이 드러난다. 그런 하나님을 계시 없이, 사람의 직관이나 이성만으로는 알 수 없다. 성경은 하나님 자신을 알려주시는 하나님의 자기 계시의 말씀이다. 성경을 배제하고 하나님을 알려고 하면 하나님의 존재만을 막연하게 알게 될 뿐이며, 구체적으로 알 수 없다.

3. 성경은 언약의 기록이다.

하나님은 시공간 속에 펼쳐지는 인류의 역사에 큰일을 행하시고 그 대표를 세워 언약을 맺으셨다. 그리고 그 언약을 점진적으로 성취하시어 마침내 완성하셨다. 언약들은 앞의 언약과 뒤의 언약이 일관되고, 유기적으로 상호 깊은 관련이 있으며, 점진적으로 완성을 향해 진행된다. 그리스도를 통하여 모든 언약이 최종 성취되고 완성되었다. 언약은 하나님께서 큰일을 행하신 후, 하나님과 사람 사이에 생명과 죽음에 관하여 피로 맺은 약정이다(출24:7-8, 마26:28). 언약은 하나님의 열심 그리고 그 백성의 누림과 책임이 무엇인지 보여준다.

언약들을 알면 성경의 구조를 이해하게 된다. 하나님은 언약을 통하여 구속 역사를 진행하시는데, 언약은 성경 구조를 구성하는 기둥이다. 아담 언약, 노아 언약, 아브라함 언약, 모세 언약, 다윗언약, 새 언약, 그리고 새 언약의 성취를 알게 되면 신구약을 하나로 이해할 수 있다.

창조라는 큰일 후에 아담과 창조 언약을 맺으셨다. 대홍수의 심판 후에 온 세상을 향한 보존 언약, 즉 노아언약을 맺으셨다. 바벨탑 사건 후에 하나님은 자기 백성을 향한 뜻을 보여주시기 위하여 아브라함을 선택하시고 언약을 맺으셨다. 하나님의 주권을 인정하며 복으로 살아야 할 하나님의 백성은 공도를 행하여야 할 사명을 받았다. 출애굽이라는 큰일을 행하신 후 광야 생활을 거치며 하나님의 충분하심을 경험시키시고 모세 언약을 맺으셨다. 가나안 땅을 조상들과 약속한 대로 회복하여 주시고 다윗과 언약을 맺으시며 영원한 왕이 오셔서 보좌에 앉아 다스릴 것을 약속하셨다. 북이스라엘과 남유다의 멸망 과정에도 불구하고 메시아의 도래로 이어질 하나님 나라에 대한 새 언약을 약속하셨다. 마침내 그리스도 예수를 보내 주시어 하나님 나라를 회복하여 주셨으며 그리스도가 새 언약을 세우셨다. 그리고 재림을 약속하여 주셨다. 이처럼 각 언약을 세세히 알아가는 것은 성경의 중심 내용을 바르고 풍성하게 이해하도록 한다. 이제 각 언약을 하나씩 더 깊이 살펴보도록 하자.

1) 아담 언약

하나님께서 창조라는 큰일을 이루신 후 첫 인류인 아담과 삶과 죽음에 관한 언약을 맺으셨다. 창조 언약이라고도 부르는 아담 언약을 통해 인류의 기원과 본질 그리고 사명과 그 기능과 역할, 더 나아가 목적을 알 수 있다. 하나님의 형상이며 통치를 위임받은 인간은 하나님이 보시기에 좋도록 온 세상에 선한 영향력을 펼쳐야 할 사명을 받은 존재이다. 창조 언약은 하나님의 주권이 무엇이며 사람과 가정이 무엇인지, 그리고 부부가 어떻게 살아야 하며 자녀를 낳아 어떻게 양육해야 하는지를 알게 한다. 하나님께서는 선악과를 먹는 것을 금하심으로 하나님과 인간 사이의 관계를 분명히 하셨다. 창조주이신 하나님은 인간이 그의 피조물이며, 주권을 인정할 때만 생명을 보존하고 사명을 감당할 수 있음을 보여주셨다. 즉, 생육하고 번성하는 것의 기준은 인간이 하나님의 형상이어야 한다는 것이다. 이것을 위해 부부는 서로 돕고 친밀함을 나누고 연합하여 하나 되고 거룩해야 한다.

또한, 아담 언약은 창조와 타락의 관점을 이해하는데 중요한 열쇠가 된다. 타락 전의 아담과 하와, 에덴의 모습을 이해함으로써 인간의 현주소가 얼마나 많이 망가졌는지와 변함없는 하나님의 신실함이 어떻게 구속을 위해 일하고 있는지를 알 수 있다. 더 나아가 타락으로 상실한 인류의 원래 위치와 모습이 무엇인지 확인하고 구원을 소망할 수 있도록 한다. 타락 전의 인류를 보며 구원받은 인류가 어떤 모습으로 회복하여 살아야 하는지 그리고 최종 심판 후에 어떤 모습으로 세상이 회복될지를 알 수 있다.

아담 언약은 구원이 이루는 모습이 어떠해야 하는지를 알게 한다. 구원은 창조 목표와 질서의 회복이기 때문이다. 인간과 세상의 원래의 모습은 창조기사를 제외하고는 다른 어디서도 볼 수 없다. 오직 타락 전의 모습이 그려진 성경에서만 그 기원을 볼 수 있고 본질을 이해할 수 있다. 인간의 타락에도 불구하고 하나님께서 인류의 구원을 위해 주신 첫 약속 또한 아담 언약에 담겨 있다. 여자의 후손이 오셔서 뱀의 머리를 상하게 할 것이라는 약속이 바로 그것이다. 그 후 인류는 여자의 후손이 오시기를 소망하며 기다렸다. 우리 민족이 진서라고 불렀던 한자의 좋아할 호(好)는 여자가 아들이 있을 때 느끼는 감정을 형상화한 것이다. 이 한자를 통해 인류가 얼마나 여자의 후손을 소망했는지 알 수 있다. 인간의 타락 후에도 하나님은 하나님의 일을 이루시기 위해 끊임없이 역사해가신다. 그것이 다음 언약으로 이어진다.

2) 노아 언약

하나님께서는 창조하시고 맡기신 세상을 인간이 하나님의 대리자로서 아름답게 통치하길 원하셨다. 그러나 인류가 타락하여 죄악이 관영하고 강포함이 땅에 가득하게 되었을 때 심판하셨다. 그러한 심판에도 불구하고 하나님께서는 그 과정에서 노아에게 방주를 짓게 하시고 그 가족 여덟 식구가 들어가게 하셨다. 한자의 선(船)은 주(舟)+팔(八)+구(口)로 구성된다. 배에 여덟 명의 사람이 타고 있음을 내포한다. 고대문자인 한자, 선(船)이 노아의 방주를 의미하는 것이 신비롭다. 중국의 운남성 근처에 거주하는 이와족에 전해 내려오는 홍수 이야기는 노아 홍수 이야기를 그대로 간직하고 있다. 길가메쉬의 서사시에도 홍수 이야기가 나온다. 홍수 이야기는 인류에게 경험되었던 사건이며, 민족에 따라 그 이야기의 보존이 다를 뿐이다.

인류 중 오직 노아와 그 아내, 아들들과 자부들 그리고 각종 동물을 한 쌍씩 남기어 보존하시고 무지개 언약을 맺으셨다. 동물을 먹을 수 있게 허락하시면서 피는 먹지 말라 금하시며 하나님이 생명의 주권자이신 것을 알게 하셨다. "사람의 생각하는 경향이 어려서부터 항상 악하다(창6:5,8:21)"고 말씀하시면서도 다시는 물로 심판하지 않으시겠다 약속하시며 그 상징으로 무지개를 보이셨다. 지금의 세상이 이렇게 악한데도 왜 심판이 유보되고 있는지 알 수 있는 말씀이다. 하나님은 정의로우시지만, 동시에 인자하신 분이시다. 에스겔 1장이나 요한계시록 4장을 보면 하나님의 보좌가 무지개로 둘려져 있다고 묘사된다. 하나님께서 노아와의 약속을 늘 기억하는 분임을 보좌 주위의 무지개가 암시한다. 인간과 세상의 악함에도 불구하고 하나님께서 인내하고 계심을 알 수 있다.

바벨탑 사건에서 우리는 인류의 죄악된 본성을 확인할 수 있다. 물로 심판하지 않으시겠다는 약속을 믿지 못한 채, 문명으로 자기 안전을 도모하고자 탑을 쌓았다. 자기의 이름을 내고 하나님의 명령을 거역하였다. 그 벌로 언어를 나누셨고 각 언어에 따라 민족을 이루어 각 지역으로 흩으셨다. 바벨탑 사건 이후로 인간의 수명은 줄어들었고 피부색도 달라졌다. 악한 자들의 긴 통치는 하나님이 보시기에도 악하고 인류에게도 큰 고통이었다. 어려서부터 생각하는 것이 항상 악할 뿐이라고 하신 실체가 바벨탑에서 드러난 것이다. 방주를 통한 구원의 큰 은혜를 잊어버리고 아버지의 실수를 떠벌리는 함의 모습을 통해 악의 가능성이 드러났다. 그리고 그것이 가나안을 통해 이어질 것을 노아는 예언했다. '신을 배반한 자'라는 뜻의 이름을 가진 니므롯을 중심으로 바벨탑을 쌓은 노아 후손들이 꿈꾼 나라는 하나님의 생각과 반대되는 나라였다. 바벨탑 사건 이후 인류 역사는 계속해서 하나님의 뜻을 거스르는 제국들을 세워 갔다. 그 제국은 인간의 문명으로 성공을 꿈꾸며 자기 이름을 내고 자기 안전을 구하는 나라였다. 이러한 바벨탑 사건의 특징은 인류 역사에 나타난 세상 나라의 성향을 알게 한다. 바벨탑 사건으로 흩어진 후 인류가 세운 모든 나라는 하나님의 뜻의 적용이 없는, 인간이 중심이 된 나라이다. 바벨탑 사건 이후 흩어진 사람들 속에 있는 죄의 속성이 지금도 세상을 더럽히고 고통스럽게 한다. 하나님은 바벨탑 때의 인간들이 세운 나라와는 다른, 새로운 나라를 세우길 원하셨다. 그리하여 아브라함을 선택하고 부르셨다.

3) 아브라함 언약

하나님께서는 아브라함을 선택하여 하나님의 주권 인정과 복으로 살아가는 새 인류를 계획하셨다. 아브라함을 통해 새 인류가 가져야 하는 믿음과 신실함이 무엇인지를 알게 하셨다. 하나님의 주권을 인정하며, 인간의 노력으로 이루는 성공이 아닌 하나님의 복 주심으로 형통한 공동체를 설계하셨다. 그리고 하나님의 백성이 세상에서 큰 민족을 이루어 복의 통로가 되길 원하셨다. 그리하여 하나님께선 하나님과 아브라함의 관계를 통해 새 백성의 모습이 어떠해야 하는지를 계시하셨다. 그 백성은 하나님의 주권을 인정하고 순종을 통한 복 주심으로 살아야 한다.

아브라함 언약은 횃불 언약과 할례 언약으로 구체화 된다. 횃불이 제물 사이에 혼자 지나간 것은 하나님께서 하나님 자신을 걸고 약속을 지키시겠다는 의미이다. 후손을 주어 큰 민족을 이루시겠다는 것과 땅을 후손들에게 주시겠다는 것을 자신을 걸고 약속하신 것이 횃불 언약이다. 할례 언약은 사람의 방법이 아닌 하나님의 전능한 능력으로 언약을 이루시겠다는 약속의 재확인이며, 언약이 살에 있다는 것은 날마다 언약을 기억하고 믿으라는 의미를 담고 있다. 하나님이 약속에 신실하시듯 아브라함도 신실해야 한다는 것이다.

하나님은 아브라함을 통해 약속을 주시고 그것을 이루시는 일을 쉬지 않으셨다. 그 약속은 바로 후손에 대한 약속과 가나안 땅에 대한 약속이다. 아브라함은 이삭을 통해 후손을 주시겠다는 약속을 굳게 믿었다. 이삭을 죽여 번제물로 바칠지라도 하나님이 그를 다시 살리셔서 약속한 바를 이루실 것을 믿었기에 이삭을 번제물로 드리라는 명령에 순종할 수 있었다(히 11:17-19). 이삭을 번제물로 바치라 함은, 아브라함이 본토 친척 아버지 집을 떠나 주님이 지시할 땅으로 가라(창12:1) 명하시는 하나님의 주권을 알고 인정하는 믿음의 사람임을 보여주시고자 시험하시는 명령이다. 이를 통해 아브라함의 믿음은 모든 믿는 자에게 본보기가 되었다. 자기 아내 사라가 죽었을 때 값을 치르지 않아도 매장지를 얻을 수 있었다. 그러나 아브라함은 가족의 소유 매장지를 마련하기 위해, 하나님께서 땅을 약속하셨을 때 그 약속에 대한 반응으로 단을 쌓았던 곳의 땅을 은 사백 세겔을 주고 샀다. 미래에 후손들이 노예 생활을 할 때도 그곳을 조상들의 매장지로 여기고 염원해야 할 곳으로 만들고 싶었기 때문이었다. 아브라함에게 하나님의 말씀은 삶의 기준이며 삶의 목적이 되었다. 그가 살아가는 이유는 온통 하나님의 언약 곧 약속이었다. 후손에 대한 약속과 땅에 대한 약속을 위해 믿음으로 행했다. 바벨탑의 죄악된 사상을 극복하고 공도를 행하는 모범을 보여 신실함을 증명했다. 아브라함은 언약의 모범적 모델이 되었고, 언약 전달자의 사명을 잘 감당했다. 하나님께서 꿈꾸시는 새 인류의 모습은 하나님의 주권을 인정하고 하나님이 전능하심과 신실하심으로 약속을 반드시 이루신다는 것을 믿어, 하나님의 약속을 삶의 기준으로 여기며 그 약속에 신실하게 사는 것이다. 즉, 새 인류는 하나님의 주권을 인정하고 하나님께서 주시는 복으로 사는 자들이다. 그렇기에 아브라함 언약을 생각할 때 늘 횃불 언약과 할례 언약의 의미를 되새기며, 약속에 대한 하나님의 신실하심을 믿고 주권을 인정해야 한다. 또한, 공도를 행하며 순종하는 것이 하나님의 백성이 가져야 할 기본태도이다.

4) 모세 언약

모세 언약을 통해 하나님께서는 다시 한번 언약에 신실하심을 보여주셨다. 아브라함과 이삭과 야곱의 하나님이라고 자신을 나타내시며, 그들과의 약속을 이루어 가나안 땅에서 큰 나라 공동체를 세우기 위해 모세를 부르셨다. 출애굽의 열 가지 재앙으로 여호와가 왜 스스로 계신 상천 하지의 하나님이신지 알게 하셨다. 홍해에서 이집트 병사들을 바다로 덮으시며 얼마나 강하신지, 온 세상에 하나님을 대적할 자가 없음을 보여주셨다. 광야에서도 자신의 능력과 사랑을 이스라엘 백성에게 경험시켜 주셨다. 쓴물을 단물로 바꾸시고 만나와 메추라기로 먹이셨다. 바위에서 물이 나게 하시며 아말렉 족속을 이기게 하셨다. 충분히 공급하고 보호하며 안내하는 하나님이심을 보여주셨다. 그리고 이렇게 자신을 충분히 드러내어 얼마나 이스라엘을 사랑하는지 알게 하시며 이스라엘 백성과 언약을 맺으셨다. 사랑의 하나님에 대한 충분한 경험을 근거로 백성과 언약을 맺으신 것이다. 십계명과 법 그리고 규례를 언약의 구체적 내용으로 주시어 이스라엘이 가나안에 들어가 어떻게 살아야 할지를 교훈하셨다.

구원은 단순히 출애굽으로 끝나는 것이 아니다. 노예에서 하나님의 백성이 되는 것으로 끝나는 것도 아니다. 그들이 받은 언약의 내용을 가지고 삶으로 온 세상에 하나님의 통치를 보이는 것이 구원이다. 곧 구원은 출애굽으로 하나님의 백성이 되어 언약을 맺고 교훈을 받아 순종함으로, 하나님의 복 주심을 경험하고 누리는 것이다. 그래서 십계명과 율법과 규례를 주신 것이다.

이렇게 구원받은 그들이 살아가야 할 곳은 광야가 아니라 가나안 땅이었다. 가나안 족속은 함의 후손인데, 죄악된 그들이 구원받을 수 있는 길은 셈족의 후손인 아브라함의 후손에게 정복을 당하는 것이었다. 그래서 가나안 족속이 사는 그 땅을 셈족의 후손인 이스라엘 백성에게 주시겠다고 약속하신 것이었다.

하나님에 대한 충분한 경험을 통해 하나님을 아는 만큼 하나님과 연합할 수 있고 삶으로 살아낼 수 있다. 이스라엘 백성은 하나님의 말씀에 순종함으로 열국 중에서 하나님의 소유가 되고 제사장 나라가 되고 거룩한 백성이 되었다. 여기서 열국 중 소유가 된다는 것은 이중 소유로 특별한 관계를 의미하며, 제사장 나라가 된다는 것은 당시의 제국을 꿈꾸는 세상에서 완전히 새로운 유형의 나라가 됨을 의미한다. 이는 하나님께서 세상 속에서 모범이 되는 국가를 세우시겠다는 뜻이었고, 이스라엘을 통해 국가 모델을 제시하셨다. 그리고 거룩한 백성이 된다는 것은 단순히 구별되는 것을 넘어 하나님의 뜻을 성취하며 하나님을 닮아간다는 의미이다. 초기 이스라엘은 가나안 땅을 정복하고 땅을 공평하게 분배하여 살았다. 기본적인 생존권과 평등이 보장되고 그 위에 자유가 보장되는 나라였다. 이스라엘이 그런 상태로 유지되기 위해서는 성막에서 제사를 드림으로 죄 문제를 해결하고, 48개의 도성에 있는 레위인들이 유사가 되어 율법을 가르치며, 부모를 통해 집에서 교육이 이루어져야 했다. 공동체적으로는 절기를 지키고 구원의 은혜에 감격하며 그 감격을 삶에 적용하는 제도들이 있었다. 유월절, 무교절, 칠칠절, 오순절, 맥추절, 초막절, 그리고 수장절 등의 절기는 하나님의 은혜를 기억하고 되새기도록 하는 행사였다. 후손들은 절기를 지키며 출애굽의 역사를 재경험하고 은혜를 묵상했다. 또한, 이를 통해 믿음이 생기고 믿음이 유지되었으며, 그 믿음으로 하나님의 충분한 사랑을 알게 되어 제도를 지킬 수 있었다. 이스라엘 백성들이 안식일, 면제년, 안식년, 희년이라는 제도를 지킨 것은 다른 나라와는 비교할 수 없는, 은혜가 적용된 모습이다. 이스라엘은 출애굽의 은혜를 적용함으로써 무너진 삶을 회복하는 놀라운 제도를 가진 참된 국가 모델이었다. 곧 구약 시대의 이스라엘은 온 세상을 향하여 드러난 하나님의 통치 모델이었다. 여호수아와 함께했던 장로들이 생존해 있던 초기 이스라엘은 하나님의 말씀에 온전히 순종했다(삿2:7). 그러나 이스라엘은 점점 타락하여 변질되었고, 다른 나라들처럼 왕국을 이루려 하였으며 자기 소견에 따라 행하는 삶을 살았다(삿21:25).

5) 다윗 언약

백성들은 하나님이 왕이신 나라를 원하지 않았고 세상 나라처럼 인간 왕을 요구했다(삼상8:6-7). 그래서 사람의 기준으로 보기 좋은 모습을 갖춘 사울을 왕으로 세웠다. 하나님께서 이스라엘의 왕은 군대의 크기를 의지하지 말고, 은금을 많이 소유해도 안 되며, 아내 또한 많이 얻지 말라고 하셨다. 오직 제사장이 가지고 있는 율법 책을 등사하여서 주야로 묵상하며 여호와 경외하기를 배우고 형제들 속에서 겸손하면 그 보좌의 보위가 길 것이라고 약속하셨다(신17:14-20). 하지만 이스라엘의 첫 왕인 사울은 그런 왕이 되지 못했다. 하나님을 경외하기보다는 사람들의 마음을 얻고자 하나님께 불순종했다. 하나님은 사울을 버리셨다. 사람이 보기에는 적합하지 않았지만, 하나님의 마음에 합한 다윗이 왕이 되었을 때 하나님께서 이스라엘 나라를 아브라함과 모세에게 약속하신 그 지경까지 넓게 회복하여 주셨다. 너무나 큰 복을 받은 다윗은 하나님께 성전을 지어드리겠다고 했다. 그러나 하나님께서는 오히려 다윗에게 보좌에 영원히 앉을 참된 왕을 주시겠다고 하셨다(삼하7:16). 그 후에 이스라엘은 왕들과 백성들의 타락으로 인해 많은 고난을 경험하였다. 그런 중에도 선지자들을 통해 회개를 촉구하시며 많은 메시아 예언을 주셨다(사7:14, 9:6). 믿음의 사람들은 그런 다윗 언약에 근거하여 다윗의 후손으로 오실 그리스도를 기다렸다. 그래서 예수님 시대의 사람들은 예수님을 '다윗의 자손 예수여!'라고 부르며 그분의 메시아 되심을 고백했다.

6) 새 언약의 예언

북이스라엘과 남유다가 모두 망해가는 시점에 하나님은 이

사야, 예레미야, 에스겔 등 많은 선지자를 통해 새 언약을 말씀하셨다. 죄로 흩어졌던 자기 백성들과 이방인들까지 모아 맑은 물로 씻어 새 영과 하나님의 영을 부어 주시고 마음에 말씀을 새겨 주시겠다고 약속하셨다(겔36:24-28). 성전에서 생수의 강이 흘러나오게 될 것이라는 새 언약을 약속하셨다(겔47:1-12). 새 언약은 모세 언약과 달리, 메시아의 도래로 새로운 나라가 세워질 것에 대한 약속이다(렘31:31-34). 메시아가 모세와 같은 선지자로(신18:15), 멜기세덱의 반차를 따르는 대제사장으로(시104:4), 인자같은 이로(단7:14), 의로운 태양으로(말4:2) 오셔서 새 언약을 세울 것이라고 예언하셨다. 그 메시아가 오셔서 왕국을 세우시고 새 하늘과 새 땅을 이루실 것을 약속하셨다(사65, 66). 여호와는 이스라엘의 하나님이 되고 이스라엘은 하나님의 백성이 되는 새 언약은 그리스도 안에서 성취되어 약속대로 온 세상을 향하고 있다. 그리스도는 바벨탑 사건으로 흩어진 모든 민족을 향한 구원의 소식이다.

7) 새 언약의 성취와 종말 예언

예수 그리스도는 성령으로 처녀의 몸에 잉태되어 태어나셨고, 죄없이 사시다가 성인이 되어 물로 세례를 받으셨다. 그때 비둘기 같은 모습으로 성령이 임하시어 예수께서 메시아로 드러나셨다. 하늘에서는 음성으로 시편 2편의 '하나님의 사랑하는 아들'과 이사야 42장의 '하나님의 기뻐하는 자'라는 정체성을 주셨다. 시험을 이기신 후 이 땅에 임한 하나님 나라를 선포하며 그리스도의 사역을 시작하셨다. 가난한 자들에게 복음을 전파하고, 포로가 되어 갇힌 자들에게 놓임을 베풀고, 마음이 상한 자를 고쳐주시며 은혜의 해를 선포하셨다(사61:1-2, 눅4:18-19). 하나님 나라를 선포하고 가르치시며, 병들고 약한 것을 치유하시는 것으로 자신이 메시아이심을 드러내셨다(마4:23, 9:35). 예수님을 따르는 자들이 그를 그리스도와 하나님의 아들로 믿고 시인할 때 그 믿는 자들 위에 자신의 교회를 세우실 것을 약속하셨고, 그 교회가 하나님 나라의 열쇠를 가진, 어둠의 세력이 결코 이길 수 없는 공동체가 될 것을 말씀하셨다(마16:16-20). 성령의 역사하심으로 교회를 통해 하나님 나라가 드러나고 확장되도록 권세를 주셨다(요14:26, 행1:8). 또한, 장로들과 대제사장, 서기관들에게 고난받고 죽임당한 후 사흘 만에 살아날 것을 예언하셨다. 그리스도께서는 십자가에 달리기 전 유월절을 지키는 가운데 성찬식을 행하시며 새 언약을 제정하셨고 새계명으로 '서로 사랑하라'라고 말씀하셨다(요13:34). 새 언약은 그리스도의 죽음, 부활과 승천, 그리고 성령 강림을 통해 교회가 세워짐으로써 성취되었다. 새 언약의 완성으로 교회라는 새로운 공동체 모델이 세워졌고 하나님의 나라, 즉 구속적 통치가 제자들을 통해 세상에 펼쳐졌다.

그리스도께서 선포하신 은혜의 해, 곧 희년이 하나님 나라의 내용으로 경험되는 곳이 교회이다. 교회는 하나님의 상속자가 되어 만물을 충만케 하는 자의 충만이며, 진리의 기둥과 터인 하나님의 집이다. 세상을 향한 그리스도의 편지이며 향기이고, 소금이며 빛이다. 또한, 하나님의 가족이자 백성이고 자녀이며, 왕 같은 제사장이며, 성전이고 주님의 몸이다. 이것이 바로 새 언약이 성취된 모습이다. 이제 주님의 재림을 기다리는 교회 공동체는 새 하늘과 새 땅을 소망한다(계21, 22). 새 언약은 하나님 나라의 시작이다. 이를 통해 교회 공동체가 드러났고 교회는 하나님 나라의 완성을 바라보며 주님의 몸 된 사역을 감당하고 있다.

4. 성경은 하나님 나라의 기록이다.

나라라는 말은 곧 통치를 의미한다. 하나님 나라에서 통치는 위임통치로 나타난다. 최초의 인간인 아담과 하와는 하늘과 땅과 바다에 있는 것들을 정복하고 다스리도록 하나님의 형상과 모양을 따라 지음을 받았다. 통치권을 위임받은 인간은 에덴에서 누린 그 풍성함을 온 땅에 확장하는 사명을 위해 부름을 받았다. 그 에덴의 가정은 모든 가정과 공동체, 그리고 나라의 모델이자 기원이라고 말할 수 있다. 에덴의 가정 공동체를 연구하면 인류와 공동체의 본질이 무엇인지 알게 된다. 하나님의 주권을 인정함으로 서로 돕고 친밀하고 연합하여, 생산하고 분배하고 사랑하며 거룩한 공동체로 사는 것이 하나님의 뜻이었다. 인류가 창조의 과정에서 맨 나중에 지음을 받은 것은 인간이 주인이 아니라 창조주의 피조물이자 은혜를 입은 자이며 위임받은 대리자임을 보여준다. 피조물인 인간이 하나님의 섭리 속에 위임받은 대리통치자로 드러나는 것이 하나님께서 계획하신 나라 곧 정복과 다스림이다. 타락 전의 정복과 다스림의 의미에는 죄의 성향이 없었다. 모든 피조물에 영향력을 미쳐 하나님 보시기에 좋게 하는 것이었다.

그러나 인간이 언약을 저버리고 타락하여, 대리통치자로서 하나님의 뜻을 행하기보다는 죄악을 범했기에 노아의 때에 대홍수로 심판을 받았다. 하나님께서는 인간에게 통치를 위임했다고 해서 방관하시지 않는다. 섭리하시고 심판하시는 권세가 주께 있고 그 주권은 영원하다.

노아 홍수 이후에도 인간은 본질이 부패한 죄성으로 자기가 주인이 되어 제국을 만들고 독재하며 지배했다. 그 결과 계급과 빈부의 격차로 인해 고통을 주고받는 세상이 되었다. 세상 나라는 제국을 만들기 위해 패권 다툼 속에서 전쟁을 일삼았다. 땅을 빼앗고 자원을 약탈하며 사로잡은 자들을 노예로 삼았다.

이처럼 바벨탑 사건 이후에 흩어진, 곧 하나님을 경외하지 않는 모든 민족과 나라들은 인본주의 사상을 가지고 종교와 철학, 정치와 경제, 문화 속에 부패를 담아내고 있다. 세월이 흘러 자유민주주의 제도 속에 살아가는 현대에도 정치, 경제, 기업에 하나님의 뜻이 이루어지는 것이 아닌, 여전히 부패와 치부, 그리고 사치가 만연해 있는 모습을 볼 수 있다. 빈부의 격차기 낳은 새로운 경제 계급으로 인해 사회는 여전히 고통받는 이들의 신음으로 가득하다.

구약의 이스라엘은 타락한 세상 속에서 하나님 나라의 모델이다. 아브라함에게 주신 언약을 통해 하나님의 주권을 인정하고 하나님이 주시는 복으로 사는 새 인류로 살아가는 것이 하나님의 뜻임을 알 수 있다. 이러한 맥락에서 하나님께서 아브라함을 선택하신 이유는 그와 그 후손들이 공도를 행하도록 하시기 위함이었다(창18:19). 하나님의 주권을 인정하며 하나님이 주시는 복으로 사는 것, 하나님이 약속에 신실하신 것처럼 아브라함과 그 후손도 약속에 신실하게 사는 것이 공도를 행하는 것이었다. 출애굽 이후 아브라함의 후손이 행하여야 할 공도는 십계명과 율법과 규례를 지킴으로 하나님과 특별한 관계가 되어, 제사장 나라로 선교 모델이 되고 희년의 실천으로 거룩한 백성이 되는 것이었다(레25:11,12). 초기 이스라엘은 받은 은혜를 누리고 유지하며 적용하여 사는, 세상에 모델이 되는 제사장 나라였다(사2:7).

타락한 제국들 사이에서 제사장 나라로 살기 위해서는 말씀에 순종해야 했다(출19:4-6). 하나님께서 정해 주신 땅에서 생산하고 무역하며, 삶의 현장에서 각각의 개인이 아브라함처럼 하나님의 주권을 인정하고 복 주심으로 사는 나라여야 했다. 이스라엘 백성은 땅을 공평하게 배분하여 기본 자산을 소유하고, 그 땅에서 생산하여 기본 소득을 얻음으로써 생존권과 평등을 보장받았다. 그런 기본권 위에 주어지는 자유를 누렸다. 경제 활동의 실패로 빚을 지고 종이 되더라도 면제년이나 안식년을 통해서 신분적, 경제적으로 회복이 가능한 나라였다. 또한, 가난을 대물림하지 않도록 희년을 통해 가문에게 준 기업을 보장해주었다. 이처럼 이스라엘은 구별된 국가의 모습으로 여호와가 상천 하지의 하나님이신 것을 세상에 드러내는, 축복의 통로로서의 제사장 나라 곧, 하나님 나라였다.

그러나 시간이 지남에 따라 이스라엘은 세속화되었고 대리

통치자로서의 사명에 실패했다. 결국, 죄로 인한 모든 문제는 처음부터 하나님께서 작정하신 메시아의 도래, 곧 오직 그리스도 안에서만 해결이 가능한 것이다. 타락한 인간으로는 하나님의 나라를 이루는 데 한계가 있다. 그래서 다윗과의 언약을 통해 그 보좌에 영원히 앉을 아들을 약속하셨다(삼하7:16).

그 약속대로 오신 예수 그리스도의 선포로 드러난 메시아 왕국이 기독교가 말하는 하나님 나라이다. 성경은 죽어서 가는 곳을 하나님 나라라고 말하지 않는다. 바벨론 포로 이후에 사람들은 메시아를 기다렸고 그 메시아로 오신 예수님은 회개와 천국을 선포하셨다. 하나님이라는 이름을 부르길 꺼려했던 유대인들은 하나님 나라를 대신 하늘나라, 곧 천국이라 불렀다. 마태는 그 유대인의 용어로 하나님 나라를 천국이라고 하였고 복음서의 다른 기록자들은 하나님 나라라고 하였다. 천국은 그리스도를 통해 이 땅에 임한 하나님 나라이다. 그리스 철학을 해석의 도구로 받아들인 후에 그 철학의 이원론의 영향으로 마태복음의 천국 사상은 오해되었다. 예수님은 자신이 주님이며 하나님의 아들이며 그리스도이심을 믿는 사람들 위에 교회를 세워 천국을 증시하는 일을 진행하셨다. 그 교회는 천국의 열쇠를 부여받았다. 예수님이 오신 목적은 자기 백성들을 죄에서 해방하여 의인 되게 하시고, 정의로운 삶을 살도록 하시기 위함이었다.

이스라엘의 정의는 세상의 정의와는 본질적으로 달랐다. 고대 제국의 시대에는 왕의 뜻이 곧 정의였고, 소크라테스에게는 이데아의 세계를 아는 철인의 가르침을 따라 사는 것이 정의였다. 노자와 공자에게는 도와 덕, 인의예지를 행하는 것이 정의였으며, 공리주의를 쓴 벤담에게는 다수의 행복이 정의였다. 국부론의 저자 아담 스미스에게는 자유시장 경제의 원리가 지켜지는 것이 정의였다. 롤스는 천부적 재능으로 다른 사람을 섬기는 것과, 최약자 곧 최소 수혜자에게 최대의 이익이 돌아가도록 제도를 설계하는 것을 정의라 했다. 마이크 샌델은 공동선을 찾아 이루는 것을 정의라 했다.

그러나 성경은 예수 그리스도 없이는 참된 공의와 정의가 없다고 말한다. 하나님의 뜻이 이루어지는 것이 선인데 그 선 안에 의로움이 있고 사람들 사이에 그 의로움이 적용될 때 그것을 정의라고 부른다. 하나님이 약속을 성취하시는 신실하고 전능하신 분임을 알고 믿을 때 의를 얻게 된다. 하나님의 주권을 인정함으로 사람들과 관계하여 의와 자비를 행할 때 정의롭다고 한다. 곧 '의롭다'는 말은 '옳다'는 말이다. 하나님이 약속을 지키실 것을 아브람이 믿을 때 그것을 그의 의로 여겨 주셨다. 하나님의 주권을 인정하는 사람은 하나님의 약속대로 될 것을 믿고 하나님의 뜻을 실천한다. 이스라엘에게 정의는 하나님의 율법을 성취하는 것이다. 부자가 가난한 자를 구제하고 기회를 제공하며, 지혜로운 사람이 지혜롭지 못한 자를 인도하고, 권력을 가진 자가 공평을 추구하여 자비로운 제도를 세워 모두 행복하도록 하는 것. 이것이 정의다. 그리고 이러한 정의를 온전히 이루고 회복하실 분은 오직 예수 그리스도이시다. 예수 그리스도, 곧 메시아의 왕국이 복음 전파를 통해 온

세상에 퍼지고 교회를 통해 드러나는 것이 하나님의 뜻이었으
며, 또한 부활하신 그리스도의 명령이었고 성령의 오신 목적이
었다.

결국, 예수 그리스도의 재림 때에 구약의 성취로 시작된 메
시아 왕국이 완성될 것이다. 주님은 성육신으로 자기 백성을
죄에서 구원하시어 교회로 부르셨고, 그들을 메시아 왕국의 백
성으로 살게 하셨다. 그리고 재림의 때에 그 백성들을 새 하늘
과 새 땅의 영원한 복락으로 인도하시며, 동시에 불의와 부정,
죄와 악과 무질서를 제거하고 악인들을 심판하심으로써 참된
정의를 회복하실 것이다. 하나님의 영원한 임재 가운데 새롭게
된 하늘과 땅에서 그리스도인들이 주님과 함께 왕 역할을 하
는 것이 하나님 나라의 극치에 이르는 완성이다. 구약의 관점
으로 보면 메시아 왕국인 천국은 그리스도 예수 안에서 성취
되고 완성되었다. 그러나 신약의 관점으로 보면 구약에서 약속
된 하나님 나라는 이미 임했지만, 아직 완성된 하나님 나라 곧
극치에 이르지는 않았다. 교회를 통한 성령의 역사와 함께 하
나님의 나라는 현재 그리스도의 왕국으로 진행되고 있으며, 교
회는 주님의 재림으로 이루어질 새 하늘과 새 땅을 소망한다.

5. 성경은 그리스도에 대한 기록이다.

언약의 중심과 하나님 나라의 중심 또한 그리스도이다. 그리
스도는 태초에 말씀으로 계셨고 구약에서 약속과 예언으로 나
타나셨으며 때가 되어 육체를 입고 이 땅에 오신 주 하나님이

시다. 메시아에 대한 약속은 여자의 후손으로 오시고, 아브라함과 유다와 다윗의 혈통을 따라 나시며, 처녀가 잉태하여 낳은 아들로 임하셔서 왕이 된다는 것이었다. 또한 모세와 같은 선지지로 말씀하시며, 멜기세덱의 반차를 따라 영원한 대제사장이 되신다는 것이었다.

예수 그리스도의 족보를 보면 그 모든 언약을 이루셨음을 알 수 있다(마1장). 예수 그리스도는 언약대로 여자의 후손으로, 아브라함의 씨와 이삭의 씨로 그리고 야곱의 후손으로 오셨다. 유다 지파에서 나셨고, 다윗의 보좌에 앉을 후손과 처녀가 잉태하여 낳을 아들에 관한 약속대로 마리아에게 성령으로 잉태되어 베들레헴에서 태어나셨다. 그 아기는 이사야의 예언대로 정사를 메었고 기묘와 모사가 되셨다(사9:6). 전능하신 하나님, 영존하시는 아버지, 평강의 왕으로 오셨으며 스가랴의 예언대로 나귀를 타고 임하신 왕이셨다(슥9:9). 구약에서 그리스도에 대해 예언된 것과 같이 마침내 때가 되어 이 땅에 태어나셨으며 공생애 기간에 의의 역사를 행하셨다. 모든 의를 이루시기 위하여 세례를 받으셨고 그리스도는 인류의 대표가 되어 세상 죄를 지고 가는 어린양이 되셨다. 하나님 나라를 선포하시고 가르치셨으며, 약한 것을 고치시고 열두 제자를 세우셨다. 표적을 통해 하나님의 아들, 즉 메시아이신 것을 드러내시고 천국 복음을 전파하셨다.

마침내 헬라의 이방인까지 예수님을 그리스도로 알게 되었을 때, 주께서 영광 받으실 때가 되었다고 말씀하시며 죽임당할 것을 예언하셨다. 유월절 때에 새 언약을 제정하시고 제물이 되어 죽임당하심으로 대속사역을 완성하셨다. 말씀대로 사흘 만에 부활하신 후, 제자들을 만나 숨을 내쉬며 성령을 주셨고, 부활 후 40일 동안 하나님 나라에 대하여 자세히 가르쳐 주셨다. 그리고 오백여 형제들이 보는 가운데 구름을 타고 승천하셔서 하늘 성소에 들어가 새 언약의 중보자와 대제사장이 되시어 성령을 받아 자기 백성 공동체 모두에게 주셨다. 성령 받은 제자들이 성전이 되고 주님의 몸된 교회가 되도록 하셨다. 주님의 몸된 교회는 성령이 거하시는 성전이 되고 하나님의 자녀와 백성이 되었다. 더 나아가 새 언약의 일꾼, 제사장 나라, 세상을 향하여 소금과 빛, 그리고 진리의 기둥과 터가 되었다. 이 모든 것은 그리스도의 은혜로운 사역의 결과이다. 그리고 그리스도는 그 교회의 머리가 되셨다.

그리스도는 계시의 완성자이기도 하시다. 하나님의 완전한 형상이시며, 요한을 통해 과거의 일과 현재의 일 그리고 미래에 일어날 일을 묵시적 계시로 완성하여 주셨다. 이제 마지막 날에 재림하셔서 세상을 심판하시고 영원히 다스리실 왕이시다.

6. 성경은 하나님의 경륜에 대한 기록이다.

경륜이라는 말은 세상을 구원하기 위한 하나님의 역사적 계획과 섭리의 경영을 뜻한다. 뜻과 예정을 이루기 위한 경영과 행정의 사전적 의미를 내포하는 말이다. 예정과 언약, 그리고 예언을 이루시기 위한 하나님의 열심과 신실하신 역사가 하나님의 경륜이다. 스스로 계신 하나님께서 기쁘신 뜻을 위하여 작정하시고, 인간에게 주신 자유로 인하여 일어날 결과에 대하여 허용을 예정하셨다. 그리고 인간을 창조하시고 통치를 위임하셨으며, 언약을 세워 그 예정 안의 작정을 이루기 위해 그 경륜을 행하셨다.

비록 인간의 타락으로 인해 때로는 저주와 심판을 내리기도 하시지만, 인애하신 하나님께서는 구속의 역사를 펼쳐 창조의 원리를 보존하시어 회복하시고, 예정을 완성해 가신다. 그리고 마침내 온 세상을 심판하시어 영원히 그리스도의 나라가 되도록 하실 것이다. 이것이 하나님의 경륜의 과정이다.

성경은 이런 하나님의 경륜을 설명해주는 책이다. 이런 하나님의 경륜 속에 기독교의 역사관이 나타나고 그 역사관이 세계관의 뼈대가 된다. 이 경륜을 통해 자존 하시는 하나님의 예정과 창조, 인간의 타락, 하나님의 구속 역사를 볼 수 있다. 또한, 예수 그리스도의 십자가 사건으로 구속의 역사가 완성되어 이루어졌고, 부활 승천으로 성령을 보내심으로 창조 원리가 회복됨을 볼 수 있다. 믿는 자들을 교회로 세우시고 교회를 주님의 몸으로 삼으셔서 하나님 나라를 드러내게 하신 창조의 회복은 주님의 재림을 통해 이루어질 구원의 극치와 예정의 완성을 향하여 나아간다. 흰 보좌의 의로운 심판 후 완성될 새 하늘과 새 땅을 영원히 지속하시기 위하여 하나님은 지금도 교회를 통하여 역사하신다.

7. 성경은 하나님의 구속에 대한 기록이다.

예정과 창조를 통해 인류에게 주신 이 세계에 유혹하는 자로 말미암아 죄가 들어왔다. 그러나 하나님의 계획을 망가뜨리려고 하는 악의 세력에 대하여 그리스도가 십자가의 죽음과 부활로 이기셨다. 십자가에서 흘리신 피로 죄인이 된 인류를 구속하는 역사를 행하셨다. 구원은 하나님과의 관계 회복만이 아니라 창조질서의 회복이자 타락의 극복이며 에덴의 회복이자 이스라엘의 완성이다. 또한, 구원은 하나님의 통치를 세상에 드러내는 교회의 모습으로 표현되며, 완성될 새 하늘과 새 땅을 향한 기대와 열망으로 나타난다.

신약의 교회는 구약 성경에 주어진 언약이 성취되고 완성된 모습이다. 특히 은혜의 해, 희년의 완성으로 교회가 드러난다. 다시 말해, 하나님 나라를 받드는 교회의 모습은 서로 사랑함으로 드러난 희년의 성취이다. 교회 가운데 드러나는 통치는 새로운 정치이며 경제와 문화이다. 이것이 하나님이 통치를 위임하신 하나님 나라이며 구속의 모습이다. 초대 교회의 모습은 구원이 무엇인지를 구체적으로 알게 한다. 그들은 사도의 가르침을 받아 교제하고 음식을 나누며 서로의 필요를 채웠고 은혜를 세상에 흘려보냈다. 이렇게 드러난 구속은 성령의 역사로 교회를 통해 주님의 재림 때까지 지속될 것이며, 그리스도의 재림으로 완성되고, 우리를 하나님의 백성으로 영원히 살게 하심으로 절정에 이를 것이다.

교회는 그리스(헬라) 철학에 물든 이원론적 구원론을 극복해야 한다. 성경은 죽어서 가는 곳을 천국이라고 하지 않는다. 죽어서 가는 곳을 하늘이라고 부르며 주님의 품으로 묘사한다. 주님의 메시아로서의 통치가 이루어지는 것이 천국이며 하나님 나라이다. 이 하나님 나라에 들어가게 하는 것이 구원이다. 교회에서 천국, 즉 하나님 나라를 경험하며 사는 것이 구원이고, 우리는 그 구원을 누리며 하늘 안식 그리고 영원한 새 하늘과 새 땅을 소망한다.

묵상과 토론을 위한 질문

1. 성경이 하나님의 말씀이라는 고백을 실제 삶의 기준으로 삼고 있다면, 최근 삶의 선택에서 성경의 가르침을 어떻게 적용하고 있었는지 돌아보세요.

2. 나는 성경을 통해 드러난 하나님을 '지식'이 아니라 '인격적인 만남'으로 경험하고 있습니까? 최근 나의 감정과 반응들 속에서 하나님을 오해하고 있었던 부분은 무엇인지 나누어 보십시오.

3. 성경이 언약의 기록이라 할 때, 아담 언약에서 새 언약에 이르는 큰 흐름 속에서 하나님께서 어떻게 역사해 오셨는지 정리해 보세요.

4. 창조 질서를 담고 있는 아담 언약의 내용은 오늘 우리의 가정과 일터에서 어떻게 왜곡되어 나타나고 있습니까? 그 질서를 회복하기 위해 지금 내 삶에서 시작할 수 있는 작은 실천은 무엇일까요?

5. 노아 언약과 바벨탑 사건을 볼 때, 인간은 하나님의 은혜보다 자신의 안전과 성취를 앞세우려는 경향이 있습니다. 그런 모습이 드러나는 나의 삶의 부분이 있다면 무엇이며, 언약을 기억하는 믿음의 태도는 어떻게 회복할 수 있겠습니까?

6. 아브라함 언약은 하나님의 신실하심과 인간의 순종을 함께 보여 줍니다. 하나님의 약속을 믿는다는 것이 오늘 나의 시간, 재정, 관계의 선택에서 어떤 순종으로 나타나야 하는지 묵상해 보세요.

7. 모세 언약은 출애굽한 백성에게 "구원 이후 어떻게 살아야 하는가"(십계명·율법·절기·안식·면제·희년)를 가르쳐 주었습니다. 오늘 우리 교회와 공동체 안에서 이러한 원리들이 어떤 모습으로 해석되어 적용되고 있나요?

8. 나는 하나님 나라를 "그리스도 안에서 이미 시작된 통치"로 얼마나 인식하고 있습니까? 현재 나와 공동체는 어떤 면에서 하나님 나라를 보여주고 있으며, 또 무엇을 더 새롭게 해야 한다고 느낍니까?

9. 성경이 처음부터 끝까지 그리스도에 관한 이야기라면, 나의 신앙생활은 '그리스도를 더 깊이 아는 것'으로 나아가고 있습니까? 최근 말씀이나 설교를 통해 예수 그리스도에 대해 더욱 새로이 알게 된 점이 있다면 나누어 보십시오.

10. 성경이 말하는 하나님의 큰 구속 이야기 속에, 나는 지금 어떤 자리에서 살아가고 있다고 인식하고 있습니까? 그 소망을 붙들고 실천할 수 있는 작은 순종 한 가지를 정해 보세요.

II부. 기독교 세계관

진리인 성경이 말하는
기독교 세계관이 무엇인지 아는 것은
참된 관점을 소유하는 것이다.

하나님의 자존과
그의 예정(작정과 허용).
창조와
인간의 타락.
그리스도의 대속과
회복.
재림을 통한 완성.
영원한 새 하늘과 새 땅.

이를
통찰을 위한 관점으로
이해하고 받을 때
진리가 보이고
지혜가 드러나며
세상의 이치가 이해된다.

4장. 창조

기독교인이 된다는 것은 예수 그리스도를 주님, 하나님의 아들 그리고 그리스도로 영접하는 것이다. 그리하여 하나님의 자녀가 되고, 그의 십자가의 대속, 부활, 성령의 은혜로 죄와 사망 권세로부터 해빙되어 교회로 사는 것을 의미한다. 더 나아가 기독교인이 된다는 사실은 예수 그리스도의 의가 전가 되어 신분뿐만 아니라 사명을 회복하고, 교회로 모이는 지체들과 연합하여 주님의 몸으로 성전으로 공의를 구하고 서로 사랑하며 살기를 공개적으로 시인한 자가 된 것이다.

이런 기독교인들은 성경을 공부하며 기독교 세계관이 무엇인지 알아야 한다. 기독교 세계관은 기독교인이면 누구나 이를 통해 세상을 인식해야 하는 창, 즉 프레임이다. 그 기독교 세계관으로 모든 것을 통찰하고 생각하며 행동해야 한다. 그러기 위해서는 기독교 세계관을 더욱 확실히 정리하여 알 필요가 있다.

기독교 세계관은 앞에서 논의한 대로 성경이 무엇이며 그 성경이 왜 진리인지 알고 그 중심 내용을 근거로 세상을 바라보는 것이다. 특별히 하나님의 구속 경륜을 살펴보면 기독교 세계관을 더 자세히 알 수 있다. 창조기사를 통해 스스로 계신 하나님께서 예정하시고 창조하신 것을 알게 된다. 구속 경륜은 인간의 타락과 구속 그리고 회복과 완성을 생각하게 한다. 그 완성된 구속은 새 하늘과 새 땅으로 영원히 지속될 것이다. 기독교 세계관은 기독교 역사관이라고 볼 수 있는데, 창조와 타락 그리고 구속이 그 핵심이다. 이런 내용을 구체적으로 세분화해서 살펴보는 것이 기독교 세계관 정립을 위해 필요하다.

1. 스스로 계신 삼위일체 하나님

무엇이 신에 대한 참된 세계관일까? 참된 신은 스스로 계신다. 스스로 존재하지 않으면 아무리 영적인 존재라 할지라도 그것은 신이 아니다. 그래서 참신은 스스로 계시며, 만물의 존재 이유와 목적의 근원이신 창조주이시다.

'이는 만물이 주에게서 나오고 주로 말미암고 주에게로 돌아감이라 그에게 영광이 세세에 있을지어다 아멘'(롬11:36).

이는 바울의 고백으로, 하나님의 주권에 대한 찬양이다. 스스로 계셔야 신일 수 있고 그 신만이 창조주이시며 만물의 존재 이유가 된다. 구속의 역사를 보면 하나님은 자존자이실 뿐만 아니라 창조주, 섭리의 주이시며 심판의 주이시다.

출애굽기는 여호와가 스스로 계시며 상천 하지의 하나님이신 것을 증명한 책이다. 하나님 스스로가 유일한 신이신 것을 증명하여 다신론이나 범신론이 거짓임을 드러내셨다. 창세기를 보면 창조의 시작부터 하나님과 하나님의 말씀, 하나님의 영이 나온다. 구약의 구속 역사의 현상에는 하나님이 주로 나오고 메시아에 대한 예언과 성령의 일하심이 나온다. 인류의 타락 후에는 인간의 죄 때문에 성령께서는 사람들과 함께하지 못하고 성막과 성전, 선지자들 위에만 함께 하셨다. 그리고 때가 되었을 때, 곧 주의 날이 이루어졌을 때 말씀이 육신이 되어 하나님의 아들로 오셨다. 그 말씀이 육신이 될 때 성령으로 처녀 마리아에게 잉태되었고, 베들레헴에서 태어나 이집트에 가셨다가 나사렛에서 사셨다. 30세가 되어 물로 세례받으실 때도 성령이 임하셨다. 예수께서는 성령에 이끌리어 광야로 나가 마귀의 유혹을 이기시고 하나님 나라를 선포하셨다. 그리스도가 이 땅에서 사역하실 때 성령께서 항상 함께하셨는데, 그리스도의 승천 이후에 그리스도께서는 자기 백성을 고아처럼 버려두지 않고 항상 함께하시겠다는 약속을 이루시려고 진리의 영인 성령을 보혜사로 보내 주셨다. 그리하여 진리의 영인 성령은 보혜사로서 성도들 곧, 교회와 늘 함께 거하신다.

위에서 살펴본 바와 같이 기독교의 신이신 하나님은 성경 전체에 나타난 구속의 역사를 통해 삼위일체 하나님이심을 알 수 있다.

세상에는 무신론자들과 불가지론자들, 그리고 유신론자들도 있다. 유신론자들 속에는 범신론, 다신론, 단일신론, 그리고 유대교나 이슬람교 같은 일신론자들과 기독교의 삼위일체를 믿는 유일신론자들이 있다. 하지만 출애굽의 과정만 살펴봐도 무엇이 틀렸고 무엇이 맞는지 잘 알 수 있다. 출애굽 과정에 나타난 이집트와 마찬가지로 바벨탑 사건 이후 흩어진 사람들이 만든 세상 또한 다신론적인 사회였다. 이스라엘이 출애굽을 하는 과정은 하나님의 개입으로 일어난 기적의 연속이었다. 기적은 자연 법칙을 초월하는 사건이므로 신이 존재한다는 것을 의미하기에 신의 존재를 부정하는 무신론과 불가지론은 틀렸다. 이처럼 무신론과 불가지론은 출애굽의 역사 앞에 잘못된 이론임이 드러났다. 여기서 짚고 넘어가야 할 것은 우리가 자발적으로 추구하여 하나님의 존재를 알게 된 것이 아니라는 사실이다. 하나님께서 출애굽 과정에서처럼 자신을 역사 속에서 드러내시고 계시하시어 모두가 믿을 수 있도록 인도하신 것이다.

이제 유신론이 옳다는 것을 모두 알게 되었다. 유신론에는 범신론, 다신론, 단일신론, 일신론, 그리고 유일신론이 있다.

범신론은 '모든 것이 신이다.'라고 주장하는 이론이다. 정령을 숭배하는 것, 애니미즘, 토테미즘이 다 여기에 해당한다. 범신론이 주장하는 '모든 것이 신'이라는 관점은 창조주와 피조물의 구분을 없애기 때문에, 스스로 존재하시는 하나님을 '만물과 동일한 존재'로 격하시켜 성경적 계시와 정면으로 충돌한다.

다신론은 신도 인간 만큼 많다는 것이다. 인간의 어두운 눈으로 보면 많은 영이 있으므로 그 영들을 신으로 여길 수 있다. 하지만 창조된 영들은 신이 아니다. 하나님도 영이시지만 스스로 존재하시는 분이다. 그렇기에 창조된 영들은 하나님과 다르다. 하나님께서 영인 천사들을 만드셨지만, 그들 중 일부가 타락하여 마귀가 되고 그 졸개가 되었다(유1:6). 천사도 영이고 마귀와 그 졸개들도 영이다. 그들은 영일뿐, 신이 아니다. 마귀와 그 졸개들은 하나님과의 관계를 저버리고 자기 자리를 떠나 타락하였다. 창조된 피조물이 자신의 위치를 버리고 신의 위치에 가려고 하는 것이 타락이다. 출애굽의 과정에서 이집트인들이 믿던 신들은 신이 아니라 가짜라는 것이 증명되었다. 하나님께서 자신을 스스로 계신 자라고 소개하며 언약의 하나님으로 나타내셨다. 다신론은 출애굽을 한 사람들의 관점에서 볼 때 틀린 이론임이 분명하다.

단일신론은 여러 신의 존재를 인정한다. 하지만 그 중 하나의 신을 그들이 믿는 종교의 신으로 받아들여 섬기겠다는 사상이다. 그러나 하나님은 출애굽 과정을 통해 오직 여호와 하나님만이 신이심을 분명히 드러내셨다.

이제 일신론, 즉 유대교와 이슬람교를 살펴보자. 그들은 여호와와 알라를 각각의 종교의 유일한 신이라고 주장한다. 서로간에도 모순되지만, 기독교적으로 볼 때는 둘 다 모순이다. 갈릴리 지역에서부터 예루살렘에 이르기까지 수많은 사람들이 예수님의 메시아되심을 증명하는 사역을 체험했다. 그리고 그 체험 중 얼마를 기록하여 공동체에게 읽어주고 그 당시에 직접 경험했던 사람들이 확인한 것이 복음서이다. 그러니 예수 그리스도는 부인할 수 없는 주와 그리스도이시며 하나님의 아들이다. 결국, 예수님의 메시아 되심을 부인하는 유대교는 틀렸다. 이슬람교는 예수님을 선지자 중의 하나로 여겨 왜곡된 해석을 했고, 모하메드를 계시의 완성자로 추종하여 틀렸다. 모하메드의 주장이 틀린 것은 예수 그리스도의 복음과 일치하지 않기 때문이다.

이제 유일신론만이 남았다. 삼위일체론을 주장하는 유일신 사상, 즉 기독교는 하나님이 오직 한 분인데, 구별되는 세 위격을 가지신다고 믿는다. 성경에 하나님과 하나님의 영 그리고 약속된 그리스도가 나타난다. 즉 삼위일체이신 성부와 성자와 성령이 나타난다. 하나님의 예정 속에 약속된 그리스도가 육체를 입고 오셔서 언약을 성취하셨다. 그리고 그리스도의 승천

후에 보혜사 성령을 내려주셨다. 이처럼 구속의 역사를 살펴보면 삼위일체 하나님을 이해할 수 있다. 하지만 그리스도를 거부하는 유대교나 그리스도를 그대로 믿지 못하고 선지자의 하나로 왜곡하는 이슬람교는 삼위일체 하나님을 믿을 수 없다. 성경이 정확히 인정하는 신론은 삼위일체론 뿐이다. 이것이 사실이고 이것이 신에 관한 진리이다. 계시에 근거한 이런 하나님에 대한 올바른 세계관이 없으므로 세상에는 수많은 종교가 나타나게 되었다. 신에 대한 생각이 잘못되면 세상을 보는 관점의 핵심 또한 왜곡된다. 기독교적으로 신을 아는 것이 모든 참된 진리의 시작이다. 여기에 더하여 성경과 조직신학을 통해 스스로 계신 하나님의 속성이 어떠한지 알게 되면, 하나님을 경외하며 섬기고 순종하는 기쁨을 누리게 되며 지혜와 총명을 얻게 된다.

2. 하나님의 예정

하나님이 스스로 계시는 삼위일체 하나님이신 것을 알았다면 그의 창조를 생각해야 한다. 하나님이 우주 만물을 우연히 창조하신 것이 아니다. 모든 걸 예정하셨고 예정하신 대로 창조하셨다.

1) 예정은 하나님의 자기 의지의 표현이다.

하나님께서 창조 전에 아무런 생각과 계획이 없다가 갑자기 세상을 창조하신 것이 아니다. 하나님은 세상을 지혜로 설계하시고 말씀과 성령의 능력으로 창조하셨다. 하나님의 예정이 완성되어야 하나님의 하나님 됨이 실패하지 않는다. 창조 전에 하나님의 의지가 예정되었다는 것은 창조된 세계에 하나님의 의도와 목적이 새겨져 있다는 것을 의미한다. 하나님의 예정은 창조의 본질과 피조물의 본질을 이해하는 방향이 된다.

2) 작정은 하나님의 이루실 기쁜 뜻이다.

하나님의 예정에는 작정과 허용이 있다. 작정은 반드시 이루어져야 할 부분이고 허용은 인간에게 주신 자유로 인하여 필요한 부분이다. 작정은 하나님의 기쁘신 뜻을 위한 것이다. 하나님은 인간을 하나님의 형상과 모양대로 창조하기로 작정하셨다. 그러나 창조된 인간은 타락하여 마귀의 종으로 전락하였다. 자기가 주인 된 것이 자유라고 착각하지만, 이것은 저주와 죽음과 심판을 가져오는 죄이며 마귀에게 속박된 종이 되는 것이다. 하나님께서는 인간을 구속(救贖)하여 다시 하나님의 형상으로 회복하기로 작정하셨다. 이것은 결코 실패할 수 없는 하나님의 일하심의 방향이다. 그러므로 작정은 반드시 성취될 것이고, 역사는 하나님의 작정을 이루기 위하여 구속 후에 완성을 향해 나아가고 있다. 하나님의 경륜과 구속 역사의 흐름이 무엇을 지향하고 있는지 아는 것은 우리가 추구해야 할 인생의 방향을 알게 한다.

3) 하나님의 허용과 인간의 자유

하나님께서는 인간을 본능대로만 사는 동물이나 프로그램된 로봇처럼 창조하지 않으셨다. 이 말은 인간이 본능에만 의존하거나 입력된 값대로 살아가는 존재가 아님을 의미한다. 인간은 정해진 대로 살아가는 존재가 아니라 시간과 공간 속에서 주님이 허용하신 자유에 따라 생각하며 살아가는 존재이다. 그리고 인간은 하나님을 사랑하도록 프로그램된 존재가 아니라 인격을 가지고 이해하고 느끼고 선택하는 존재이다. 인간은 언약을 통해 하나님과 쌍방적이며 쌍무적인 관계에 있고, 이를 통해 하나님도 사람도 더욱 기쁘게 된다.

하나님께서는 인간에게 하나님의 주권과 뜻 외의 다른 것도 선택할 수 있는 자유를 허락하셨다. 이런 자유의 상황에서 하나님의 뜻을 선택할 때 하나님과 인간의 관계는 사랑의 관계가 된다. 하나님께서 허용하신 자유는 인간이 인간답기 위한 기초이며 사랑을 포함한 다른 모든 가치의 기본 배경이 되는 개념이다.

우리의 관점 속에도 이러한 하나님의 예정 곧 작정과 허용이 있다는 것을 알면 하나님께서 주신 자유를 이해하기 위한 기초가 마련된다. 하나님의 작정과 허용이 인간에게는 운명과 선택의 공존임을 이해하게 된다. 인간이 인간일 수밖에 없는 것은 운명이다. 그러나 그 인간됨 안에서 다르게 살 수 있는 것은 자유를 통한 선택이다. 그러한 자유는 하나님과의 언약적 관계에만 머무르지 않고 타락과 악으로 흐를 수 있다.

4) 인간은 하나님의 형상과 모양대로 예정된 존재이다.

하나님의 형상과 모양대로 사람을 창조하셨다는 말은 인간의 가치가 다른 동물들과는 다르다는 것을 의미한다. 인간은 하나님의 뜻대로 의도되었다. 마치 자녀가 부모를 닮은 것처럼 하나님을 닮도록 지음을 받은 고귀한 존재이다. 비록 인간은 육체를 가진 존재이지만, 하나님처럼 생각할 줄도 계획할 줄도 안다. 육체뿐만 아니라 지정의의 인격을 가진, 더 나아가 하나님과 교통이 가능한 영적 존재로 창조하실 것을 작정하셨다.

다시 말하면 인간의 가치는 다른 피조물과는 달리 하나님을 닮은 것에 있다. 인간이 하나님의 모습을 닮았다는 말은 하나님이 누구신지 알아야 인간을 더욱 이해할 수 있음을 의미한다. 그래서 칼빈은 하나님을 아는 지식과 인간을 아는 지식이 하나님을 아는 데에도 인간을 아는 데에도 서로 보완적이라고 했다. 우리가 하나님을 알게 되면 인간을 알게 되고 인간을 알게 되면 하나님을 알게 되는 것은 우리가 하나님의 형상과 모양대로 지음을 받았기 때문이다.

인간이 하나님의 형상과 모양대로 지음을 받았다는 사실은 인간이 하늘과 땅과 바다에 있는 만물을 다스려야 할 권위를 위임받은 존재임을 의미한다. 하나님을 닮은 인간은 다른 창조물과는 달리 하나님의 자녀처럼 지음을 받아, 하나님의 상속자로서 세상을 다스리는 대리권을 위임받은 존귀한 존재이다. 이런 권위의 위임을 하나님께서 인간을 창조하시기 전에 이미 예정하셨다는 사실이 중요하다.

하나님의 형상을 가진 인간은 그 가치가 존귀하다. 그래서 하나님이 주신 살인하지 말라는 명령을 하나님의 형상으로 창조된 인간의 가치와 사명을 고려하는 가운데 이해해야 한다. 이런 의미는 출애굽 이후에 하나님과 관계를 맺은 이스라엘에게 십계명을 통해 적용되었다. 하나님의 형상을 닮은 인간은 서로 존귀하게 여기고 사명을 위해 돕는 존재가 되어야 한다. 이런 하나님의 형상과 모양을 닮은 자들의 공동체인 이스라엘이 나라로 세워졌을 때, 세상과는 다른 나라가 되어야 했다. 고대 노예 제도를 기반으로 한 제국을 꿈꾸는 시대에 이스라엘은 제사장 나라의 모습을 갖추고, 세상에 하나님의 모습을 드러내는 나라로 세워졌다. 하나님의 형상을 닮았다는 것은 하나님의 모습을 보여주어야 할 존재라는 의미이다.

 정리하자면, 예정은 하나님의 뜻과 의도를 이해하는 가장 좋은 자원이다. 하나님의 자존과 예정은 인류의 기원과 본질, 그리고 역할과 목적을 알게 한다.

3. 창조

1) 창조는 사실이다.

 온 우주 만물의 기원이 창조라는 말은 하나님이 스스로 존재하시며 우주 만물의 원인이 되셨다는 것이다. 이는 곧 하나님의 창조를 사실로 인정한다면 우연론이나 불가지론이 설 자리가 없다는 뜻이기도 하다. 창조가 사실이면 창조를 통해 만물의 기원을 이해하여야 한다. 창조주의 창조 의도를 이해함으로써 만물의 본질과 기능, 역할과 목적을 알게 되고 바른 사고를 위한 바른 관점이 형성된다.

하나님의 창조로 모든 시공간이 시작되었다. 우리가 과거, 현재, 미래로 구분하는 시간은 영원하신 하나님께 속한다. 공간에는 우주 만물이 존재한다. 그 시공간 속에 창조로 인한 물리직, 화힉직, 진기직 원리 등 다양한 과힉직 빕칙이 의도되있다. 그리고 생명체 또한 그 속에 원리와 법칙이 존재한다. 이러한 원리와 법칙은 시공간과 만물이 우연히 형성된 것이 아니라 하나님의 의도적인 창조로 시작되었음을 의미한다. 창세기 1, 2장의 창조기사는 신화가 아니라 사실이다. 그러나 그 창조의 현장을 직접 목격한 사람은 없다. 창조의 과정에서 첫 인간으로 창조된 아담이 하나님과 언약을 맺고 동물의 이름을 지었다. 아담은 다른 동물들처럼 자기에게도 짝이 있어야 한다는 것을 깨달았다. 그때 하나님께서 아담을 잠재우시고 그의 갈비뼈 하나를 취해 여자로 만들어 주셨다. 아담은 하나님을 만나 하와가 창조되는 것을 경험하였다. 이를 통해 하나님이 창조주이신 것을 인식했을 것이다. 아담과 하와가 창조된 것을 역사적 사실로 인정하면 세상을 다르게 인식할 수 있다. 즉, 철학을 포함한 세상의 모든 학문이 하나님의 창조를 인정하는 것으로부터 시작되어야 세상을 제대로 인식할 수 있다. 어떠한 학문도 하나님의 창조에 대한 인정이 없으면 한계에 부딪힐 수밖에 없고 부분적인 이해만 가능할 뿐, 결코 진리에 이를 수 없다. 창조가 사실이고 모든 것의 기원이라는 것을 인정해야 참된 세계관이라 할 수 있다.

2) 어떻게 창조를 믿을 수 있을까?

창조를 믿을 수 있는 이유는 성경을 믿을 수 있는 이유와 같다. 성경을 믿을 수 있는 이유와 동일한 내용이 반복되는 것 같아도 다시 한번 유사한 내용을 설명하는 것은 창조기사를 사실로 확신하는 것이 참된 관점을 세우는데 너무나 중요하기 때문이다.

창세기를 읽을 때 출애굽을 한 백성들의 관점으로 읽어야 한다. 이스라엘 사람들은 창세기의 하나님을 출애굽 과정에서 충분히 경험했기 때문이다. 하나님께서는 모세를 통해 이집트라는 다신론적 국가에서 이스라엘이 바로의 노예가 아니라 하나님의 백성이라고 선포하신 다음, 그 이집트 신들과의 전쟁으로 열 가지 재앙을 내리셨다. 유일하신 신 여호와와 이집트의 왕 파라오 간의 전쟁같이 보이지만 파라오의 배후에 있는 가짜 신들에 대한 전쟁이다. 하나님은 출애굽의 과정에서 창세기의 내용을 조상으로부터 전해 들었던 이스라엘 백성이 이해할 수 있는 방식으로 자기를 계시하시며 역사하셨다. 하나님께서 모세에게 나타나셨다는 증거로 지팡이가 뱀이 되고 그 뱀이 다시 지팡이가 되게 하셨고, 손을 가슴에 넣었더니 문둥병이 발한 손이 되고 그 손을 다시 가슴에 넣으니 온전하게 되는 일을 행하셨다. 그래도 믿지 않으면 물을 땅에 부으라 하셨고, 그 물은 피가 될 것이라고 하셨다. 이런 기적들은 인간을 타락하게 한 뱀도 저주도 생명도 모두 하나님께서 주관하심을 보여주는 증거이다. 이를 통해 장로들과 백성들로 하여금, 창세기의 내용을 조상들에게 말씀하신 하나님께서 모세에게 나타나 함께 하심을 믿을 수 있도록 하셨다.

이집트의 바로 왕과 신하들의 신에 대한 이해는 이스라엘과 달랐다. 당시 애굽 곧 이집트는 세상에서 손꼽히는 강대한 국가였다. 그들은 잘살고 깅하게 된 이유가 각각의 영역을 주관하는 신들이 복을 주기 때문이라고 생각했다. 그래서 하나님은 애굽의 신들은 신이 아니며, 모든 복과 생명을 주관하시는 여호와 하나님만이 신이심을 증명하기 위해 전쟁을 시작하셨다. 열 가지 재앙으로 물을 주관하는 신, 땅을 주관하는 신, 동물과 가축을 주관하는 신, 곡식을 주관하는 신, 생명을 주관하는 신이 존재한다는 주장은 다 거짓이고, 오직 여호와 하나님만이 모든 것을 주관하시는 참 신이심을 증명하셨다.

열 가지 재앙 이후 홍해를 건너게 하신 것, 쓴물을 단물로 바꿔주신 것, 만나와 메추라기로 먹이신 것, 낮에는 구름 기둥 밤에는 불기둥으로 보호하신 것, 바위에서 물이 나게 하신 것, 아말렉과의 전쟁에서 승리하게 하신 것. 이 모든 것은 이스라엘이 직접 경험한 사실이다. 이 사실을 기록하게 하시고 백성 앞에서 낭독하게 하셨다. 그 낭독은 백성들이 들을 때에 사실이 아니면 받아들여질 수 없었다. 이처럼 출애굽의 과정에서 하나님에 대해 깊이 체험한 이스라엘 백성에게 조상 때부터 전해 내려오고 모세가 정리하여 들려준 창세기의 내용은 당연히 '아멘'하고 받들 수밖에 없는 창조기사와 조상들의 이야기이다. 그들에게는 출애굽의 과정에서 경험한 유일하시고 스스로 계신 하나님의 창조기사를 믿는 것은 당연한 일이 되었다.

이 기록은 이스라엘만을 위하여 주신 것이 아니라 모든 인류를 위하여 주신 것이다. 그래서 창조는 하나의 이론이 아니라 세상의 기원에 관한 관점의 시작이어야 한다. 그 관점으로 보면 신관과 인간관, 그리고 만물과 세상을 바라보는 관점이 바뀔 수밖에 없다. 무엇보다 창조를 인정하면 세상의 어떤 학문도 하나님의 주권을 인정하지 않을 수 없게 되며, 그 학문이 원래 있어야 할 자리로 돌아가게 된다. 모든 것에 목적과 의미가 있다는 것 그리고 법칙과 원리가 있다는 것은 인격적 의도를 가진 분의 설계임을 알게 된다.

중세의 목적론적 논쟁이나 지금의 지적 설계이론이 틀리지는 않지만, 누가 하나님인지를 알게 해주지는 않는다. 신이 존재한다는 사실만을 알려 줄 뿐이다. 그러나 성경은 자존하시는 하나님이 신이라는 것뿐만 아니라, 그가 어떤 분이신지를 포함하여 그 모든 것을 밝히 알려 주고 있다.

스스로 계신 하나님이 예정하시고 창조하셨다는 사실을 확신하지 못하면 기독교 세계관은 종교의 교리 중 하나로 전락하게 된다. 하지만 창조는 사실이기에 우연론, 진화론 그리고 불가지론은 설 자리를 상실하게 되었다. 창조적 사실은 증명된 합당한 인격적 진리이다. 그리고 모든 것보다 우선히는 권위를 가진다. 창조를 인정한다면 이제 학문 속에서 우연론, 진화론, 불가지론, 범신론, 그리고 다신론 등은 사라져야 한다.

3) 창조가 사실이면 창조는 당연한 관점이 되어야 한다.

위에서 계속 논했듯이 창조는 사실이며 하나님의 큰일이기에 세상을 조망하는 관점이 된다.

하나님의 창조에는 순서가 있다. 무에서 유로, 물질에서 식물과 동물로, 그리고 마지막으로 인간을 지으셨다. 종류대로 만드셨기 때문에 종간의 유전적 장벽이 존재한다. 따라서 우연론을 바탕으로 한 진화론 또한 잘못된 이론이다. 범신론, 다신론, 불가지론은 말할 필요도 없이 잘못된 이론임을 출애굽을 경험한 이스라엘의 입장으로 보면 알 수 있다. 그럴듯한 수많은 종교가 거짓임을 알게 된다.

만물의 창조자이신 하나님께서 태양과 지구와 달로 자전과 공전을 설계하시어 하루에 낮과 밤이 존재하고 월, 계절, 년이 구분된다. 또한, 물리와 화학, 생물학 등 모든 과학적 작용을 주관하신다.

무에서 유, 즉 보이지 않는 것에서 보이는 것이 창조되었는데, 인간이 추구하는 과학은 유, 즉 보이며 관찰이 가능한 것만 학문의 대상으로 삼는다. 그 학문의 영역에서 하나님을 배제하고 오직 종교의 영역에서만 하나님을 논하는 것이 마땅하다고 여긴다. 하나님이 창조하신 피조물 안의 원리를 탐구하면서도 그 창조주를 인정하지 않는 과학은 죄로 물든 인간의 교만이다. 당연히 인간은 하나님이 만드신 시공간을 초월하여 존재할 수 없다. 따라서 인간은 시공간을 벗어난 것을 오감으로는 탐구할 수 없는 존재이다. 그렇지만 하나님의 계시를 받고 그 계시의 빛 아래에서는 모든 것을 바르게 탐구할 수 있다. 따라서 학문을 하는 모든 사람에게 만물의 주인이신 창조주 하나님의 주권을 경외하는 것은 당연한 태도다. 과학을 포함한 모든 학문이 그 주권 아래에 있음을 인정하며, 하나님이 주신 시공간 안에서 대리 통치자로서의 사명을 감당해야 한다.

하나님은 만물이 하나님의 계획하신 의도와 뜻대로 창조되었기 때문에 보시기에 좋다고 하셨다. 이때 좋다는 말은 선하다는 의미이다. 하나님의 계획과 뜻대로 되는 것이 선이고 그 선한 상태가 에덴동산의 모습이다. 에덴동산은 하나님이 인류에게 주신 지구 개발과 보존의 모델이다. 그리고 에덴에서의 최초의 가정은 공동체 모델의 기원이다. 이런 것들이 우리가 세상을 이해하는 관점의 근거가 되어야 한다.

4) 창조의 관점은 만물의 기원, 본질, 원리, 기능, 역할 그리고 목적을 알게 한다.

창조는 만물의 기원, 본질, 원리, 기능, 역할, 그리고 목적이 무엇인지 알게 해주는 너무나 중요한 개념이다. 사람의 기원과 본질, 기능과 역할, 그리고 존재 목적이 무엇인지를 창조의 관점으로 생각해 보자.

사람은 하나님의 창조에서 기원한 존재이고, 몸이 흙에서 나왔기에 자연의 공급을 의지하며 살아야 한다. 또한, 생기를 불어넣어 육체를 가진 영적 존재로 살도록 하셨기에 하나님의 말씀, 곧 창조주의 의도를 품고 살아야 한다. 주께서 사람이 떡으로만 살 것이 아니라 하나님의 입에서 나오는 모든 말씀으로 살아야 한다고 하셨다. 다른 피조물과는 달리 인간은 하나님의 말씀을 삶의 기준으로 받고 생각하며 살아야 한다. 사람이 또한 사람에게서 나왔기 때문에 연합하여 서로 돕고 친밀히 살아야 한다. 그런 이유에서 사랑은 인간 삶의 본질적 요소이다. 사람은 관계 속에서 기능하고 역할을 한다. 하나님과의 관계에서는 예배와 순종의 사명이 있다. 그것을 위해 주신 기능과 재능을 잘 살피고 하나님의 뜻을 이루어, 하나님의 영광올 니디내는 일에 최선을 다해아 한다. 생육하고 번성하노록 부부가 되어 함께 살아가는 배우자는 하나님이 주신 동역자이기에 상호 존중하고 소중히 여겨야 한다. 또한, 자녀를 낳고 하나님의 형상을 이루도록 길러서 세상을 다스리는 일의 지경을 넓혀야 하는 목적이 있음을 잊어서는 안 된다. 사람에 대해서만이 아니라 다른 만물도 창조의 관점으로 생각해야 바르게 이해할 수 있다.

5) 시간과 공간에 대한 이해

영원하신 하나님께서 시간을 창조하셨다. 시간은 정지되어 있지 않고 흐른다. 그 흐르는 시간은 과거, 현재, 미래로 구분된다. 하루는 낮과 밤으로 나뉘며, 하루가 모여 한주, 한 달 그리고 계절과 연한을 이루게 하셨다. 사람은 흐르는 시간을 기회의 시간으로 사용한다. 인간이 타락하지 않았다면 그 시간은 영원으로 이어졌을 테지만 인간이 타락하였으므로 죽음을 맞이하게 되었다. 죽은 후, 하늘 안식과 부활의 과정을 통해 영원으로 들어가는 존재가 되었다. 과거는 살아온 것이고 현재는 선물이자 기회이며 또 현재를 살아가면서 미래를 기대하고 더 나은 삶을 소망한다. 과거를 고통과 상처 속에 살아온 사람에게는 현재가 치유와 회복을 경험해야 하는 시간일 것이고, 과거를 기쁨과 가치 속에서 살아온 사람에게는 현재가 감사의 시간이며 성장과 성숙을 추구하는 시간이 될 것이다. 미래는 준비된 자에게 기회가 될 것이며 오늘을 허비한 자에게는 염려와 불안이 될 것이다. 하나님은 시간의 주인이시다. 그 시간을 사용한 인간은 훗날 시간의 주인이신 하나님과 대면의 시간을 가질 것이다. 그때 우리가 기회를 어떻게 활용했는지 드러나게 된다. 그러므로 과거를 후회하느라 미래를 염려하느라 현재를 허비하는 것이 미련임을 알아야 한다. 치유와 회복, 감사로 과거를 회상하고, 현재에 주어진 시간을 성장과 성숙의 기회로 삼으며, 더욱 사랑하고 주님의 재림을 기다리는 가운데 소망으로 미래를 바라보아야 한다.

편재하시는 하나님께서 공간도 창조하셨다. 인간이 시간을 초월할 수 없듯이 공간도 초월할 수 없다. 하나님은 인간에게 그 공간을 정복하고 다스리라고 하셨다. 따라서 우리는 공간을 개발하고 관리하며 보존해야 할 책임이 있다. 공간은 하나님이 주신 사명을 이루는 무대이다. 하나님이 공간의 주인이심을 인정하며, 그 공간을 이웃, 후손과 함께 선한 목적으로 사용해야 할 무대로 이해해야 한다. 타락은 공간을 공유 개념이 아니라 소유 개념으로 바꾸었다. 공간을 창조적 관점으로 이해한다면 정치와 경제에 대한 세상적 이해에서 벗어나 달리 생각하게 될 것이다. 노력하지 않은 것에 대해 소유권을 행사해서는 안 된다. 노력하여 얻은 것은 누리고 나누며 살면 된다. 노력하지 않은 것은 하나님께서 모든 인류에게 함께 누리도록 허락하신 것이다. 그러므로 그것을 혼자 소유해서는 안 된다. 이스라엘의 토지제도를 현재의 경제에 적용할 필요가 있다. 또한, 하나님께서 언어와 민족을 나누시고 국경을 정하신 것을 인정하여, 전쟁으로 영토를 빼앗거나 식민 지배를 해서는 안 된다.

6) 우주 만물의 이해

시간과 공간 속에 있는 우주 만물은 사람에게 학문의 대상, 관리의 대상, 그리고 정복과 다스림의 대상이다. 우주 만물의 이치에 대해 생각하고 정리하는 것이 철학이다. 다스릴 대상에 대해 잘 알아야 잘 다스릴 수 있다. 다시 말하자면 다스릴 대상이 많은 인간은 해야 할 공부가 참 많은 존재라는 의미이다. 바울은 구원받은 교회로 사는 것은 만유를 통일시키고(엡1:10) 그리스도의 몸으로 그리스도의 충만함을 세상에 드러내는 것이라고 했다(엡1:23). 즉 구원받은 인류 곧 교회는 만물에 의미를 부여하고 가치 있게 만들어야 하는 사명을 지녔다.

에덴의 원리를 이 세상에 확장하는 것이 인류의 사명이다. 하나님의 창조는 온전하다. 인간이 타락하지 않았다면 창조된 것들을 온전히 다스렸을 것이고, 온 세상을 에덴화 했을 것이다. 구약의 이스라엘은 에덴의 부분적 회복이다. 그래서 이스라엘에서는 창조질서인 안식일이 회복됐다(출16). 그리고 기본 자산으로 토지를 분배받았고 그것을 통한 기본소득을 보장받았다. 또한, 그런 토대 위에 자유로이 경제 활동을 했고 세월이 흘러 불평등하게 되어도 면제년과 안식년, 희년을 통해 회복되었다. 고대국가가 제국을 꿈꾸고 있을 때 이스라엘은 세상에 제사장 나라 곧, 하나님 나라로 드러나야 했다. 하나님께 순종하여 복을 받는 나라, 즉 제사장 나라로서 세상 국가들에게 모델이 되어야 했다. 신약의 교회는 에덴의 회복이고 이스라엘의 완성이다. 그래서 교회는 가족이고, 온 세상에 하나님의 통치를 보이며 새 하늘과 새 땅을 기다리는 주님의 몸이자 성령의 전이다. 교회는 단순히 예배 공동체로 머무는 것이 아니라 하나님의 뜻대로 되도록 세상을 다스리는 자들의 모임이라는 것을 기억해야 한다. 그러므로 이제는 공공의 신학과 생태 신학에 관한 관심을 가져야 한다. 하나님이 창조하신 우주 만물이 무엇을 의미하고 어떤 목적으로 창조되었는지, 그리고 그 기능은 무엇인지 잘 이해하여서 그 이해를 바탕으로 하나님의 영광이 드러나고 사람들의 복지가 개선되도록 힘써야 한다. 원소에서부터 거대 생명체에 이르기까지 올바른 관점으로 바르게 이해하고 그것들이 순기능 안에서 역할을 다하도록 힘써야 한다. 신학자만이 아니라 물리학자, 화학자, 생물학자, 생명과학자 등 일반은총의 모든 영역에서 하나님의 창조 원리를 연구하는 사람들이 일어나도록 교회가 격려해야 한다. 과학이라는 이름으로 하나님을 떠나는 것이 아니라, 하나님이 만드시고 담아 놓으신 원리를 잘 이해하고 정리하는 것이 과학자들의 사명이어야 한다.

과학은 물론 모든 학문을 통해 만물의 이치를 생각해야 한다. 신학은 그 방향이 되고 철학은 그 방법이 되며 학문의 각 영역은 그 분야에 대한 구체적 이해를 통해 정리되어야 한다. 하나님의 구속 역사인 특별은총이 오면 그 안에서 관점을 발견하여 그 관점으로 연구하고 사역함으로써 일반은총의 회복을 경험하게 된다. 구속 역사적 관점으로 보면 만물은 오늘도 구속과 질서의 회복을 바라는 중에 있다(롬8:19-22). 물론 주의 재림으로 완성되겠지만, 교회와 교회가 기른 사람들이 창조의 보존과 회복을 위해 연구하고 그 사명을 다해야 한다.

7) 인간은 남자와 여자로 만들어졌다.

남자와 여자로 창조된 인간은 하나님의 주권을 인정하며 뜻을 붙잡고 공동체로 살아야 하는 사명적 존재이다. 사명을 위해 서로 돕고 친밀함을 나누고 연합하며 거룩함을 지키는 것이 하나님께서 창조 때에 남녀로 세우신 온전한 공동체의 모습이었다. 이것이 온전한 사랑의 모습이다. 창세기 1·2장에 사랑이라는 단어가 언급되진 않지만, 타락 전의 공동체에는 온전한 사랑의 원리가 들어있다. 따라서 창조는 죄가 들어오기 전의 그 아름다운 사랑이 어떠했는지 보여주는 가장 확실한 증거이다.

가정을 통해 드러나는 사랑에는 하나님의 뜻을 붙잡고 그것을 이루기 위한 남녀 간의 사랑, 부모가 자녀를 길러가는 사랑, 동기간의 사랑이 있다. 죄가 들어오기 전의 사랑은 온전하며, 그 사랑에는 학대나 결핍이 없다. 교회에 속한 가정 공동체에는 에덴의 원리가 회복되어 모든 종류의 사랑이 온전한 모습으로 드러나야 한다. 그러기 위해서는 가정의 중심인 부모, 즉 남녀가 만드는 공동체의 모습이 창조 때 어떠했는지 살펴야 한다. 그리고 어떻게 그리스도가 구속하여 그 창조의 원리를 회복하시는지 알아야 한다.

창조 때의 인간은 지적 발달과 감정적 교감이 온전하고 윤리적으로도 흠이 없는 상태였다. 현대의 인류가 우수해 보여도 타락 전 아담의 모습과는 많은 간격이 있다. 아담은 후천적 지식을 습득하지 않고도, 동물의 특징을 살피며 적절한 이름을 붙여 주었다. 아담과 하와는 창조될 때부터 성인의 모습이었다. 누구나 겪는 지식 습득의 과정을 경험하지 않은 유일한 인류임에도 자연을 이해할 수 있었고, 처음부터 말을 할 줄 아는 지적 존재였다. 즉, 첫 창조는 성장의 과정을 거치지 않았다. 그러므로 창조의 모습은 완성된 시작이다. 이처럼 모든 개념을 창조적 관점으로 볼 때 그 의미를 더 깊고 정확히 알 수 있다.

최초의 인류인 아담과 하와는 온전한 남자와 여자의 모델이다. 서로 지배하려 하지 않았고 존중했으며 서로의 가치와 의미에 감탄했다. 창조로 볼 때 여자는 남자에게서, 아담 이후의 모든 남자는 엄마인 여자에게서 나오기에 남자와 여자는 서로 무시할 수 없는, 서로에게 존귀한 존재이다.

지금 사회에 만연한 남녀혐오는 역사 속에서 잘못 살아온 결과일 뿐, 창조주의 의도가 아니다. 남녀가 만들어 내는 사랑과 그 사랑으로 이루어지는 창조의 확장적 사역 즉, 생육과 번성은 사람이 의도한 것이 아니라 창조주의 계획이었다는 것을 생각할 때 결혼의 소중함을 이해할 수 있다.

부모의 사랑은 공급하고 보호하고 안내하며 교훈하는 것이다. 서로를 인정해 주고 대화하고 함께 소중한 추억을 만들고 선물하고 봉사하며 친밀함을 나누는 것이 사랑의 모습이다. 또한, 자녀를 칭찬하고 존중하고 포용하고 재능을 발견하고 길러 주며 주님의 교훈으로 바른 가치관을 심어 주는 것이 부모의 사랑이다.

8) 과학 시간에 창조론을 가르치지 않는 이유

어떤 현상에 대해 가설을 세우고 증명하는 과학적 방법, 즉 영국의 경험론은 약 400년 전에 시작되었다. 영국에서 경험론이 시작될 무렵 유럽대륙에서는 진리를 찾는 방법으로 합리적 의심을 최전방에 내세웠다. 그것이 대륙의 합리론이다. 당시에 진리라고 여겨지던 것들조차 다 의심의 대상이 되었다. 그 의심의 끝이 자기 존재에 관한 것이었고 그 결과, 데카르트의 '나는 생각한다. 그러므로 나는 존재한다.'라는 명제가 등장했다. 사실 이것은 시간 순서로 보면 모순된 명제이다. 우리는 존재하기 때문에 생각한다. 이것은 의심으로 진리에 도달하려는 방법이 만들어 낸 모순적 명제이다. 결국, 대륙의 합리론과 학문의 대상을 경험 가능한 것으로 제한한 경험론이 만들어 낸 것이 현대의 과학이다.

영국의 경험론은 가설을 실험, 관찰하여 반복되는 패턴을 찾아내고 검증함으로써 진리를 발견할 수 있다고 생각했다. 하지만 그것은 진리가 아니라 과학의 원리이다. 실험을 통한 검증이 불가능한 것을 학문의 대상에서 제외함으로써 신에 대하여 이해할 수 있는 기회를 잃어버렸다. 이러한 맥락에서 신학은 과학적 연구대상이 될 수 없었고, 과학은 오직 보이는 물질의 세계를 학문의 대상으로 삼게 되었다.

미국의 법정에서 '창조론이나 지적 설계이론은 과학이 아니다'라고 판결한 것도 이런 상황에서 비롯되었다. (법원: 펜실베니아 연방 지방법원, 판사: 존 E 존스 3세- 사실 존 E 존스 3세도 기독교인이었다. 그는 철저히 기독교와 과학을 분리했다.)

지적 설계이론은 창조과학자들이 주장하는 이론이다. 종교개혁자들의 후예인 창조과학자들은 하나님께서 지혜와 능력으로 온 세상을 창조하신 것을 인정하고 믿는다. 그래서 과학을 하나님이 만드신 물리적, 화학적, 생명적, 전기적 법칙과 원리를 발견하고 그 이치를 설명하는 분야라고 생각했다. 창조과학자들은 생명체에는 유전의 법칙이 있고 이것이 고도의 지적인 누군가에 의하여 설계된 것이라고 주장한다. 그러나 경험론적 입장을 가진 이성주의적 과학자들의 입장에서는 신의 개입으로 이루어진 것은 과학의 대상이 아니다. 이런 이성주의적 과학주의는 창조과학자들의 관점에서는 받아들일 수 없는 궤변일 뿐이다. 하지만 이성주의적 과학주의자들의 입장에서는 창조론이나 지적 설계이론은 과학이 아니고 신학이다. 그래서 과학책에 창조론이 포힘되어서는 안 된다고 주장했다. 이것이 과학책에서 창조론을 볼 수 없는 이유이다.

결국, 기독교적 관점으로 볼 때 일부 이성주의적 과학 이론은 잘못된 전제가 낳은 인간의 미련함일 뿐이다. 그러므로 과학책에 창조론이 없다고 창조의 사실이 부정되어서는 안 된다. '창조론은 과학이 아니다'라는 생각은 이성의 인식적 한계나 그에 따른 과학적 방법의 한계가 낳은 신에 대한 불신의 흔적

일 뿐이다.

참된 과학은 창조주가 만들어 놓은 원리와 법칙을 잘 연구하여 그 이치를 정리하고, 더 나아가 만물을 정복하고 다스리는 일에 최선을 디해야 한다. 코페르니구스, 케플러, 뉴든, 파스칼, 맥스웰, 그리고 보일과 같은 과학자들은 다 하나님을 경외하는 자들이었다.

9) 인간이 동물과 다른 점은 인간은 영적 존재이며 자유의지를 가진 존재라는 것이다.

자존하신 하나님은 모든 것을 예정하시고 창조하셨기에 만물의 소유주, 섭리의 주, 심판의 주이시다. 이러한 하나님의 주권과 인간의 자유는 어떤 관계가 있을까? 인간은 주어진 자유 안에서 하나님과 가장 아름다운 관계를 이루기도 하지만, 반대의 결과를 만들 수도 있다. 인간을 하나님의 형상과 모양대로 창조하셨기에, 인간은 자유의지를 지닌 존재로서 선택할 수 있고 그 선택에 책임도 져야 한다. 인간이 누리는 자유는 하나님의 예정 가운데 작정과 허용의 맥락에서 이해되어야 한다. 자유는 선택과 책임이라는 개념을 동반하며 하나님의 말씀, 언약과 관련된다. 선택할 자유를 소유한 인간이 하나님의 뜻과 선을 택하면 가장 좋게 되지만, 하나님의 뜻을 저버리고 하나님이 기뻐하시지 않는 일을 선택한다면 그것은 죄악이 된다. 자유라는 이름으로 하나님과의 언약을 저버리고 선과 악을 알게 하는 열매를 먹는 죄를 범함으로써 하나님과의 관계를 파괴하는 선택을 했다. 이런 죄는 자기의 목숨도 파괴하는 것이며 영생을 잃어버리는 일이다. 죽음과 파멸 그리고 저주에 이르게 된다.

그렇다면 이렇게 무서운 자유를 왜 허락하셨을까? 하나님께서는 인간을 본능대로만 살아가는 동물처럼 짓지 않으셨고, 프로그램된 대로 움직이는 로봇처럼 짓지도 않으셨다. 하나님께서는 인간을 선택할 자유를 가진 인격적 존재로 만드셨고, 인간이 하나님과의 올바른 관계를 선택할 때 복 주시고 번성하는 것을 보기를 원하셨다. 자유를 하나님과의 관계를 위해 사용하지 않고, 하나님을 거역하고 자기를 위해서 사용하는 것이 타락이며 죄이다. 하나님께서는 자유에 기초한 사랑의 관계를 위해 인간을 자유로운 존재로 만드셨다.

10) 창조는 구속의 방향이다.

인간이 구원받고 속죄받는다는 것은 타락 전의 하나님과의 관계를 회복하는 것이며, 타락을 극복하는 것이다. 그렇다고 구원이 창조 때의 모습으로 완전히 회귀하는 것을 의미하는 것은 아니다. 그리스도의 구속으로 타락에서 벗어나 창조의 목표가 이루어지는 방향에 동참하는 삶을 사는 것이 구원이다. 하나님께서 작정 가운데 창조하시고 사명을 주셨던 아담이 타락하지 않았다면 살았을 삶을, 우리가 다시 살 수 있도록 하신 것이 구속이다. 교회는 그리스도의 은혜로 사명을 다시 위임받아 하나님이 보시기에 좋은 세상을 만들 수 있는 존재가 되었다. 교회는 땅끝까지 이르러 창조 원리를 구현하는 삶을 살 수 있도록, 구속되어 회복을 꿈꾸는 자들이다.

창조의 관점에서 볼 때, 구원받은 신자들이 이 땅에서 교회 공동체가 되어 주님의 몸으로, 성전으로, 그리고 주님의 가족으로 사는 모습은 창조 언약의 회복이다. 거기에는 타락의 모습이 극복되고 창조 때의 아름다운 모습이 새롭게 니디닌다. 그리스도를 경외함으로 피차 복종하고 서로 사랑하며, 하나님 나라의 동일한 상속자로 소중하게 생각하여 존중한다. 그리스도의 사랑을 받은 사람은 서로를 이기려 하지 않는다. 다만 여기서 알아야 할 것은, 이 땅에서 주님의 가족으로 살다가 죽어서 가는 하늘과 주님 품은 구원의 과정일 뿐이지 구원의 최종 종착지가 아니라는 것이다. 주님의 재림으로 구속될 때, 문화 명령이 완성될 것이고 영원히 새 하늘과 새 땅에서 살게 될 것이다. 그러므로 구원받아 사는 것은 창조 때의 목표를 품고, 구속의 경륜 가운데 세워진 교회로 함께 살면서, 주님의 재림으로 온전히 회복될 새 하늘과 새 땅을 소망하는 것이다. 그러니 창조의 모습에 대한 이해가 없다면 구속의 방향도 알 수 없고 구속이 완성된 모습도 온전히 그릴 수 없다.

묵상과 토론을 위한 질문

1. 스스로 계신 하나님을 믿는 신앙은 내 삶의 결정과 태도 속에서 어떤 구체적 모습으로 드러나고 있습니까?

2. 하나님이 세상을 창조하시기 전에 예정하셨다는 사실은, 내 인생의 의미와 목적을 어떻게 다시 바라보게 합니까?

3. 하나님의 형상으로 창조된 인간이라는 사실은, 나와 타인을 대하는 태도에 어떤 변화를 요구합니까?

4. "창조는 사실이다"라는 믿음은 오늘날의 과학적 세계관이나 진화론적 사고방식과 어떤 차이를 만들어 냅니까?

5. 출애굽 사건이 창조 신앙을 확증한다는 설명을 통해, 나는 하나님을 어떻게 더 깊이 신뢰할 수 있습니까?

6. 하나님이 시간을 창조하셨다는 사실을 인정할 때, 나는 내
   시간을 어떻게 사용해야 할까요?

7. 하나님이 주신 공간을 정복하고 다스리라는 명령은 오늘
   우리의 도시·환경·경제생활에 어떤 의미를 줍니까?

8. 에덴의 가정 질서(돕고, 연합하고, 거룩함을 지키는 사랑)
   를 회복하기 위해 우리 가정이 먼저 회복해야 할 부분은
   무엇입니까?

9. 인간이 자유의지를 가진 영적 존재라는 사실은, 나의 선택
   과 책임을 어떤 시각으로 바라보게 합니까?

10. "창조는 구속의 방향이다"라는 진술을 기억할 때, 교회
    공동체가 오늘 세상 속에서 실천해야 할 창조적 사명은
    무엇이라고 생각합니까?

5장. 인간의 타락

창조 때의 아름다운 인류의 모습을 보존하는 길은 언약을 지키는 것이었다. 하나님의 말씀에 순종함으로 에덴의 복을 누리고 서로 사랑하며, 사명을 감당하고 하나님께 영광이 되는 것이 하나님이 보시기에 좋은 모습이었다. 하지만 언약의 대표인 첫 인류는 하나님과의 언약을 저버리고 선악과를 따 먹었다. 언약을 저버리면 복과 영생 그리고 영광을 누릴 수 없으며 저주와 사망과 영원한 벌을 피할 수 없다(롬6:23).

언약 관계의 기준과 목적에서 멀어지는 것이 타락이다. 창조의 목표와 목적에서 멀어지고 방향이 바뀐 것이다. 인간이 타락을 생각할 때 가장 먼저 고려해야 하는 것은 하나님과 그 언약의 말씀이다. 신이 없다면 인간이 존재할 수도 없고 타락도 없다. 만약 인간이 진화된 존재라면 어떻게 살던지 그것은 타락일 수 없다. 동물은 본능대로 살고 로봇은 프로그램된 대로 작동한다. 그와 달리 인간은 자유로이 생각할 수 있는 존재이다. 하지만 무한의 자유를 가진 것이 아니라 관계를 위한 자유를 받았음을 명심해야 한다. 하나님과의 언약 관계를 위한 자유와 사람과 사람 사이에 서로 사랑을 위한 자유를 받았다. 자율적 선택과 헌신을 위한 자유, 곧 인간의 인간다움을 위한 선택과 헌신을 위한 자유를 받았다. 이때 자유란 의지적 선택이 가능하다는 것을 의미하지만, 관계를 위한 자유에서의 선택은 스스로 자기를 제한한다는 것을 의미하기도 한다. 하지만 관계를 위한 자유에서의 선택이 제한의 의미만으로 집중되어서는 안 된다. 선악을 알게 하는 나무의 열매를 먹지 말라는 말씀은 제한만이 아니라 오히려 '보장'을 의미한다. 모든 것을 임의로 먹되 선악과만은 먹지 말라는 명령으로 인간이 무한의 자유를 갖게 되면 안 되는 존재가 되는 것이기도 하지만, 그 명령에 순종함으로써 풍성함을 누리며 영원히 복락을 보장받는 존재가 되는 것이다. 이는 인간이 자유로운 존재이면서 동시에 관계를 선택하고 결정해 책임을 져야 함을 의미한다.

인간에게 주어진 자유는 하나님에게서 벗어나기 위한 것이 아니다. 오히려 위대하신 하나님의 주권을 선택하여, 창조주가 주신 그 가치를 보존하고 누리기 위함이다. 인간은 그 자유로 하나님과의 언약 관계를 소중히 여겨야 했으나 그러지 못했다.

타락은 인간의 정체성과 관계된 것이다. 하나님과의 관계 속에서 만들어진 정체성을 파괴하고 하나님을 거역하도록 하는 것이 유혹이다. 이는 하나님의 말씀을 거역하는 것이 더 유익하다고 생각하게끔 유도한다. 이렇게 인류를 유혹한 뱀이나 예수 그리스도를 유혹한 마귀를 성경에 기록하게 하신 것은 인간에게 처음부터 죄가 내재되어 있는 것이 아니라는 것을 보여주기 위함이다.

사람이 타락했다고 해서 하나님께서 태생적으로 부여하신 인간의 기본적 기능이 상실되는 것은 아니다. 그 기능의 변질은 있을 수 있지만, 인간은 여전히 기능하는 존재이다. 타락으로 그 기능의 방향이 바뀌었기 때문에 역기능적으로 나아갈 수도 있고, 구속받아 순기능을 회복할 수도 있다.

또한, 타락에는 과정이 있다. 타락이 일어나려면 먼저 정상적인 관계가 있어야 한다. 즉, 창조와 언약이 우선 존재해야 타락이 시작될 수 있다. 하나님의 창조라는 큰일 후에, 에덴의 복된 상태에서 하나님과 인간 사이에 언약이 맺어졌다. 하나님과의 관계가 창조와 언약으로 정해진 것이다. 창조라는 하나님의 큰일은 하나님이 언약의 주권자이심을 인간에게 알려주는 증기이다. 하나님께서 우주 만물을 창조하시는 동안 인간은 없었고, 다만 그 우주 만물을 선물로 받았다. 그런 상황에서 맺어진 언약을 통해 하나님의 주권과 인간의 자유, 그리고 인간의 정체성을 이해할 수 있다.

1. 아담과 하와에 대한 뱀의 유혹

아담과 하와가 유혹의 대상이 된 것은 그들이 언약의 대표였기 때문이다. 아담은 하와가 창조되기 전에 하나님과 언약을 맺었고, 하와가 창조된 후에 하와와 함께 문화명령을 받았다. 하나님의 주권을 인정함으로 생육하고 번성하여, 땅을 정복하고 다스리라는 명령을 수행하지 못하도록 방해하는 것이 유혹이다. 단순히 하나님의 뜻을 준행하는 것을 방해하는 정도가 아니라, 하나님과의 관계를 파괴하고 심지어 축복의 대상에서 저주의 대상으로 전락시켰다. 타락으로 사망이 왕 노릇을 하게 되었으며 결국 사탄의 의도대로 되어 죄에 굴복하는 상태에 이르게 되었다.

유혹은 하나님과 인간 사이에 문제가 있어서 시작된 것이 아니다. 하나님과 인간 사이에 문제를 일으키고자 뱀이 시작한 것이다. 유혹을 당할 때 하나님과의 관계에 집중하기보다는 자기에게 집중하게 되면 그 유혹에 넘어가 결국 죄를 범하게 된다. 유혹은 하나님의 하나님 되심에 대한 왜곡을 시작으로 하나님에 대한 불신을 형성하고, 결국 인간으로 하여금 자기 자신의 영광을 위해 살게 한다. 그 유혹의 핵심 내용은 인간이 하나님처럼 될 수 있다는 것이다. 하나님은 인간에게 순종을 요구하시지만, 사탄은 순종을 요구하지 않고 인간이 자기 자신을 위해 살며 하나님처럼 주인이 되도록 부추긴다. 인간을 위해 주는 척하지만 결국 인간이 파멸에 이르도록 교묘히 속인다.

유혹은 하나님께서 먹기를 금하신 선악과를 매개로 일어났다. 유혹은 하나님의 말씀을 의심하도록 교묘한 술책을 썼다. 하와를 유혹할 때는 하나님을 엄하게 금하는 분으로 왜곡하여 묘사하다가, 하와가 언약에 대한 이해의 약점을 드러내자 그 틈을 파고들어 의심하게 만들었다. 그 언약의 기준을 버리고 자기를 위한 선택을 하도록 부추겼다. 물질의 세계에서 그것을 소유하고 이용하여 하나님이 될 수 있다는 생각을 심고, 그 생각으로 욕심에 이끌려 잘못된 선택을 하게 하는 것이 유혹이다. 미혹된 눈으로 선악과를 바라보니 지혜롭게 할 만큼 탐스럽다고 했다. 하와가 그것을 먼저 먹었을 때 어떠한 변화도 일어나지 않았고 주께서 말씀하신 것처럼 죽지도 않았나. 그래서 하와가 아담에게도 주니 아담도 먹었다. 아담은 하나님과 언약을 맺은 당사자이며 대표였다. 그래서 아담이 먹기 전에는 아무런 징후가 일어나지 않은 것이다. 모든 인류는 아담의 타락 이후에 그 타락과 저주 아래 놓였다. 아담 이후의 모든 인류는 미혹되어 죄 아래 있는 존재가 되었다. 그리고 하나님을 섬기려 하는 모든 자에게는 항상 유혹이 있음을 알아야 한다.

2. 예수님의 메시아 되심에 대한 유혹과 시험

예수님은 둘째 아담으로 이 땅에 오셨다. 복음서에 예수님께서 시험당하시는 장면을 보면 유혹하는 자는 아담 때와 마찬가지로 하나님보다 예수님 자신을 위하라고 부추긴다. 예수님은 성령으로 잉태되어 이 땅에 오셨다. 예수님은 인류의 구속을 위한 공생애를 살기 위해서 세례를 통해 세상에 그리스도로 나타나야 하셨다. 그리스도의 물세례는 죄인이 된 백성과 연합하는 세례로, 모든 의를 이루기 위한 것이었다. 그 세례 후에 증표로 비둘기 같은 성령이 임하셨고 하늘 문이 열리며 '이는 내 사랑하는 아들이요, 내 기뻐하는 자라'라는 말씀이 들렸다. 이 말씀은 시편 2편 7절과 이사야 42장 1절을 근거로 하여, 하나님께서 그리스도의 정체성을 알려 주시는 표현이다. 세례를 받으신 후, 예수님께서는 성령에 이끌려 광야로 가셨고 40일 동안 금식하셨다. 예수님의 40일 금식은 구약에서 40일 금식한 모세와 엘리야를 떠올리게 한다. 그들이 40일 금식하고도 살아남았다는 것은 하나님께서 함께하심을 보여주는 증거였다.

40일 금식 직후에 유혹하는 자가 나타났다. 딜레마적 특징을 지닌 유혹은 하나님께서 인정하신 메시아의 자격을 시험하기 위해 예수님을 곤경에 밀어 넣었다. 예수님을 광야로 이끄신 성령께서는 이 모든 일을 예수 그리스도의 메시아 되심을 증명하기 위해 허락하셨다.

첫 번째 유혹은 욕구에 관한 것이었다. "네가 하나님의 아들이거든 이 돌을 떡 덩이가 되게 하라." 돌을 떡 덩이가 되게 하면 자기의 욕구를 위하여 사탄의 말을 듣는 자가 되어 그의 종이 되고, 떡 덩이로 만들지 못하면 능력이 없는 자가 되어 메시아의 자격을 부정당하게 되는 딜레마적 공격이다. 그 유혹의 의미는 존재의 유지와 욕구를 위해서 능력을 사용하라는 것이다. 하나님의 뜻보다는 먹고 사는 문제에 집중하라는 것인데, 그 시험을 이기는 길은 유혹하는 자의 말이나 자기 존재에 근거를 두지 않는 것이다. 예수님은 "사람이 떡으로만 살 것이 아니라 하나님의 입으로부터 나오는 모든 말씀으로 살 것이다"라고 하셨다. 오직 하나님의 말씀에 집중할 때 유혹을 이길 수 있다.

두 번째 유혹은 성경 말씀을 인용한 것이다. 하나님의 말씀에 발이 땅에 닿기 전에 천사를 보내어 보호하시겠다는 약속이 있으니(시91:11-12), 성전 꼭대기에서 뛰어 내려보라고 했다. 성전에서 뛰어내리지 않으면 하나님을 믿지 못하는 자가 되고, 뛰어내리면 많은 사람들이 보는 앞에서 천사의 섬김을 받는 모습을 노출하게 되어 사람들이 왕으로 모셨을 것이다. 그렇게 되면 하나님께서 죄인을 구하기 위해 보내신 어린양의 사역을 이룰 수 없있을 것이다. 유혹은 하나님께서 계획하신 사역을 이루지 못하도록 하는 것에 그 목적이 있다. 말씀의 원래 의도에서 벗어나 의심과 왜곡을 유도하여 하나님과의 관계를 파괴하고자 하는 것이다. 예수님은 "하나님을 시험하지 말라"고 선포하시며(신6:16), 하나님에 대한 신뢰로 시험을 이기셨다.

세 번째 유혹은 천하만국의 영광에 관한 것이다. 유혹하는 자는 높은 산에서 세상을 보여주며 예수님께 말했다. 유혹하는 자, 마귀에게 절하기만 하면 온 천하를 다 주겠다고. 예수님은 그렇게 하지 않으셨다. 오히려 하나님을 경배하고 섬기라 하였디고 히시면시 사탄을 물리치셨다. 예수님께시는 철저히 하나님 중심이셨다. 하나님께서 아브라함을 부르시고 훈련하시어 열방의 표준이 되는 백성으로 보이셨는데, 예수님 또한 아브라함의 후손으로 오셔서 철저히 하나님의 주권을 인정하며 순종하는 모습을 보이셨다.

하나님께서 새 백성의 표준을 드러내시기 위해 아브라함에게 본토 친척 아비 집을 떠나 하나님이 지시하는 땅으로 가라 명하셨다. 큰 민족을 이루고 그 이름을 창대하게 하며 복의 근원이 될 것을 약속하셨고, 열국이 아브라함으로 인하여 복을 받을 것을 말씀하셨다. 아브라함에게도 시험의 순간이 있었다. 하지만 아브라함은 순종하며 하나님이 지시하시는 땅, 모리아 산에서 가장 가까운 혈육인 이삭을 번제로 바치려 했다. 이것은 아브라함이 철저히 하나님 중심의 사람이 되었음을 나타낸다. 시험을 이기는 길은 철저히 하나님과의 관계를 우선시하여 사는 것이다.

결국, 유혹은 하나님의 뜻보다 자기에게 집중하도록 하는 것이다. 사람이 타락하여 죄에 빠지는 것은 욕심에서 비롯된 결과이며 죄를 잉태한즉 죄가 장성하면 사망을 낳게 된다. 죄는 자신의 욕구에 집중하게 한다. 아브라함 매슬로가 말한 생리적인 욕구 문제나 안전, 애정, 명예, 그리고 자아실현의 욕구가 동기가 되어 유혹의 시험을 받게 된다. 하나님과의 관계, 하나님의 뜻, 하나님을 경외하고 순종하는 것에 집중할 때 우리는 유혹을 이기고 하나님의 사람 즉, 참사람이 된다.

욕구는 존재의 유지를 위한 욕구와 존재의 목적을 실현하기 위한 욕구로 구분하여 이해해야 한다. 순기능적으로 욕구가 만족 되는지 아니면 역기능적으로 욕구가 만족 되는지 분별해야 한다. 역기능적으로 만족 되는 욕구는 순간의 쾌락은 있을 수 있으나 죄를 낳는다. 하지만 하나님의 창조 목적과 뜻에 기반하여 순기능적으로 만족 되는 욕구는 성장과 성숙을 가져온다.
아담은 풍성한 환경에 거하는 중에도 유혹에 넘어가 타락했지만, 예수님은 가장 고통스런 중에 유혹을 당하셨음에도 이겨내고 그리스도가 되셨다. 예수 그리스도는 자기를 경외하는 아담의 후손들이 연약하다는 것을 아시고 그들에게 구속주가 되실 뿐만 아니라 그 영으로 보증해 주시며 시험을 이기도록 도와주시고 인도하신다.

3. 노아 후손의 바벨탑에서의 타락의 모습

타락한 인간은 어려서부터 항상 생각하고 계획하는 바가 악한 존재이다. 바벨탑을 쌓은 자들은 홍수의 심판 때에 엄청난 은혜를 입은 노아의 후손이다. 그들의 기준은 하나님의 말씀이며 은혜여야 했다. 즉, 홍수 심판 속에서 하나님께 받은 은혜가 그들이 살아야 하는 삶의 기준이어야 했다. 그러나 함은 은혜를 잊어버리고 아버지의 허물을 형제들에게 드러냈다. 죄의 성향은 함의 후손에게서 더 크게 드러난다. 함의 후손 니므롯에 의하여 하나님에 대한 반역이 행해졌다. 문명을 이용하여 바벨탑을 쌓고, 하나님의 영광 대신 자기들의 이름을 세상에 내고자 했다. 다시는 물로 심판하지 않으시겠다는 하나님의 약속을 믿지 못하고 자기 인진을 구하기 위해 하늘에 이르는 큰 탑을 쌓았다. 땅에 널리 퍼져 살라 하신 명령을 거역하고 흩어짐을 면하고자 인간이 중심된 나라를 만들었는데 이것이 사탄에게 종이 된 자들의 모습이다. 그들이 제국을 만들고자 한 것을 생각해 보아야 죄의 성향을 이해할 수 있다. 노아 홍수 이전처럼 여전히 강포함으로 다스려지는 나라요, 치부와 사치가 성행하는 나라였다. 하나님은 그런 인간 중심의 나라가 아닌 다른 나라를 만드시기 위해 아브라함을 택하시고 후손들이 공도를 행하도록 하셨다. 잃어버린 에덴의 회복을 위하여 이스라엘을 세우셨고 메시아를 보내시어 그 나라를 드러내셨다. 교회를 세우셔서 하나님 나라의 열쇠를 주셨으며 결국은 주님의 재림을 통해 새 하늘과 새 땅을 완성하실 것이다.

4. 이스라엘 백성의 광야 경험과 시험

이스라엘 백성은 애굽에서의 열 가지 재앙과 광야 생활을 통해, 또 시내 산에서 하나님을 경험했다. 그 경험은 그들에게 하나님을 아는 지식이 되었고 그 지식으로 하나님과의 관계가 무엇인지 알게 되었다. 열 가지 재앙을 경험하며 여호와가 일개 신이 아니라 상천 하지의 하나님이신 것을 알게 되었다. 홍해를 건너며 바다와 육지를 주관하는 창조주이신 것을 더욱 알게 되었다. 광야를 지나며 충분한 공급자와 보호자, 안내자이신 것을 경험했다. 그리고 시내 산에서 하나님의 임재와 영광을 경험하며 참된 명령과 교훈을 주시는 주권자 하나님이신 것을 알게 되었다.

이런 경험의 과정에도 이스라엘 백성들은 원망하고 불평했다. 하나님과의 언약 후에도 또다시 원망하고 불평했으며 불순종했다. 결국, 그들은 광야에서 죽음을 맞이했고 새로운 세대로 교체되었다. 주님 중심이 아니라 자신과 가족들에 대한 안전이 우선시되면 하나님의 약속과 그에 대한 경험에도 불구하고 믿음이 자라기보단 불안한 감정과 현실의 상황에 붙잡혀 원망하게 된다.

홍해가 앞을 가로막을 때에 매장지가 없어서 불러내었느냐 원망했다. 그때 하나님은 홍해를 갈라 마른 땅을 건너듯 건너게 하심으로 그 능력을 경험시켜 주셨다. 마실 물이 없어 목말라 죽겠다고 할 때는 써서 마시지 못할 물에 나뭇가지를 넣게 하여 단물로 바꿔 마실 수 있도록 하셨다. 먹을 것이 없어 죽겠다고 할 때는 만나와 메추라기로 먹이셨고, 다시 목말라 죽겠다고 할 때는 반석에서 물이 나게 하시어 하나님의 공급하심이 충분함을 보여주셨다. 하나님께서는 자신이 충분하신 분이심을 모든 과정에서 다 경험시켜 주셨다. 그리고 하나님께서는 이스라엘에 대한 충분한 공감과 이해를 바탕으로 시내 산에서 언약을 맺으셨다. 하지만 이스라엘은 받은 은혜를 기억하지 못했다. 하나님께서는 십계명과 율법과 율례를 주시며 어떻게 살아야 할지를 교훈하시고, 언약을 맺어 함께하시기 위해 성막 계시를 주셨다. 그러나 바로 그때 이스라엘 백성은 송아지 우상을 만들고 춤추며 하나님을 배반했다.

또한, 이스라엘은 가나안에 가서 하나님의 통치를 온 세상에 드러내는 제사장 나라의 모습, 하나님의 택하심으로 소유된 거룩한 백성의 모습을 보여야 했다. 하지만 열두 정탐꾼을 보내 약속의 땅을 확인하고도, 상천 하지의 하나님이 아브라함과의 약속을 이루시기 위해 일하심을 신뢰하지 않고 순종하지도 않았다. 한 장관을 세워 애굽으로 되돌아가려고 했다.

부르심에 실패하지 않기 위해서 이스라엘은 하나님의 하나님 되심, 즉 그들에게 행하신 일을 구체적으로 기억해야 했다. 상황에 대한 원망 대신 약속을 기억하고 하나님의 하나님 되심을 생각하며, 삶에서 부족하다고 느끼는 것은 채워달라고 기도해야 한다. 하나님의 행하심과 언약을 생각지 않고 자기 안전만 구한 백성들은 결국 약속의 땅 가나안에 들어가지 못했다(히3).

5. 삶의 현장에서 마주하는 유혹과 시험

우리가 살아가는 삶의 현장에서 무엇을 먹을까, 무엇을 마실까, 무엇을 입을까 염려하는 것은 유혹에 넘어진 이방 사람들의 살아가는 방식이다. 오직 인간적 노력과 행위에만 의지하여 먹고 사는 방식은 타락한 자의 태도이다. 하나님의 사람들은 먼저 그의 나라, 즉 의를 구하는 태도로 삶을 살 때 필요한 모든 것을 하나님께서 채워주시는 것을 경험하게 된다. 신자가 하나님과 동행하는 삶을 사는 것을 가장 싫어하고 방해하는 존재는 인류를 속여 죄에 빠지게 한 사탄이다. 사탄은 사람들이 그리스도를 경외함으로 피차 복종하고 배려하는 삶을 살지 못하게 방해하고, 대인관계의 주인이 되어 지배하며 살아가도록 유혹한다. 그런 사탄의 속임수에 빠져 더욱 자기중심적으로 사는 사람들은 그리스도의 뜻대로 사는 사람들을 싫어하고 핍박할 수밖에 없다. 그들은 조화와 보완을 추구하기보다 끊임없는 경쟁 속에서 이기는 것이 좋다는 거짓 신념에 속아 살아간다. 악한 영은 불신자들에게 정체성의 혼란을 일으키고 고통을 주며 낮은 자존감이 형성되도록 일한다. 더 나아가 우주 만물의 기원과 본질을 알지 못하도록, 사탄의 졸개들은 혼미케 하는 영으로서 이 세상에서 활동한다. 사람들이 하나님의 뜻보다는 이성을 중심으로 만든 사상에 권위를 두게 하여 세상을 더럽힌다. 유혹은 돈만 있으면, 명예만 있으면, 권력만 있으면 성공한 것이라는 생각을 하도록 한다. 돈과 명예와 권력을 다 가져 보고도 타락했던 솔로몬이 돌이킨 후에 한 말을 우리는 기억해야 한다. "인생의 본분은 하나님을 경외하고 그 율법을 준행하는 것이다(전도서 12:13)". 바벨론의 음녀는 세상의 상인들을 치부하고 사치하게 하여 멸망으로 이끈다(계:17, 18). 이것이 세상에서 지금도 악한 영들이 하는 일이다.

사탄은 인간으로 하여금 과거를 돌아볼 때 원망과 후회를 하도록 부추기고 미래를 생각할 때는 염려하게 하여, 오늘 사랑하고 섬기는 것에 집중하지 못하게 한다. 또한, 정신을 혼미하게 하여 방탕한 사람으로 만든다. 세상에 악한 영을 보내어 거짓 사상과 이념으로 미혹하고, 다툼과 분열 그리고 폭력을 일삼도록 부추긴다. (계16:13-14)

6. 유혹과 시험을 이기는 길

유혹과 시험을 이기기 위해서는 피조물의 위치에서 하나님의 큰일을 생각하고, 하나님의 경륜에 동참하는 것을 삶의 목표로 심아아 한다. 존재를 유지하는 것이 목적이 아니라 존새의 목적이 하나님의 뜻 곧 말씀의 성취라는 것을 기억해야 한다. 그리고 인생이란 세상의 영광과 권력을 좇는 것이 아니라 하나님을 섬기고 경배함으로 뜻을 성취하는 것임을 알아야 한다.

아브라함은 하나님의 테스트에 합격했다. 아브라함이 부족했기 때문에 하나님께서 테스트하신 것이 아니다. 하나님께서는 하나님의 주권과 뜻을 이루는 백성의 참모습을 온 세상에 드러내고 자랑하시기를 원하셨다. 우리는 모두 아브라함의 영적 후손이다. 그러나 진정한 영적 후손이 되려면 아브라함이 가진 믿음을 동일하게 가져야 한다. 하나님의 약속은 반드시 하나님의 신실함과 전능하신 능력으로 이루어진다는 것을 믿어야 한다.

아브라함은 본토 친척 아비 집을 떠나 하나님이 지시하는 땅으로 가라는 명령에 순종하며 겪은 모든 경험을 통해, 하나님의 주권을 인정하는 태도와 하나님의 복 주심으로 사는 삶을 배웠다. 그렇기에 가장 가까운 혈육인, 일백 세에 낳은 아들을 바치라는 하나님의 명령에도 순종할 수 있었다. 아브라함은 이삭에게서 낳는 자라야 후손이라 칭하겠다는 주의 약속을 신뢰했기 때문에 하나님께서 이삭을 죽음 가운데서 다시 살리실 것을 믿었다. 그래서 히브리서 기자는 아브라함이 이삭을

146

죽은 자 가운데서 다시 받았다고 해석했다(히11:19).

그 시험 이후에도 아브라함은 여전히 땅과 관련하여, 후손과 관련하여 하나님이 주신 약속을 기준으로 행동했다. 하나님이 언약하셨던 곳의 땅을 매입하여 소유 매장지로 삼았다(창23). 그 후손이 가나안을 떠나 종이 될 것을 알면서도 소유 매장지를 만든 것은 하나님의 약속이 가나안 땅에 있었기 때문이다. 아브라함은 아들을 결혼시키는 과정에서도 분명한 기준을 가지고 일을 진행했다. 늙은 종을 통해 아들에게 믿음의 여인을 얻어 주려고 했고 그 과정에서 다시 한번 하나님의 섭리를 경험했다. 하나님의 경륜에 합한 사람으로, 아브라함은 모든 믿는 자의 본이 되었다. 철저히 하나님 중심으로, 말씀 중심으로 사는 것이 유혹과 시험을 이기는 길이다. 그리고 하나님의 주권 곧 소유권과 섭리권, 그리고 심판권을 인정하는 것이 그 길의 기본이다. 더 나아가 세상의 성공으로 자기를 확장하는 것이 아니라 먼저 그의 나라와 의를 구하며 하나님께서 모든 필요를 다 채워주실 것을 믿는 태도로 살아야 한다. 하나님께서 신실하시기에 신자 또한 신실해야 한다.

7. 타락 후의 변질

타락하면 본질이 왜곡되고 그 왜곡에서 비롯된 많은 변화를 경험하게 된다. 아담은 선악과를 먹은 후 처음으로 자신의 상태에 대해 부끄러움을 깨닫고 무화과나무 잎으로 치마를 만들어 치부를 숨기려 했다. 그리고 죽음에 대한 무서움으로 하나님을 두려워해 나무 뒤에 숨었다. 배우자에 대하여는 핑계를 대고 탓을 했다. 친밀한 표현으로 뼈 중의 뼈요, 살 중의 살이라고 고백했었는데 타락 후에는 자기 안전을 우선시했다. 하와도 유혹한 뱀을 탓했다. 그 누구도 책임지거나 죄를 시인하려 하지 않았다. 이처림 타락한 후에는 죄가 들어와, 바라보고 생각하는 바가 달라졌다. 하나님께서는 타락한 인간에 대해 어려서부터 그의 생각과 계획이 항상 악할 뿐이라고 말씀하셨다(창 6:5).

타락 후, 삶의 형태 또한 변화했다. 에덴동산에서 쫓겨나 고된 노동을 통해 의식주를 해결해야 했고 생육하는 것도 힘들어졌다. 하나님을 주인으로 여기지 않고 그저 도움을 주는 분으로만 여겼으며 자기가 주체가 되었다. 가인이란 이름의 의미가 '얻음'이라는 것도 이러한 맥락에서 이해해야 한다. 이런 것은 결국 종교의 시작이 되었고 자기 안전을 위해서 하나님께 제물을 드렸다. 순수한 믿음으로 드린 것이 아니다. 하나님과의 관계의 변질은 신앙이 아닌 자기를 위한 종교를 만드는 것으로 이어졌다.

타락은 서로를 비교하게 했다. 비교의식은 인간을 각기 하나의 걸작품으로 여기지 않고, 서로 경쟁의 대상으로 보도록 상품화했다. 그 시기 질투로 인해 분노의 절정에 이르게 된 가인은 결국 살인을 저질렀다. 그 후에도 가인은 하나님이 주신 생명 보호의 표징을 믿지 않고 성을 쌓아 자기 안전을 구했다. 그리고 그 후손 라멕은 정욕을 위해 하나님이 만드신 결혼 제도를 변질시켰고, 둘이 한 몸이 되는 결혼 제도의 의미를 파괴했다. 그 아들과 딸은 육축을 기르고 철을 사용해 무기를 만들었으며, 음악을 위해 악기를 만들어 유명해졌다. 하지만 하나님께 영광을 돌리지도, 하나님을 찬양하지도 않았다. 그리고 라멕은 자기 안전을 위해 노래를 만들었는데 하나님께서 가인에게 하셨던 말씀을 왜곡하여 그 노래에 적용하였다.

결국, 죄악이 관영하고 폭력이 가득하여져 하나님이 한탄하실 수밖에 없는 세상이 되었다. 마침내 세상은 하나님의 공의로운 심판의 대상이 되어 홍수를 맞았다. 노아 홍수가 전 지구에서 일어났던 사건임을 일반 역사나 지질학에서도 인정한다. 노아 홍수 심판으로 우리는 타락한 지금의 세상 또한 결국 다시 한번 심판을 맞이할 수밖에 없다는 것을 알 수 있다.

유혹으로 인하여 욕심이 생기고 그 욕심이 커져 행동으로 옮겨지면 악을 행하는 자가 되어 저주와 파멸에 이르게 된다. 타락은 인간이 죄인이 되는 것이다. 죄인은 하나님처럼 되려는 성향 때문에 자기중심적이고 교만해져, 결국 하나님으로부터 진노의 대상이 된다. 저주와 죽음 그리고 멸망과 심판의 대상이 된다. 모든 죄의 공통적 특징은 자기중심적이라는 것이다. 이렇게 죄에 물들면 하나님의 뜻을 준행할 수 없는 사람이 된다.

8. 관점으로서의 타락

인간의 타락을 이해하면 세상을 이해하는 것이 달라진다. 인류가 왜 이기적이고 악해졌는지 알게 된다. 하지만 현재 학문에 나타난 세상의 이론들은 창조나 타락을 관점으로 채택하지 않는다. 일반적인 세상의 종교와 과학 분야는 나름의 관점과 가치관을 이루어 세상을 이해하려 하지만, 창조나 타락을 배제하기에 자연현상이 말하고 있는 것이나 인류 역사, 사회의 현상을 제대로 파악할 수 없다. 인간의 타락으로 인해 망가진 세상인데 타락의 관점을 버리니 그 세상을 이해하기에 올바르고 적합한 사상이 나올 수 없다.

인간은 선한 존재인가 악한 존재인가? 하는 주제에 대하여 기독교는 인간은 본래 선하게 창조되었으나 타락하여 어렸을 때부터 생각하고 행동하는 것이 항상 악한 존재가 되었다고 한다. 그런 악한 존재인 인간이 만드는 사상이나 제도가 인간을 더욱 악하게 만들고 있다. 인간의 생각으로부터 나온 수다한 이념과 사상은 세상을 구원하지 못하고 있다. 기독교는 그런 악함에서 인간을 구하고자 하시는 하나님의 열심을 알고 있다. 선한 분은 하나님이시다. 그 하나님의 구원만이 죄인 된 우리를 다시 의롭고 선한 사람으로 회복시킬 수 있다. 이것이 다음 장에서 살펴볼 구속이다.

묵상과 토론을 위한 질문

1. 아담과 하와가 하나님과의 언약을 저버리게 된 이유는 무엇이
   었으며, 오늘 우리의 삶 속에서 '선악과'에 해당하는 유혹은
   어떤 형태로 나타납니까?

2. 하나님께서 인간에게 자유를 주셨다는 사실은 나에게 어떤 책
   임을 부여합니까? 자유를 어떻게 사용하고 있습니까?

3. 예수님께서 광야에서 받으신 시험은 아담의 실패와 어떤 점에
   서 대조되며, 어떤 상황에서 유혹에 넘어가는 이유는 무엇이고
   유혹을 이기는 길은 무엇입니까?

4. 이스라엘 백성이 광야에서 원망하고 불평했던 이유는 무엇이
   었으며, 하나님의 은혜를 경험하고도 어떤 부분에서 불신과 원
   망으로 반응하는 이유는 무엇입니까?

5. 바벨탑을 쌓은 사람들의 죄의 본질은 무엇이었습니까? 오늘날
   '이름을 내고자 하는 욕망'이 내 신앙과 사역에 어떤 영향을
   미치고 있습니까?

6. 내 일상 속에서 반복적으로 다가오는 유혹과 시험의 형태는
   무엇입니까? 그것을 이기기 위한 나만의 신앙적 원칙이나 훈
   련은 무엇입니까?

7. 타락 이후 인간의 본질이 변질되었다는 것은 어떤 의미입니
   까? 나는 내 안에서 일어나는 죄성과 변질된 습관을 어떻게
   다루고 있습니까?

8. 인간의 타락을 관점으로 볼 때, 오늘의 세상과 사회를 어떻게
   해석할 수 있습니까? 현대의 사상과 제도 가운데 타락의 흔적
   은 무엇이라고 생각합니까?

9. 하나님을 주인으로 모시지 않고 '도움을 주는 분' 정도로 여기
   는 신앙의 위험성은 무엇입니까? 신앙이 하나님 중심일 때와
   자기중심일 때, 근본적으로 어떤 차이를 만든다고 생각하십니
   까?

10. 아브라함처럼 약속을 믿고 하나님을 전적으로 신뢰하며 순종
    하는 태도가 유혹과 시험을 이기는 길이라고 할 때, 나는 어
    떤 상황에서 하나님보다 자신의 판단을 우선하고 있지는 않
    습니까?

6장. 구속

-관점으로서의 기독교 세계관

1. 대속

1) 구속이 필요한 이유

인간이 타락한 후에 그 끝이 파멸이라면 하나님의 작정은 실패로 이어질 수밖에 없다. 그렇게 되면 하나님은 전능하신 분이 아니다. 하나님이 전능하시다는 것은 작정하신 것을 능히 이루시는 분이라는 뜻이다. 그래서 하나님은 하나님의 속성과 능력으로 창조 세계에 구속 역사를 진행하셨다. 인간의 타락과 죄 문제를 해결하기 위해서 하나님이 진행하시는 역사가 바로 구속이다.

하나님께서 인간을 창조하신 것은 하나님의 형상을 가진 자들의 대리통치를 보며 그들에게 복 주시기 위함이다. 오직 벌과 심판만 행해지는 것은 하나님의 창조 의도와는 거리가 멀다. 그래서 예수님께서 인간을 대신하여 십자가의 고통을 받으심으로써, 죄인이지만 믿는 모든 자를 속죄하시고 구속하시는 사랑의 은혜가 하나님의 계획 가운데 있었다.

2) 구속에 대한 바른 이해

성경적 구속은 타락을 극복하고 창조질서로 돌아와, 하나님의 형상과 사명을 회복하여 공동체성을 다시 살려내는 것이다. 비록 에덴으로의 복귀는 아니지만, 창조 목표와 주님과의 관계가 회복되는 것이다. 구속은 인간의 공로로 가능한 것이 아닌, 처음부터 끝까지 오직 예수 그리스도의 대속의 은혜로만 가능한 것이다. 교회 공동체 안에서 하나님의 가족으로, 주님의 몸으로, 성령의 전으로, 진리의 기둥과 터로, 하나님의 집으로,

희년의 성취공동체로, 새 언약 백성으로, 새 언약의 일꾼으로 서로 사랑하며 사는 것이 구원이다.

구원받은 공동체는 세상의 소금과 빛이다. 그리스도의 향기와 편지이며 나라와 왕적 제사장이다. 개인적으로는 주님께 부름을 받은 자로, 충성된 군사와 신하가 되어 사는 것이 구원이다. 이렇게 이 땅에서 개인과 공동체로 주님의 제자된 삶을 살다가 죽으면 주님의 품과 하늘에 가게 된다. 그리고 주님의 재림 날에 부활하여 신령한 몸을 입고 새 하늘과 새 땅에서 영원히 살게 될 것이다.

죽어서 가는 곳을 천국으로 이해하는 것은 주님의 가르침에 근거한 것이 아니라, 그리스(헬라) 철학이나 동양의 종교 사상을 받아들여 해석한 결과이다. 주님께서는 우리 안에 성령의 역사가 나타나면 이미 하나님의 나라가 임한 것이라 하셨다(마12:28). 성경은 죽어서 가는 곳을 낙원(눅23:43-하나님과 함께 하는 복된 처소-), 그리스도와 함께 거함(빌1:23), 그리고 주님이 거하시는 하늘이라 표현한다. 따라서 천국은 이 땅을 떠난 어떤 특정한 장소가 아닌 메시아적 통치 곧, 이 땅에 임한 하나님 나라이다. 하나님의 나라는 그리스도 안에서 우리가 경험하는 하나님의 통치이다. 이 통치는 구약에서 제사장 나라로 나타나고 신약에서는 교회 공동체로 나타난다. 교회는 하나님 나라의 열쇠를 갖고 있다.

구속은 하나님께서 예정하시고 의도하신 대로, 사람이 하나님의 영광을 위하여 살 수 있도록 하신 것이다. 창조 목표를 회복하여 공동체 내에서 고대의 제국이나 지금의 세상과는 다르게 살아가는 것이 구원이다. 이처럼 우리가 정복하고 다스리라는 창조 목표를 잘 준행하기 위해서는 하나님의 형상을 회복하여 그리스도의 장성한 분량에까지 자라나야 한다. 그러므로 예수님을 영접하여 얻은 즉각적 구원 후에노 시속석인 성장과 성숙을 추구해야 한다(빌2:13).

3) 십자가의 대속은 하나님의 지혜와 능력이다.

하나님은 공의와 사랑을 행하신다. 공의의 하나님과 사랑의 하나님을 생각하면 죄는 무조건 심판받아야 하고 하나님의 자녀는 사랑을 받아야 한다.

하지만 인간은 모두가 죄인이며 심판의 대상이다. 그래서 죄에 대한 문제의 해결을 위해 예수 그리스도께서 세상 죄를 지고 가는 어린 양이 되셨고 십자가에 달려 죽임을 당하셨다. 우리 대신 하나님께 진노의 대상이 되어 진노의 잔을 마시게 되었다.

이처럼 죄인인 인간이 하나님 앞에서 용서받고 살아가는 길은 예수 그리스도의 십자가밖에 없다. 인간은 죄인이기에 심판의 대상이지만 동시에 인간은 하나님의 사랑의 대상이다. 공의의 심판과 사랑이라는 이 모든 조건을 만족시킬 수 있어야 하나님은 모순이 없는 분이 된다. 그래서 죄 없이 성령으로 잉태되어 이 땅에 오신 예수님의 십자가 지심은 하나님의 공의와 사랑을 만족케 하는, 하나님의 지혜와 능력이 되었다. 죄로부터 해방된 신자는 더는 마귀의 송사 대상이 될 수 없다(롬 8:1-2, 33-34). 우리가 연약하여 죄인이 되고, 하나님의 원수가 되었을 때 십자가에 자기 아들을 내어 주심으로 하나님은 우리에 대한 사랑을 확증하셨다(롬5:1-11). 하나님이 우리를 위하시면 누가 우리에게 대적하겠으며, 하나님이 우리를 의롭다 하시면 누가 송사하겠는가. 그리스도 안에 있는 하나님의 사랑에서 우리를 끊을 수 있는 것은 아무것도 없다(롬8:31-39). 이는 하나님의 사랑에 관한 바울의 확실한 가르침이다.

4) 예수는 대속을 위한 제물이며 영원한 제사장이며 새 언약의 중보자이시다.

대속을 위해서는 속죄의 제물이 필요하다. 예수 그리스도가 오시기 전에는 죄를 해결하기 위해 동물이나 곡물을 가지고 제사를 드렸다. 하지만 지금은 더 이상 그런 제사를 드리지 않는다. 그리스도께서 속죄 제물이 되시어 모든 제사와 성전을 완성하셨기 때문이다. 더 나아가 그리스도 예수님은 대제사장이 되어 하늘 성소에 가셨고 새 언약의 영원한 중보자가 되셨다.

5) 유일하신 그리스도 예수

메시아에 대한 수많은 구약의 약속과 예언의 성취가 바로 기쁜 소식, 즉 복음이다. 그것은 약속대로 메시아가 오신 것이며 메시아 왕국의 시작이다. 그 메시아는 의의 통치를 이루러 오셨기 때문에 백성들의 죄 문제를 해결하셨고 의의 통치를 할 수 있는 사람들로 만드셨다. 이것이 바로 구속이다. 다시 말해, 새 언약의 대표로서 자신이 옳게 산 삶을 우리에게 전가

해 주심으로 우리를 의롭게 하셨다.

　구속은 구원과 속죄라는 말이다. 죄는 사라지고 의가 입혀진다는 것인데 이것은 사람의 방법으로는 불가능하다. 상천 하지에 하나님이 유일하신 분이듯 그리스도도 유일하고, 우리를 구원하는 방법도 유일하신 그리스도의 구속 사역밖에는 없다. 죽임당하시고 부활하시어 제사장과 새 언약의 영원한 중보자가 되셨다. 모세가 시내 산에서 언약의 중보자가 되었던 것과 같이 그리스도는 하늘 지성소에 들어가셔서 영원한 중보자가 되셨다. 예수님의 초림과 사역, 인성과 신성, 죽음과 부활 그리고 우리에게 성령 주심이 다 구약의 예언과 약속의 성취이다. 그것을 기록하고 있는 것이 복음서이다. 그래서 신학교에 가면 성경을 공부하는 방법과 성경을 이해하여 정리한 신학들을 공부하게 되는데, 그 모든 내용의 중심이 그리스도이다. 의심할 수 없는 진리에 대한 확신과 그리스도에 대한 확신은 세상을 보는 정확한 눈을 갖게 한다. 아무리 그럴싸한 종교도 사상도 그리스도가 중심이 아니라면 진리가 아니다. 유일하신 그리스도를 믿지 못하고 다른 그리스도를 기다리는 유대교, 예수 그리스도의 계시 말고 다른 누군가를 따르는 이슬람교 등 수많은 이단이나 여타 종교로는 구원을 받을 수 없다. 상천 하지에 예수 그리스도 이외에는 구원을 얻을 만한 다른 이름을 주신 적이 없다고 사도들이 증거하였다(행4:12).

6) 의심할 수 없는 확실한 구속

11-14세기 동안 서양은 중세 교회와 성직자들의 잘못된 가르침에 영향을 받아 십자군 전쟁을 벌였다. 또한, 교회는 면죄부라는 제도를 만들어 인간의 죄를 인간의 공로로 구원할 수 있다는 거짓 가르침을 전파하였다. 진리의 기둥과 터로서 세워져야 할 교회가 거짓을 행하였고, 진리를 선포해야 할 사역자들이 돈과 권력에 눈이 멀어 그 사명을 제대로 수행하지 못했다. 이런 경험으로 인해 서양은 진리인 성경을 거스르고 이성에 근거를 두게 되었으며 그리스(헬라) 철학으로 더 깊게 귀의하여 르네상스 문예 부흥 운동이 일어났다. 그 후 모든 것을 의심해 보는 것이 학풍이 되었다. 이성으로 모든 것을 의심하여, 더 이상으로 의심할 수 없는 단계에 이르고자 논리적 추론을 그 공부 방법으로 삼았다. 당시에는 자신이 정말로 존재하는지조차 의심하게 되었다. 그러나 생각하고 있는 자신만큼은 의심할 수 없었다. 그래서 데카르트는 '나는 생각한다. 그러므로 나는 존재한다.'라는 결론에 이르렀다. 실은 존재하기 때문에 생각한다는 말이 맞지만, 데카르트의 이 명제는 당시의 배경 속에서 이해할 수 있는 밀이다. 이성은 진리를 이해하고 분별하기 위해 기능한다. 하지만 이성이 진리를 판단하는 자리에 서게 되면서 서양은 이성주의로 달리게 되었다.

성경을 대할 때 의문을 품는 것은 있을 수 있는 일이다. 하지만 성경을 믿지 않기 위해서 의심으로 성경 본문을 살핀다면, 얼마든지 편견과 오해에 물든 거짓 논리로 성경을 편집할 수 있다.

그러나 사실을 확인하기 위해 의심한다면 진리를 경험하게 될 것이다. '베뢰아 사람들은 신사적이다. 베뢰아 사람들은 설교를 들을 때 성경이 그런가, 아닌가 하여 상고하였다(행 17:11).'고 한다. 성경을 읽을 때 사실 확인이 가상 우선 되어야 한다. 성경은 하나님의 증거와 그리스도의 증거 기록이기 때문이다. 그러므로 성경을 읽어 증거를 확인하고, 그 확인된 증거를 믿음으로써 진리에 근거한 신앙생활을 해야 한다. 거짓 구원론과 반쪽짜리 구원론, 천국에 대한 오해는 인생을 허비하도록 만들기 때문에 성경이 말하는 구원을 정확하고 바르게 이해해야 한다. 언약과 예언에 대한 공동체의 체험, 그 기록인 성경, 그 계시의 역사성, 그리고 성령의 영감을 충분히 이해하여야 한다. 그런 이해를 바탕으로 하는 성경의 무오류와 성경의 권위에 대한 확신은 약속과 예언에 대한 하나님의 신실하심을 이해하게 한다. 그런 하나님의 신실하심을 알게 될 때 구원의 확실성을 받아들일 수 있고, 확신하면 삶의 회복을 경험할 수 있다.

7) 구속과 천국에 대한 오해가 관점을 틀리게 한다.

구원을 창조 목표의 회복과 예정의 완성으로 보지 않고, 죽어서 천국에 가는 것이라고 생각하는 것은 구원을 잘못 정의하는 것이다. 하나님 나라는 이미 이곳에 임했고 이곳에서 하나님의 대리자로 살게 된 것 즉, 교회로 사는 것이 구원임을 알아야 한다. 교회로 살면서 회복을 경험하고 완성을 꿈꾸며 살아야 한다. 또한, 구원을 제대로 알아야 개인의 정체성이 확립되고 그 개인들이 모여 이룬 공동체가 창조 목표에 맞게 회복된다. 복음의 진리가 구원을 가져오지만, 또한 그 구원이 그 복음의 진리를 똑바로 보고 알게 한다. 구원받은 자는 죽어서 하늘과 주님 품에 가게 된다. 그것은 과정이지 최종 목적지는 아니다. 그리스도인은 부활의 날에 생명의 부활로 썩지 않는 신령한 몸을 입고 새 하늘과 새 땅에서 영원히 살게 된다. 그러나 지금 강조해야 하는 것은 사후의 삶이 아니라 교회에서 경험하는 하나님 나라의 현재성과 주님의 재림으로 완성될 새 하늘과 새 땅이다.

8) 구속은 예언의 성취로 오신 예수 그리스도를 통해서만 이루어진다.

그리스도는 성경에 여자의 후손으로, 아브라함의 씨로, 이삭의 후손으로, 야곱의 자손으로, 유다의 후손으로, 다윗의 자손으로 오신다고 예언되었다. 처녀가 잉태하여 아들을 낳으리니 임마누엘로, 의로운 태양으로 오신다고 예언되었다. 마침내 메시아는 성령으로 잉태되어 마리아를 통해 이 땅에 오셔서 참된 왕이 되셨다. 그리고 자기 백성을 저들의 죄에서 건져 낼 자라는 뜻, 예수로 이름 지어졌다. 베드로는 상천 하지에 예수 이름 이외에 구원을 얻을 만한 다른 이름은 없다고 증거했다 (행4:12). 나시기 전에 기록된 이름 예수, 임마누엘은 생각만 해도 은혜가 되는 이름이다.

9) 그리스도는 모세와 같은 선지자로, 멜기세덱의 반차를 좇는 제사장으로 오셔서 계시를 완성해 주시는 메시아이시다.

모세는 예수님에 관해 '나와 같은 선지자'로 오실 것이라 예언했나(신18:15). 모세는 백싱들을 애굽에서 이끌어냈고 40일 금식했으며, 언약의 중보자가 되어 의로운 십계명과 율법을 받아 백성에게 전했다. 이와 마찬가지로, 그리스도께서도 40일 금식하시고 새 언약의 중보자가 되시어 하나님 나라와 새 계명을 주셨다. 그리고 계시를 완성해 주셨다. 무엇보다 구약의 성전과 선지자 사역, 왕 사역이 예수 그리스도를 통해 신약에서 완성되었음이 무엇을 의미하는지를 이해하게 되면 그리스도 중심적으로 성경을 이해할 수 있다.

예수 그리스도는 멜기세덱의 반차를 좇아 제사장으로 오신다는 예언의 완성자가 되어, 새 언약의 중보자가 되셨다(시110:4, 히5:6). 성령을 받아 보혜사로 보내 주시어 우리 안에서 거하게 해주셨다. 이를 통해 우리가 성전이 되어 고아처럼 살지 않도록 이끄셨다(요14:18). 주님의 말씀을 생각나게 하시고 진리 가운데로 인도하시며 길러 가시는 가운데 있다(요14:26). 그리스도의 왕직, 제사장직, 선지자직은 우리가 구속되어 창조질서를 회복하는데 있어 꼭 필요한 사역을 위한 직분이다. 이런 그리스도의 모든 사실이 세상을 이해하고 해석하는 기준이자, 관점이자, 방향이라는 것을 일부러 잊게 만드는 것이 악한 영과 악한 자들의 사상이다.

2. 회복

1) 구원의 모습은 창조질서의 회복

구원을 회복의 관점으로 볼 때, 현재적 구원과 미래적 구원으로 구분할 수 있다.

타락한 인간이 저주와 고통을 받는 심판의 대상에서 구원받아 하나님의 자녀와 성전, 주님의 몸과 백성이 되어 세상을 향해 소금과 빛으로, 그리스도의 향기와 편지로, 왕적 제사장으로 살며, 예수님을 닮아가는 것이 삶의 현재적 구원이다.

살다가 죽으면 하늘에 가서 주님 품에 있다가, 부활의 날에 신령한 몸을 입고 영원히 주님과 함께 왕 역할을 하는 것이 미래적 구원이다.

구원받는다는 것의 의미가 이 세상에서 예수를 믿음으로써 가능한 창조의 회복과 타락의 극복임을 모르고, 죽어서 하늘에 가고 주님의 재림 때가 돼서야 모든 것이 변화되는 것으로만 가르치는 것은 성경의 가르침이 아니다. 성경은 이 땅에서 창조질서를 회복하고 더 나아가 창조 명령이 완성되는 그날을 기대하며, 주님의 재림을 소망하는 것이 구원이라 가르친다.

그러므로 우리는 이 땅에서 창조 목표를 회복하고 성장하며 성숙한 모습을 이루기 위해 노력해야 한다. 바울도 두렵고 떨림으로 너희 구원을 이루라고 말했다. 예수 그리스도의 장성한 분량이 충만한 데까지 이르라고도 말했다. 인간이 하나님의 형상이라는 말은 개인 홀로 하나님의 형상이라는 의미를 넘어 공동체로서의 모습을 말하는 것이다. 그러므로 하나님 나라를 보여주는 공동체인 교회는 예수를 믿음으로써 하나님의 자녀가 되는 즉각적 구원을 받은 자들이 세상에서 서로 사랑하며 점진적으로 창조질서를 회복하고, 더 나아가 주님의 재림으로 이루어질 완성을 통해 영원에 이르길 소망하는 하나님 나라의 증시기관이다.

2) 구원은 신분의 회복

구원이란 하나님의 형상과 모양으로 만들어진 그 특별한 가치를 다시 회복하는 것이다. 하나님의 소속이 되어 그분의 가족이 되는 것이다. 구약에서는 율법을 지킴으로 열국 중에서 하나님의 소유가 된다고 하였다. 신약에서는 하나님의 보내신 자, 곧 예수 그리스도를 믿는 자에게는 영생과 자녀 되는 특권을 주신다고 하였다. 이처럼 구원받는다는 것은 마귀의 종에서 하나님의 자녀로 신분이 회복되는 것이며, 신분의 회복은 정체성의 회복이다.

더 나아가 우리는 구원을 개인의 차원에서만 이해하는 것을 넘어, 공동체적 구원을 생각해야 한다. 공동체적 구원을 통해서 공동체의 신분이 회복된다. 구약의 이스라엘 백성에게 행해진 공동체적 구원으로 이스라엘 백성은 바로의 노예에서 하나님의 백성이 되었다. 열국 중에서 구별되어 하나님과 특별한 관계에 있는 제사장 나라가 된 것이다. 신약의 교회에도 그리스도로 말미암아 공동체적 구원이 임했다. 하나님의 자녀가 되는 권세가 주어진 것을 넘어 가족이 되었다. 구약에 예언된 은혜의 해가 성취되어, 부자나 가난한 자나 모두 하나 되었고 필요에 따라 상통하게 되었다. 가족으로서 서로의 필요를 채워주는 공동체성이 회복되었다는 의미이다.

이처럼 구원을 공동체적으로 이해하게 되면 공동체를 통해 드러난 하나님의 통치 곧, 하나님 나라를 이해할 수 있다.

3) 직분의 회복과 변화

구속을 통해 하나님의 자녀와 가족으로 신분이 회복되었다. 더 나아가 마귀의 노예에서 해방되어 하나님의 대리자 즉, 왕적 제사장과 선지자로서의 사명이 그리스도 안에서 회복되었다. 그리스도께서 완성하신 직분의 사역을 교회 공동체를 통해 세상에 행하는 자로 부름을 받은 것이다. 하나님의 말씀에 순종함으로 세상에서 천국의 맛을 내는 소금과 빛이 되고 그리스도의 향기와 편지가 되어 드러난다. 그리스도인은 세상 사람들에게 주어진 하나님의 메시지이다.

이처럼 우리가 부름을 받은 대로 세상을 향하여 직분에 따른 사역을 잘 행하기 위해서는 제사장 나라에 대한 이해가 필요하다. 성경을 보면, 구약에서 하나님의 백성인 이스라엘이 제사장 나라가 되었다. 당시에 제국이 세상을 지배하는 방식으로 드러닐 때 하나님은 다른 나라에 위협이 되는 국가가 아닌, 모범국가 곧 모델로서 제사장 나라를 제시하셨다. 이처럼 기독교인은 왕적 제사장 역할과 선지자적 역할로 세상을 향한 사역을 감당해야 한다. 개인이 아닌 공동체, 곧 주님의 몸으로서 생각하고 결정하여 세상에 모델이 되어야 한다. 교회가 하나님의 뜻에 따라 세상과 다르게 살 때 그 역할을 다할 수 있다. 오순절 날 성령강림으로 이루어진 예루살렘의 교회는 사도의 가르침을 받아 교제했다. 음식을 나누고 기도하기에 힘썼으며 사도들을 통해 하나님의 기적이 나타났다. 사람들은 하나님을 경외함으로 유무 상통하여 서로의 필요를 채워주는 가족으로 살게 되었나. 이는 은혜의 해의 완전한 싱취로, 새로운 경제 질서의 회복이며 세상을 향한 사역이었다. 말씀으로 가르침을 받고 성령으로 교제하던 성도들이 은혜를 가지고 세상에 나가 베푸니 그 착한 행실로 인해 교회로 사람들이 들어오는 일이 일어났다. 교회가 주님의 몸이 되어 만물을 충만하게 하는 자의 충만으로 그 역할을 다했다. 지금도 교회가 교회의 본질을 회복하고 섬긴다면, 세상 속에서 주님의 편지와 향기가 되고 소금과 빛이 될 것이다.

4) 거룩의 회복

발가벗었으나 부끄러워 아니하더라. 원래 창조 때의 인간은 죄가 없는 상태였다. 하나님이 거룩하시니 우리도 거룩하다고 하셨다. 우리의 거룩은 하나님의 것으로 구별되는 것에서부터 시작하여, 하나님의 모습을 닮아가며 그 거룩을 담아내는 것에 있다. 이스라엘에게는 희년을 지키는 것이 그들의 거룩이었다 (레25:11, 12). 그 거룩은 신약에서 희년의 완성으로 드러났고 서로 사랑함이 바로 그 모습이다. 신약에서 예수 그리스도의 부활과 승천 이후에 임하신 성령의 역사가 나타났을 때, 사도들의 가르침을 받아 서로 사랑하는 공동체가 되었다. 그 공동체는 유무상통하는 공동체가 되어 서로의 필요를 채워주었다. 이것은 사명을 행하는 모습인 동시에 하나님 닮은 모습을 보

166

이는 완성된 거룩, 곧 사랑이다. 사랑은 허다한 허물과 죄를 덮는다. 또한, 사랑은 율법의 완성이다. 율법은 본래 의로운 것인데 사랑하면 의를 넘어 거룩이 완성되는 상태가 된다. 우리의 이런 거룩을 위하여 주님은 자신을 거룩하게 하셨다(요 17:19). 즉 십자가의 제물이 되어 자신을 거룩하게 하신 것이다. 거룩하신 분이 자신을 제물로 구별하신 것은 자신을 따르는 자들을 거룩하게 하고, 그 거룩이 공동체에 사랑으로 나타나도록 하기 위함이다.

5) 가정의 회복

완전히 망가졌던 가정이 교회 공동체에 속하여 살아가면서, 개인이 더는 주인 노릇 하지 않고 주님의 주권을 인정하며 주를 경외할 때, 피차 복종하는 가정으로 회복된다. 아내는 교회가 주님을 대하듯 남편을 대하고 남편은 그리스도가 교회를 대하듯 아내를 사랑해야 한다. 이것이 실천되기 위해서는 하나님의 창조와 그리스도의 구속이 성령의 능력으로 우리를 어떤 삶으로 이끄시는지 알아야 한다. 그리고 성령께서 내주하시며 돕고 세우길 원하시는 사람의 모습이 어떠한지 알아야 성령님과의 교제 속에서 그 모습으로 변화될 수 있다. 그 모습은 곧 주를 경외함으로 행하는 피차 복종이고 서로 사랑함이며, 타락을 극복하고 그리스도와 교회의 모습을 담아내는 부부로 사는 것이다. 건강한 부부의 사랑이 세워질 때, 비로소 부모와 자녀의 관계도 창조 질서 안에서 바로 세워질 수 있다.

자녀는 부모를 공경하고, 부모는 자녀를 노엽게 하지 않으며 주의 훈계와 교양으로 가르쳐야 한다. 하나님의 대리자가 되어 공급하고 보호하며 안내하고 교훈해야 한다. 자녀의 상황을 고려하여 인정해 주고 칭찬해야 한다. 시간을 함께 보내며 추억을 만늘고, 대화하며 사랑을 확인시켜 주어야 한다. 수많은 봉사와 섬김을 통해 돌보고, 적절한 스킨십을 통해 친밀함을 표현해주어야 한다. 형제들끼리는 서로의 부족을 채워주며 사랑하도록 교육해야 한다. 이처럼 자녀의 지성과 감성, 의지와 신체, 그리고 영성 모두 고르게 자라도록 도와 주님의 참 제자가 되도록 양육해야 한다.

이렇게 주를 경외함으로 피차 복종하는 모습을 보이고 서로 사랑하는 가정으로 회복되기 위해서는 은혜가 넘쳐야 한다. 구약에서는 절기를 지키며 은혜를 기억했고, 교육을 통해 공동체성을 유지하였다. 신약의 교회는 날마다 모여서 사도적 가르침을 즐겨 받았다. 그리고 말씀을 이루기 위해 교제하고 기도할 때 성령의 내주와 충만을 경험하며 새로운 사람으로 회복되어 살게 되었다. 각 가정은 교회와 유기적 관계로 연결되어 은혜를 유지할 때 회복된 가정으로 살게 된다.

6) 교회 공동체로의 회복

구속의 은혜로 세워진 교회는 주님의 죽음과 연합하여 세상에 대하여 죽고, 날마다 자기를 부인하며 오직 그리스도를 중심으로 섬기고, 하나님의 사명을 받들기 위하여 함께 부르심을 받은 자로 살아야 한다. 그래서 서로 비교하지 않고 사랑으로 보충하기 위해 연보를 한다. 서로 힘을 공급함으로 성장과 성숙을 돕는다.

교회는 이런 사랑을 통해 죄로 잃어버린 태초의 공동체의 모습을 회복하여, 새 하늘과 새 땅의 완성된 천국을 미리 경험할 수 있는 곳이다. 또한, 오직 주를 경외하며 닮기 위해 노력하는 신실한 자들의 섬김으로 서로의 부족을 채우고 사랑을 훈련하며 실천하는 곳이다.

신약의 교회는 에덴의 가정 공동체의 회복과 완성이다. 성전의 완성이며 주님의 몸이며 하나님의 집이며 진리의 기둥과 터이다. 그러므로 교회는 구약 성도들이 그렇게 소망했던 메시아 왕국을 담아내는 곳이며, 주님의 재림으로 완성될 하나님의 통치를 맛보는 공동체이다. 그런 의미에서 교회는 이스라엘의 완성인 참된 이스라엘이며 하나님의 구속적 통치를 맛보는 곳이다.

7) 직장의 회복

세상에서는 먹고 살기 위해, 더 많이 소유하기 위해, 권력과 명예를 얻기 위해 일한다. 이것이 사탄이 노리는 덫이다. 그러나 구속받은 백성에게 있어서 노동하는 것은 먹고 살기 위한 것이 아니라, 하나님의 대리자로서 생산과 분배를 통해 필요를 채우기 위한 섬김이어야 한다. 노동의 현장에서도 구속의 원리를 적용하여 이 세상을 정복하고 다스리기 위한 선한 영향력을 끼쳐야 한다. 모두가 신분적으로 평등하며, 회사 내의 직급은 일을 위해 고안된 질서임을 알고 인격적으로 대해야 한다. 질서는 군림하기 위해 형성된 구조가 아니라 일을 효율적으로 진행하기 위한 것이다. 그 질서 속에서 지속적으로 성장하고 성숙하도록 서로 도우며, 유익을 주기 위해 노력해야 한다. 또한, 각 개인은 회사 공동체에 기여함으로써 서로에게 도움이 되는 직장을 만들어 가야 할 사명이 있다.

이처럼 직장 공동체에서도 주님의 형상을 닮은 자로서 선한 일을 하기 위하여 그리스도의 장성한 분량이 충만한 데까지 이르러야 한다. 그러기 위해서는 교회 안에서 진정한 공동체를 경험하고, 그 경험을 바탕으로 직장에서도 성경적 공동체의 원리를 실현해야 한다. 교회와 연결하여 성경적 공동체에 대한 배움 없이는 어떤 공동체의 회복도 불가능하다.

8) 이웃과의 관계 회복

구속받은 우리는 이 세상 속에 살지만 이 세상을 닮지 않고, 이 세대 속에 살지만 이 세대를 본받지 않으며, 사람들 속에 살지만 그들이 만들어 놓은 사상에 근거하지 않는 삶을 살아야 한다. 오직 그리스도의 주권을 인정하며 그분의 말씀을 따라 살아야 한다.

그러나 단지 세상과 구별되는 것에서 그치는 것이 아니라, 동시에 그리스도께 받은 은혜와 사랑을 흘려보내야 한다. 땅끝까지 그리스도의 증인이 되며, 관계 속에서는 덕을 세우는 말을 하고, 자기의 이익을 구하기보다 함께 살아가는 공생과 상생을 추구해야 한다. 이것이 곧 복음으로 회복된 자의 삶이다.

삶의 모든 영역에서 구속의 은혜를 따라 회복을 이루기 위해서는 기독교 세계관을 바탕으로 개념을 정의하고 이론을 세우며, 그 이론을 근거로 선한 관계를 형성해 가야 한다. 세상에는 사탄의 속임수에 빠져 거짓을 진리로 착각하는 지식인들이 많고, 우리는 그런 사람들 사이에서 살아가고 있다. 그러므로 그들의 사상을 바르게 분별하지 못하면 오히려 이웃을 통해 타락의 길로 끌려가게 된다. 바울도 세상의 헛된 철학과 속임수에 빠지지 말 것을 권면했다.

따라서 사회의 이념이나 사상이 그리스도인의 행동기준이 될 수 없음을 명심해야 한다. 주님과 연합된 자로서 생각하고 말하고 행동하며, 나아가 지경을 넓혀 선한 영향력을 끼쳐야 한다. 이것이 곧 구원받은 자가 이 땅에서 감당해야 할 이웃과의 관계 회복의 사명이다.

3. 완성

주님의 재림으로 세상의 질서는 완성된다. 재림의 때에 남길 것은 남기고 버릴 것은 버리며, 상줄 것은 상주고 벌할 것은 벌하는 심판이 있을 것이다. 완성은 하나님의 예정과 창조 명령의 완성을 뜻하며, 이는 구속 역사의 절정이다. 그러므로 구속은 극치에 이르고 모든 것이 하나님께서 예정하신 대로 이루어질 것이다. 이것은 그리스도의 심판을 통해 완성되기 때문에 그리스도의 재림은 당연하고 필수적인 과정이다.

1) 그리스도의 재림과 승리

이사야 65-66장과 요한계시록 21-22장에 나타나는 새 하늘과 새 땅이 되기 위해서는 그리스도의 재림이 있어야 한다. 재림의 때가 오면 마귀와 그 졸개가 사람들을 미혹하는 일이 끝난다. 바벨론의 음녀(계17-18장)와 세상 나라, 거짓 영들이 심판을 받게 되고 그리스도를 따르지 않던 자들도 마찬가지로 심판의 대상이 된다. 의로운 흰 보좌 잎에서 공의의 심판이 이루어질 것이다. 남을 것들과 멸망 받을 것들이 분리된다. 지금 이 땅에서 행하던 것을 죄의 유혹이나 타락에 물들지 않은 모습으로 회복하여 계속 살게 되는 것이 완성인데, 그 완성은 그리스도의 재림을 통한 승리의 단계에서 경험될 것이다. 지금 그리스도 안에 있는 참된 교회에서 맛보아지는 것들이 더욱 극치에 이르러 성숙해지고 구체화 되는 것을 보게 될 것이다.

2) 그리스도의 승리는 믿음을 지킨 그리스도인의 승리

최후의 세계에는 바벨탑 이후에 드러난 세상 나라가 더는 존재하지 않게 된다. 하나님을 경외하는 사람들을 조롱하고 핍박했던 그들은 심판의 대상이 되어 거짓으로 판명받고 영원한 멸망에 이르게 될 것이다. 음녀 바벨론의 사상과 바다에서 올라온 짐승, 즉 세상의 정치와 경제를 바탕으로 세워진 인간 나라와 사탄의 거짓으로 만들어진 세상 나라는 결국 패하게 된다. 그들의 치부와 사치, 그리고 우상 숭배는 의로운 흰 보좌 앞에서 공의로운 심판을 받게 된다. 그 하나님의 심판은 천사와 성도들에게 공의로운 심판이라고 찬양을 받게 될 것이다. 믿음으로 주님의 죽음과 부활에 참여한 성도들에게는 영생뿐만 아니라 행한 대로 갚아 주시는 상이 있을 것이다. 그 후 주와 함께 영원히 다스리게 된다. 성도는 지금 하는 것을, 그리고 하고 싶은 것을 죄가 없는 상태에서 영원토록 하게 되는 상을 받을 것이다.

3) 그리스도의 심판

심판의 때에 그리스도를 믿는 자와 믿지 않는 자가 나뉜다. 그리스도를 믿는다는 것이 무엇인지는 이미 앞에서 함께 생각해 봤다. 심판을 통해 주어지는 상급이 다르고 벌이 다를 것이다. 아브라함이 말했듯이 하나님의 심판은 공의로워야 한다(창 18:25). 그 심판이 이루어지는 것을 보며 천사와 백성이 함께 하나님의 심판이 공의로우시다고 찬양할 것이다. 믿지 않는 사람들뿐만 아니라 죄와 사망, 저주, 무질서, 왜곡, 부패, 거짓들이 사라진다. 베드로후서 3장에 언급된 하늘이 떠나간다는 말은 바로 종교와 우상들이 떠나간다는 말이다(벧후3:10-12). 하늘이 불타고 체질이 녹을 것이라는 말은 잘못된 사상이나 철학 그리고 법이 사라지게 될 것이라는 말이다. 지금 우리가 세상의 거짓을 배제하고 철저히 기독교 세계관적으로 사유하며 살아야 하는 이유가 바로 하나님 나라의 연속성 때문이다. 이미 시작된 나라가 어떤 결론을 맞이하게 될지 성경을 통해 알기에 그 나라의 완성을 소망하며, 지금 교회가 그런 모습이 되도록 힘쓰는 것이 신앙생활이다.

4) 새 하늘과 새 땅

새 하늘과 새 땅은 새 원리와 새 원칙이 적용되는 나라이다. 하지만 그리스도인들에게 그 원리와 원칙은 교회에서 이미 맛본 것이다. 히브리서 12장을 보면 새 성전과 새 예루살렘은 교회를 의미한다(히12:22-23). 이것은 구약적 용어를 채택하여 신약의 교회, 즉 그리스도를 통해 이루어진 구약의 완성으로서의 교회를 설명하는 것이다. 이처럼 이미 우리가 이른 이곳이 예루살렘이며 장자의 총회이고 시온성이며 성전이다.

최종 완성의 때가 되면 구원이 극치에 이른다. 이때 지구와 하늘이 없어지는 것이 아니다. 죄로 오염되어 파괴되었던 것들이 회복되고 정화되는 갱신을 보게 될 것이다. 새 하늘과 새 땅은 이 지구를 대체하는 그 어떤 새로운 지구와 새로운 하늘을 의미하는 것이 아니다. 베드로 사도가 설교에서 말한 것처럼 만물이 회복되고 완성될 때까지 주님은 하늘에 거하신다(행3:21). 우리는 이 땅에서 새 하늘과 새 땅을 소망하며 기다려야 한다. 주님의 재림으로 새 하늘과 새 땅의 약속은 완성되고 구원은 극치에 이른다. 그리스도의 구속과 승리로 에덴이 회복될 것이며, 창조 명령이 완성된 새 하늘과 새 땅에 거할 것이다(마19:28).

지금 우리는 교회를 통해 창조 때의 원리, 그리고 완성될 새 하늘과 새 땅의 모습을 경험하며 살고 있다. 주님의 주권을 인정하고 말씀을 바르게 깨달아 그 뜻을 품고 성령의 충만함으로 살아갈 때, 우리는 하나님의 나라를 맛보며 살게 된다.

5) 사라질 세상 나라의 원리

세상 모든 나라의 기본 통치원칙은 정의이다. 하지만 정의의 해석과 의미가 같지 않다는 것이 문제이다. 효율이 높고 더 많은 사람이 참여한다고 반드시 옳은 것은 아니다. 공의는 보편적으로 옳아야 한다. 즉 공의는 누구에게나 적용되는 의이어야 하기에, 보편적으로 적용했을 때 오류나 편견이 없어야 한다. 하지만 세상의 모든 이론이 하나님의 주권을 인정하는 것은 아니기에, 부분적으로 옳을 수는 있어도 반드시 오류를 내재하고 있다. 바울은 그런 것에 대해 세상의 헛된 철학의 속임수 또는 하나님을 대적하여 높아진 이론이라고 말했다(골2:8). 결국, 그리스도 앞에서 죄에 물든 모든 사상은 사라져야 할 것들에 불과하지만, 세상에서는 자기의 사상만을 옳다 여기며 다른 사상을 주장하는 자를 해치는 일이 일어나기도 한다. 이념 논쟁은 다원주의 사회가 된 지금도 여전히 계속되고 있다.

그리스에서 소크라테스가 사형을 당한 이유도 정의에 대한 이해의 차이 때문이다. 평등한 자유를 선호하느냐 아니면 기회의 자유와 노력을 통한 불평등을 인정하느냐 하는 것이 그 시대에 중요한 문제였다. 원로들은 누구나 평등한 세상을 원했던 반면 소크라테스는 철인의 교육을 통한 차등을 원했다. 교육받은 자들에게 역할을 주고 수행하도록 하는 차등을 주장하며, 이를 통해 외부 위협을 방어할 수 있는 안진한 국가를 만들고자 했다. 아마도 도시국가로 살던 당시의 아테네 시민들은 전쟁이 없는 안전한 나라 그리고 혹시 전쟁이 발발한다 해도 군인이 나가서 이기는 강한 나라를 원했을 것이다. 이런 이유로 소크라테스의 주장에 젊은이들이 매료되었다. 플라톤의 국가론에 따르면 소크라테스는 철인이 나타나 이데아 세계의 비밀을 가르치고, 그 교육을 받은 사람들 중 보통 사람들은 생산자가 되지만 그보다 더 발전한 사람들은 군인과 관료가 되어야 한다고 주장했다. 그리고 그보다도 더 발전한 사람들은 정치가가 되어야 한다고 생각했다. 그런 정치가들이 나이 50이 되면 정치를 미치고 교시가 되어 칠인으로서 젊은이들을 훈련하게 되는 것이다. 소크라테스는 이런 제도의 필요성을 주장했다. 소크라테스의 이론에 따르면 기회는 평등하게 주어지지만, 능력의 차이가 계급을 형성한다. 그런 소크라테스의 국가론은 오히려 스파르타의 교육과 유사한 면이 있어, 아테네의 민주주의와는 일치하지 않았다. 결국, 사회질서를 무너뜨리는 사상으로 간주 되었고 이단 사상이 되었다. 소크라테스가 생각하는 정의와 아테네 원로들이 생각하는 정의가 서로 달라서 소크라테스는 죽임을 당한 것이다.

우리 조상들에게도 정의는 중요한 문제였다. 그들은 유교만이 올바른 사상이라고 생각했다. 조선 땅에서 유교 이외의 사상을 전하지 못하게 했을 때 사회는 경직되었고 그러다 보니 기득권이 생기게 되었다. 유교가 전하고자 했던 원래의 뜻을 잃게 된 것이다. 세월이 흐르자 사대부들의 뜻이 정의가 되었고, 결국에는 기득권을 차지한 권력자들의 뜻대로 되는 것이 정의가 되었다. 그러나 그런 나름의 정의에 대한 이론은 진리에 근거하여 정의를 구현하기 위한 것이 아니라 자기들의 체제를 강화하기 위한 하나의 이론에 불과했으며, 결국 조선을 멸망에 이르게 만들었다.

바리새인들이 예수님을 죽인 이유도 자기들의 생각과 맞지 않는다는 것이었다. 구약에서 예언된 것을 이루어 가시는 예수님을 보면서도 그들은 자신들의 자리를 지키기 위해서 그리스도를 배척했다. 하지만 진리이신 그리스도는 영원하시며 그리스도를 인정하지 않는 어떤 이론도 멸망을 피할 수 없다.

세상의 사상이 나름의 발전을 이룬다고 해도, 진리가 아닌 것은 잠시 세상의 주목을 받을 뿐 스스로 모순에 빠져 사라지고, 오직 진리만이 더욱 드러나게 될 것이다. 하나님께서는 하나님을 떠난 모든 이론이 하나님을 대적하는 것이며 파괴되어야 할 견고한 진이자 피해야 할 헛된 속임수라고 말씀하셨다. (고후10:5, 골2:8, 롬12:2) 이처럼 세상에선 수많은 사상으로 정의를 논하지만 그 사상은 악이 뒤섞인 이론일 뿐이다. 이런 사상과 이론들은 결국 심판의 때에 사라지게 될 것이다.

그렇다면 왜 하나님은 이런 사상과 이단이 나타나는 것을 막지 않으시는지 의문이 들 수 있다. 이는 하나님을 진정으로 사랑하지 않는 자들이 교회에 있지 않도록 갈라내기 위함이다 (살후2:10-12, 신명기 13:3). 또 하나는 참된 신자들이 하나님의 말씀을 더욱 깊이 이해하도록 하기 위함이다. 그러기 위해서는 신자들이 세상의 철학이나 학문 또한 연구해야 한다. 그것은 그 속에 정답이 있기 때문이 아니다. 세상 사람들의 생각을 기독교의 진리와 비교하며 더욱 성장하고 성숙하기 위한 것이다. 더 나아가 이러한 과정을 통해 세상의 불신자들을 향하여 변증적 그리스도인으로서 살아갈 수 있다.

6) 완성된 나라

완성된 나라의 특징은 완전한 정의가 이루어진다는 것이다. 정의를 이루려면 먼저 죄를 다루어야 하고 그 죄를 완전히 극복한 상태가 되어야 한다. 타락으로부터 시작된 그 죄의 본질은 자신들이 하나님처럼 되고 주인이 되어, 제한 없는 자유를 꿈꾸고 모든 권력을 행사하며 모든 부를 집중해 자기 영광을 구하는 것이다. 죄는 하나님의 뜻에 대한 거부에서부터 시작된다. 완성된 하나님 나라는 하나님이 주인이신 것을 삶의 모든 영역에서 인정하는 것이다. 그러므로 하나님 나라에서는 권력도 부도 영광도 모두 하나님의 뜻을 위하여 그리고 다른 사람을 사랑하기 위하여 주어지는 것이다. 현세의 시선으로는 그저 예언가들의 이야기 같고 이상향으로밖에 여겨지지 않는 하나님 나라가 마침내 주님의 재림을 통해 완성될 것이다. 그 하나님 나라에서는 새 하늘과 새 땅이 이루어져, 하나님을 아는 지식과 주의 영광이 물이 바다 덮음같이 실현될 것이다. 또한, 하나님 나라의 생산과 분배, 정치와 경제, 문화는 서로 사랑하며 행복하도록 돕기 위한 것이다. 부족함이 없다는 것을 알기에 먼저 소유하려고 하지 않을 것이다.

이러한 영원한 나라를 미리 맛보도록 하신 것이 구약의 이스라엘이며 지금의 교회이다. 하나님의 통치를 믿는 사람들은 저주가 아닌 순종을 통한 복을 경험하게 된다. 하나님의 공급하심의 충분성은 이스라엘과 교회가 세상에서 다르게 살 수 있도록 하는 힘이다. 그래서 하나님의 백성으로 이 세상에서 사는 동안 하나님께서는 우리에게 세상 사람들과는 다른 모습을 요구하신다. 여호수아서에서 아간은 광야 생활을 통해 충분하신 하나님을 경험했음에도 개인적 욕심에 굴복하여 망했다. 하나님께서는 광야에서 모든 필요를 공급하시며 충분한 하나님이심을 보여주셨다. 그런 하나님께서 싸워 이기게 해주신 여리고 성은 이스라엘 백성에게 성취의 첫 열매이다. 따라서 그 정복 전쟁을 통해 얻은 모든 탈취물은 공평하게 분배되어야 했다. 아간은 은금 덩이와 시날산의 외투를 사취할 이유가 없었다. 하나님이 충분하시며 공평하게 배분하실 분이기 때문이다. 하지만 그는 다른 사람보다 더 많이 소유하고자 하는 욕심으로 하나님의 통치를 더럽혔고 죽임을 당했다.

신약에서도 하나님의 주권에 대한 인정보다 개인적 욕심을 앞세웠을 때 어떠한 결말을 맞게 되는지 볼 수 있다. 아나니아와 삽비라 부부는 바나바가 밭을 팔아 헌신한 후 명예를 얻게 되는 모습을 보고, 자신들도 밭을 팔아 헌금했다. 그러나 밭값의 일부를 숨기고 나머지만 드렸다가 죽임을 당했다. 표면적으로 드러난 내용만 보면 자신들의 재산을 팔아 헌금한 것은 헌신인데, 왜 죽음에 이르렀는지 의문을 가질 수 있다. 그러나 하나님 나라의 본질을 생각하면 그 죽음은 이상한 것이 아니다. 교회의 주인은 그리스도의 영이다. 하나님의 영광이 드러나야 할 곳에서 그 성령을 속여 개인적 명예를 얻으려고 하면 안 된다. 하나님의 영광과 뜻, 백성의 복지를 위해 헌신하는 것이 옳다. 이것이 옳은 이유는 도덕적 차원에서의 마땅한 명령이라서가 아니다. 하나님이 충분하신 분이며, 이스라엘과 교회는 세상과는 다른 하나님의 통치가 드러나는 곳이기 때문이다.

마찬가지로 현대를 살아가는 성도들이 이 땅에서 교회로 살며 죄에 물들지 않는 삶을 살아야 하는 것은 여전히 하나님의 충분하심을 경험하기 때문이다. 구약의 출애굽한 백성들 같이 하나님의 은혜와 충분하심을 알고, 초대 교회의 성도들 같이 그리스도가 희년을 선포하신 주님이심을 알고, 하나님의 나라 즉, 의를 구해야 한다. 그리고 성령의 임재 속에 교회가 왜 하나님의 가족인지를 알 필요가 있다. 알아야만 이 세상에서 주어진 사명을 온전히 감당하며 살아갈 수 있다.

또한, 교회는 구속 역사에 동참하여 창조의 원리와 완성된 나라의 원리를 이 세상에 드러내야 한다. 이것이 교회가 이 세상에 존재하는 이유이며 신자들이 이 세상에서 살아야 하는 이유이다. 미래를 염려하느라 오늘 사랑을 잊어서는 안 된다. 주님은 우리에게 먼저 그의 나라 즉 의를 구하라 하셨고, 우리에게 필요한 것은 우리가 간구하기도 전에 알고 있다 하셨다. 그리스도의 공급하심이 충분하며 그것이 무엇을 의미하는지 깊이 알면 사랑의 나라, 사랑의 통치로 살아갈 수 있다.

7) 완성된 나라는 사랑의 나라

서로 사랑하라고 명령하신 주님의 그 사랑이 극치에 이르러 영원한 가치로 드러나는 때가 완성이다. 하나님의 영원하신 사랑과 주님의 은혜, 그리고 성령의 교통하심이 늘 경험되는 삶을 누리게 될 것이다. 서로의 필요를 채움으로 모두가 부족함 없이 하나님의 영광을 노래하는 사랑의 나라를 경험하게 될 것이다.

4. 영원

지금 존재하는 것에서 없어져야 할 것들이 없어지고, 남을 것들이 영원히 남는 세상이 온다. 그때가 되면 태어남이나 양육이나 병드는 것이나 죽는 것이 없다. 구원은 타락으로 인해 궁극적으로 잃어버린 영원을 회복하는 것이다. 우리는 영원하신 하나님의 은혜를 지속적으로 누리며 창조 명령이 완성된 삶을 살게 된다.

성경은 영원한 나라를 자세히 설명하지 않는다. 지금의 삶을 통해서 영원한 나라를 미리 경험하고 있기 때문이다. 우리는 죄가 없는 영원한 나라에서 지금 하는 것을 지속할 것이다. 영원히 남도록 구별된 것들을 주 뜻에 맞게 더욱 발전시키는 일을 하게 될 것이다. 새 하늘과 새 땅에서 주와 함께 영원히 다스릴 것이다. 영원하신 하나님의 통치가 완성되고, 성도가 하나님의 영원에 참여하며 창조의 목적을 실현할 것이다.

-관점으로서의 기독교 세계관

성경은 하나님의 자기 계시의 기록이다. 성경에 드러난 경륜을 통해 하나님을 더 깊이 알 수 있으며, 기독교 세계관 즉 창조-타락-구속-회복-완성의 가치를 삶에 적용하여 더욱 주의 자녀 된 삶을 살 수 있다. 이처럼 기독교 세계관을 구체화하고 삶에 적용하기 위해서는 먼저 기독교 세계관에 익숙해져야 한다.

하나님의 자존과 예정, 창조는 만물의 기원과 본질을 이해하는데 있어서 결정적인 역할을 한다. 하지만 세상은 이 창조라는 진리를 잃어버렸다. 그러니 기원도 모르고 인간의 숭고한 가치를 잃어버려, 서로 죽이고 괴롭히며 이기기 위한 전쟁이 끊이질 않는다. 하나님의 자존과 예정, 창조라는 진리를 회복하면 더 많은 통찰의 기회가 온다는 것을 알아야 한다. 기독교를 믿는 것은 편협해지는 것이 아니라 모든 것들을 정확히 보고 통합적으로 사고하는 기회를 얻는 것이다.

인간의 타락을 이해하는 것은 세상의 다양한 문제들이 죄에서 비롯되었음을, 더 나아가 그 악을 억제하고 선을 권하기 위해 법과 규율이 필요함을 알게 한다. 즉, 인간이 타락했다는 것은 어떤 개인도 악을 경계하지 않으면 사탄과 같이 될 수 있다는 것을 의미하며, 그렇기에 죄인인 우리에게 얼마나 많은 은혜와 구원이 필요한지 깨닫게 된다.

인간의 타락에 대한 그리스도의 구속과 회복을 알지 못하면 하나님의 창조와 그 설계의 아름다움을 다시 회복할 기회를 놓치게 된다. 그렇기에 우리는 구속이라는 복을 받은 자의 삶을 이해하고 삶 속에서 주를 경외하며 순종을 통해 주의 뜻을 드러내야 한다.

완성과 영원을 인정한다면 하나님의 뜻은 반드시 이루어지고 그리스도의 재림을 통해 세상이 혁신될 것임을 알게 된다. 그리고 그 완성이 영원히 지속될 것을 알게 된다.

이러한 관점은 우리 삶의 방향이 어떠해야 하는지를 생각하게 한다. 그러므로 기독교는 죽은 후에 더 좋은 세상으로 가기

위한 종교가 아니라 살아야 할 인생을 마땅히 살도록 구원하
는 진리이며, 죽은 후에 누릴 안식과 영원한 나라에 대한 소망
을 갖게 한다. 기독교적 관점으로 세상을 보는 것은 너무나도
신선하고 고귀한 일이다.

묵상과 토론을 위한 질문

1. 인간의 타락이 하나님의 창조 목적과 어떻게 충돌했으며, 하나님은 왜 구속을 통해 자신의 전능하심과 사랑을 드러내셨을까요?

 2. 십자가가 하나님의 공의와 사랑을 동시에 만족시켰다는 사실은 오늘 우리의 죄, 고난, 그리고 신앙생활에 어떤 의미를 줍니까?

3. 예수님이 대속 제물이자 대제사장이며 새 언약의 중보자이심을 믿는다면, 우리의 예배와 기도, 신앙의 태도는 어떻게 달라져야 할까요?

4. 그리스도 외에는 구원이 없다는 진리를 믿는 신앙은 다원주의 사회 속에서 어떤 태도와 삶으로 드러나야 할까요?

5. 천국을 죽어서 가는 곳으로만 이해하는 신앙과 이미 임한 하나님 나라를 살아가는 신앙은 어떤 차이를 만들며, 나는 어떤 신앙 안에 서 있습니까?

6. 구원이 창조질서의 회복이라면, 내 삶의 가정·교회·직장 가운
   데 가장 회복이 필요한 영역은 무엇이며, 그것을 위해 나는
   무엇을 해야 할까요?

7. 교회 공동체가 초대교회처럼 서로 사랑하고 유무상통하는 삶
   을 회복하려면, 우리 공동체 안에서 구체적으로 무엇이 바뀌
   어야 한다고 생각하십니까?

8. 노동이 단순히 생계를 위한 수단이 아니라 하나님의 대리자로
   서 섬김의 행위라면, 나는 내 직장에서 어떤 태도와 목적을
   가지고 일하고 있습니까?

9. 완성될 하나님 나라의 정의와 공의는 오늘날 사회적 불의 앞
   에서 우리에게 어떤 행동과 결단을 요구합니까?

10. 창조-타락-구속-회복-완성의 세계관으로 세상 문제를 바라
    볼 때, 복음은 오늘의 시대에 어떤 회복의 길을 제시하며,
    교회와 나는 어떤 역할을 감당해야 할까요?

III부. 기독교 세계관과 학문

기독교 세계관의
렌즈로
세상과 학문을
보는 것은
진정한 공부의
참된 시작이다.

세상은 예수 그리스도를 알지 못하기 때문에
창조의 아름다움도,
타락의 악함과 비참함도 알지 못한다.

또한, 오늘의 삶이
영원과 연결되어 있다는 사실도 모르고,
오직 눈에 보이는 현상에만 집착한다.

기독교 세계관은
참된 통찰을 위한 기초이다.

7장. 성경신학과 기독교 세계관

1. 성경신학이란?
2. 성경신학적 해석의 유익
3. 성경신학과 기독교 세계관의 상호 관계
4. 성경신학으로 성경의 흐름 살펴보기

앞에서 기독교 세계관에 대하여 살펴보았다. 기독교 세계관에 대한 이해가 더더욱 풍성해지기 위해서는 성경을 원래 성경의 의도대로 이해하는 것이 너무나도 중요하다. 성경을 해석하는 방법이나 주석하는 방법을 디 이해했다고 하더라노 거기서 더 나아가 성경 계시가 갖는 고유한 특성을 이해하고 연구해야 한다. 성경 계시가 갖는 고유한 특성을 고려한 성경 신학적 성경해석은 기독교 세계관을 더욱 풍성하고 확실하게 한다.

1. 성경신학이란?

성경 신학은 성경 계시가 갖는 고유한 특성을 이해하고 성경을 연구하여 그 의미를 밝히는 신학이다. 성경 신학은 성경이 성령의 유기적 영감과 축자적 영감으로 기록된 책이라는 것과 공동체에서 이미 사실로 확인된, 신앙과 삶의 유일한 기준이 되는 문서라는 것을 인정한다. 구약과 신약을 하나의 책으로 보며 이러한 인정을 기본으로, 그 시대의 역사적, 지리적, 사회·문화적 배경을 연구하는 학문이다.

성경 신학은 계시가 역사 속에 주어졌다는 것, 점진적으로 완성되어가는 것, 그리고 계시의 내용이 서로 유기적 관련이 있다는 것을 인정한다. 앞선 사건이나 약속이 뒤의 사건이나 약속과 어떤 관계에 있는지 설명한다. 이처럼 성경 신학은 성경을 구약과 신약으로 분리하지 않고 연속된 하나의 책으로 인식하며, 각각의 사건이나 약속을 상호 유기적으로 연관하여 설명한다. 따라서 성경 신학적 관점에서 구약은 그리스도를 향해 나아가며, 신약은 구약의 약속과 예언이 그리스도를 통해 성취됨을 드러내고 있다.

다시 말해, 성경 신학은 약속과 예언의 성취가 역사 안에서 점진적이고 유기적으로 연결되어 있음을 인정하며, 성경 그 자체가 무엇을 말하려고 하는지 연구하는 학문이다. 더 나아가 성경에 드러난 계시의 특성을 그대로 살려 주제별로 그 계시의 내용을 정리한 학문이 바로 성경 신학이다.

성경 신학을 통해 성경 계시의 특징, 즉 역사적 사실성과 상호 유기적 연결성, 그리고 점진적 성취를 이해하는 것은 성경을 바르게 알기 위한 시작점이다.

2. 성경신학적 해석의 유익

성경 신학적 관점으로 성경을 보면 구약은 신약을 향하여 나아가고 신약은 구약에서부터 달려온 역사를 돌아보며 하나님의 열심과 신실하심을 드러낸다. 성경 신학적 방법으로 성경의 흐름을 살피고, 그 맥락에서 중심 주제를 파악하여, 그 주제들을 통해 성경을 정리하면, 하나님의 경륜을 알게 된다. 성경 신학이 말하는 성경의 중심 주제 중 하나가 언약인데, 그 언약을 이루기 위한 하나님의 경륜에 대한 이해는 그 경륜을 이루기 위한 하나님의 열심에 대한 이해로 이어진다. 또한, 언약을 이루기 위한 하나님의 경륜에 대한 이해는 결국 그리스도를 통해 이루어진 하나님 나라를 이해하도록 이끈다. 그리고 하나님 나라에 대한 이해는 하나님의 열심과 신실함을 통해 언약이 어떻게 성취되었는지 알게 한다. 이처럼 성경 신학은 개별적 인간의 이성적 논리로 성경을 이해하는 것에서 벗어나,

성경이 갖는 논리 그 자체에 집중하도록 돕는다.

이러한 이유로 성경 신학적 해석과 설교는 기독교 세계관을 자연스럽고 혼란 없이 이해하게 한다. 구약을 1차 독자의 관점에서 이해하고, 그것을 그리스도 안에서 성취된 것을 통해 재해석하는 과정을 거쳐 그 의미를 발견할 수 있다. 시대를 넘는 보편적 진리를 찾아 요즘의 상황에 적용할 수 있게 되는 것이다. 신학을 공부할 때 중요하게 다루어야 하는 과목이 성경 해석학인데, 그 해석학의 도움으로 성경 신학이라는 큰 그림을 그릴 줄 알아야 한다. 이처럼 성경 신학적 해석은 바른 신학을 형성하는 데 매우 중요한 역할을 한다. 특히나 목회자는 성경 신학을 제대로 공부하여 성경을 이해하고 신자들에게 가르칠 필요가 있다.

앞서 3장에서 함께 살펴본 성경의 중심 주제들-하나님의 말씀과 계시, 언약, 하나님 나라, 그리스도, 하나님의 경륜, 그리고 구속사는 성경 신학의 핵심 주제이다. 이 주제들이 언약을 중심으로 펼쳐진다는 것을 이해하면, 그 언약이 성경의 구조를 이해하게 하고 흐름을 알게 하는 기둥과 같다는 것을 발견하게 된다. 꾸준한 성경 신학적 성경해석과 설교는 설교자뿐만 아니라 성도들 모두 문자주의적 해석의 위험이나 이성주의적 자유주의, 그리고 과학주의나 신비주의로부터 벗어나 성경의 큰 그림 속에서 구체적으로 진리를 보게 한다.

3. 성경신학과 기독교 세계관의 상호 관계

성경 신학적 방법으로 성경을 이해하지 않는다면 많은 부분에서 성경을 오해할 수밖에 없다. 중세에서 근대에 이르기까지 교회 속에 수없이 많은 성경해석의 문제가 있었다. 그 결과 잘못된 신학으로 인해 교회와 세상이 고통받았다. 물론 현대의 교회도 성경해석을 제대로 하지 못하고 신학적으로 바르게 정리하지 못하여 많은 문제를 가지고 있다. 그러므로 성경신학적 해석 방법을 훈련하여 성경연구에 적용하고, 신학을 정립할 때 기독교 세계관으로 모든 개념과 주제를 통찰해야 한다.

모세가 기록한 모세 오경은 그 기록에 모순이 있었으면 성경이 될 수 없었을 것이다. 하지만 공동체가 사실로 확인하고 인정한 문서이기 때문에, 모세 오경은 모든 역사서와 시가서, 예언서의 기준이 된다.

더 나아가 신약은 구약과 모순될 수 없다. 복음서는 구약의 예언들에 근거하여 그리스도를 설명한다. 사도행전은 그 복음서가 설명하는 그리스도의 사역과 하나님 나라, 그리고 새 언약의 성취로 오신 성령강림의 결과로 세워진 교회와 사도들의 행적을 기록하고 있다. 특히, 사도행전은 복음 전파로 세워진 교회들을 보여주는데, 바울의 서신서나 다른 사도들의 서신은 이렇게 세워진 교회가 가져야 할 믿음과 삶을 권면하고 문제 해결을 돕기 위해 기록되었다. 곧 서신서는 믿음의 내용인 건전한 신학을 돕기 위한 목적으로 쓰여진 글이다. 요한계시록은 핍박과 환난으로 고통받던 시대의 교회들이 그리스도와 교회, 그리스도와 세상, 그리고 교회와 세상의 관계를 잘 이해하도록 돕기 위해 기록된 글이다. 또한, 요한계시록이 보여주는 그리스도가 이 세상의 주인이며 역사의 주인이라는 사실이 교회로 하여금 고통 중에도 숨 쉴 수 있게 하고 궁극적인 승리를 바라보게 한다. 이처럼 성경의 모든 책은 유기적으로 연관되어 있으며 이러한 특징은 성경의 동일성 그리고 하나님의 경륜의 흐름과 결과를 이해하게 한다.

정리하면, 성경 신학적으로 성경의 흐름을 살펴보는 것은 하나님의 경륜에 대해 이해하도록 하기에, 이 과정을 통해 기독교 세계관을 깊이 알 수 있다. 하나님께서 세상을 어떻게 바라보시고 어떻게 예정과 관련하여 섭리해 가시는지 알게 되면 기독교 세계관에 대한 확신이 깊어지고, 세상을 기독교 세계관으로 통찰하는 힘을 키울 수 있다. 즉 성경 신학을 통해 알게 된 하나님의 구속 경륜은 기독교 세계관을 확고히 하므로, 신학적 주제만이 아니라 세상이나 세상의 학문을 꿰뚫는 통찰을 가능하게 한다.

4. 성경신학적 관점으로 성경의 흐름 살펴보기

창세기는 기원의 책이다. 우주 만물, 인간과 공동체, 죄와 죽음, 심판, 민족 그리고 다양한 언어들의 기원을 알게 한다. 특히 창조기사는 세상을 향한 하나님의 의도를 알게 한다. 그런 창조기사를 통해서 지금의 세상을 보면 얼마나 주님의 의도에서 벗어나 타락했는지 이해하게 된다.

노아 홍수와 무지개 언약을 통해서는 타락에 대한 하나님의 뜻을 알 수 있다. 그 뜻은 타락이 하나님이 보시기에 진노할 수밖에 없는 모습임에도 불구하고 하나님께서 인내하고 계신다는 것이다.

하나님은 아브라함을 통해 하나님의 주권을 인정하고 복 주심으로 사는, 하나님이 원하시는 참된 인류 곧 그 백성들의 모습과 하나님 나라를 드러내셨다. 하나님께서는 바벨탑 사건으로 흩어진 자들과는 전혀 다른 모습을 원하셨기에 아브라함을 선택하여 그와 그 후손이 공도를 행하도록 하셨다. 바벨탑을 쌓은 자들의 목적은 전형적으로 타락한 인간들이 꿈꾸는 제국이었다. 하지만 하나님의 백성은 믿음, 곧 약속에 대한 하나님의 신실하심을 믿는 믿음으로 살도록 선택되었다.

이삭이 하나님의 주권에 합당하게 반응하도록 그의 인생을 통해 끝까지 이끌어 가시는 하나님의 모습을 보며, 우리는 하나님의 견인을 알게 된다.

야곱의 인생을 통해 어머니의 태중에 있을 때부터 이기려 하던 자가 어떻게 매 순간 하나님을 의뢰하고 경배하는 자가 되어 인생을 마감하는지 보며, 기르시고 세워 가시는 하나님을 알게 된다.

요셉의 인생을 통해서는 개인의 신앙을 넘어 공동체의 모습이 어떠해야 하는지, 지도자가 어떤 모습이어야 하는지를 알게 된다. 또한, 인생에서 겪는 고난이 연단의 과정임을 이해하게 된다.

출애굽기는 약속의 성취를 통해 하나님의 구원이 무엇인지 알게 한다. 하나님께서 약속을 이루기 위해 모세를 준비시키셨고 그를 통해 역사하셨다. 자기에게 근거를 두지 않고 오직 하나님만 의뢰하도록 길러내시며 사용하신다. 하나님은 이스라엘의 출애굽 과정을 통해, 바벨탑을 쌓고 흩어진 자들의 제국에 대한 열망을 미워하시며 국가 모델로서의 제사장 나라와 하나님의 소유된 특별한 관계로 살아가는 거룩한 백성을 원하심을 드러내셨나.

레위기를 통해서는 죄인 된 인간이 거룩하신 하나님 앞에서 멸망치 않고 살 수 있게 되는 방법인 제사와, 성막에 계신 하나님의 자기 백성을 향한 뜻을 알려주셨다. 또한, 은혜를 기억하게 하는 절기와 출애굽의 은혜가 적용된 사회제도를 통해 하나님께서 원하시는 나라의 성격을 드러내셨다.

민수기에서는 하나님의 군대가 된 이스라엘 백성 중 애굽의 요소를 극복하지 못한 자들, 곧 믿음이 없는 자들이 세대교체 된다. 이러한 과정에도 불구하고, 광야에서 40년 동안 이스라엘을 포기하지 않고 이끌어가시는 모습을 통해 하나님의 인내와 열심을 알게 하셨다.

신명기를 통해서는 약속의 땅에 들어가 어떻게 살아야 하는지를 구체적으로 알게 하시며, 교체된 세대에게 여전히 언약 백성임을 확인시켜 주셨다.

여호수아서를 통해 약속을 신실하게 성취하시는 분이심을 확인시켜 주셨고, 그 약속의 땅인 가나안에서 제사장 나라로 살게 하심을 보여주셨다.

사사기를 통해 이스라엘이 하나님의 은혜를 잊고 자기 소견에 옳은 대로 행함에도 불구하고, 하나님의 구원역사가 하나님의 신실함으로 지속되고 있음을 보여주셨다. 자기 소견에 옳은 대로 사는 것은 하나님의 은혜와 말씀을 저버리면 나타나는,

인간에게 내재된 타락의 속성이다.

룻기는 사사시대에 유다지파를 통해 왕을 준비하시는 하나님의 열심을 보여주며, 장차 신약에서 속량하실 구원자의 모습을 암시한다.

사무엘상하는 이스라엘이 왕국으로 세워지는 모습을 보여준다. 하나님은 이스라엘 백성들이 왕을 세워 달라 요구할 것을 미리 아시고 신명기에 참다운 왕의 조건을 말씀하셨다. 아내를 많이 두지 말고 은금을 쌓아두지 말며 말을 가지러 애굽에 내려가지 말라 하셨다. 이는 쾌락을 추구하거나 정략결혼, 즉 인간적 계산으로 나라를 다스리지 말라는 뜻이다. 또한, 치부와 사치를 멀리하고 돈을 적재적소에 사용할 줄 알며, 군대나 다른 나라와의 조약에 의지하지 않고 오직 하나님을 의뢰하는 왕이 되라는 의미이다. 더 나아가 제사장이 가지고 있는 율법책을 주야로 묵상하여 여호와 경외하기를 배우고, 형제들 속에서 겸손하면 그 보좌가 길 것이라 하셨다. 첫 왕 사울은 그런 기준에 맞는 사람이 아니었다. 하나님의 주권을 생각하고 경외하기보다는 사람들의 눈치를 보며 종교를 이용했다. 그래서 하나님은 사울을 버리셨고 순전한 마음으로 하나님을 섬겼던 다윗에게 보좌를 주시며 그 보좌에 앉을 영원한 아들, 메시아를 약속하셨다. 하지만 이 약속이 맺어진 후에 다윗은 악을 행했다. 그래서 하나님께서는 다윗에게 고난을 주시며 오직 하나님만이 이스라엘의 참된 왕이심을 드러내셨다. 동시에 왕조차 이렇게 고난받을 수 있는 존재임을 보이시며 모든 백성이 하나님 앞에 어떠한 태도로 살아야 할지 가르쳐 주셨다.

열왕기상하에서는 다윗의 뒤를 이어 왕이 된 솔로몬을 비롯한 이스라엘 왕들과 그 백성들이 순전한 마음으로 하나님을 섬기지 않았기에 이스라엘이 남북으로 분열되었다. 선지자들을 보내어 수없이 돌이킬 기회를 수셨지만, 우상 숭배와 악을 행하며 불순종했고 결국 세월이 지나 그 두 나라는 멸망했다. 선지자 예레미야는 그 멸망의 이유가 우상 숭배와 안식년을 지키지 않은 데에 있다고 말했다. 우상 숭배로 여호와 경외함을 잃어버렸고, 안식년을 지키지 않음으로 경제와 신분적 불평등 문제를 만든 것이다.

에스라, 느헤미야, 에스더는 이스라엘을 향한 하나님의 보호와 회복을 보여준다. 언약에 순종하지 않은 이스라엘 백성은 멸망했지만, 하나님은 언약에 대한 열심을 포기하지 않으셨다. 하나님은 포로된 유다 백성을 구원하여 고토로 돌아오게 하셨다.

시가서는 하나님 앞에선 예배 공동체의 찬양과 교육, 예언, 지혜가 무엇인지를 알게 한다.

후선지서는 율법을 기준으로 백성의 죄를 밝히 드러내는 책망의 말씀이며, 영적 감동으로 받은 말씀을 통해 메시아와 그분의 통치를 선포한 기록이다.

그리고 침묵의 중간기 400년이 지나 그리스도가 오셨다.

복음서는 하나님 나라를 가져오신 복음, 곧 구약 백성이 기다려온 그리스도에 대한 기록이다. 요셉과 정혼한 마리아에게 성령으로 잉태되어 오신 예수님의 이야기는 언약에 대한 하나님의 대단한 열심이며, 신실하심에 대한 증거이다. 또한, 복음서는 구약의 예언과 언약을 예수님께서 성취하신 기록이다.

마태는 아브라함과 다윗의 자손으로 오신 메시아, 곧 예수께서 그의 왕국을 가져오셨음을 유대인에게 전하기 위해 복음을 기록했다. **마가**는 예수 그리스도가 온 세상을 위한 복음임을 전했다. **누가**는 예수 그리스도의 행하심으로 이루어진 사실, 곧 은혜의 해를 이루러 오신 그의 사역을 전했다. **요한**은 여러 기적 중 일곱을 택하여 예수 그리스도가 하나님이심을 드러냈다. 특히 예수 그리스도의 신성을 강조하며 복음을 기록했다. 이처럼 마태·마가·누가·요한 복음서는 그리스도가 구약의 모든 말씀과 어떻게 연결되는지를 드러낸다. 서로 다른 강조점을 지니면서도 보완적으로 복음을 증언하고 있다.

사도행전은 그리스도의 구속과 그 사역의 결과인 성령의 강림으로 교회가 세워졌고 예수 그리스도와 하나님 나라가 전파되었음을 보여준다. 성령의 역사와 사도들의 사역으로 세워진 교회는 세상을 향한 그리스도의 통치 방식이자 에덴의 회복이며, 이스라엘의 완성이다. 그래서 초대 교회는 서로 사랑함으로 하나님 나라를 드러내었고 그 모습은 세상에서 볼 수 없는 아름다움이었다. 예수와 하나님 나라가 전파될 때, 그 메시지를 믿고 영접하여 그리스도의 통치 아래 들어온 사람들로 교회가 세워졌다. 이 교회를 위해 사도와 그 제자들은 복음서를 기록할 필요가 있었다.

또한, **서신서**를 통해 사역자들은 교회를 교리적, 생활적으로 건전하고 건강하게 세워가기를 원했다. 각 교회에 편지를 보내 교회가 그리스도의 신실하심 위에 굳게 서고 여러 문제를 해결하도록 도왔다.

그리고 핍박으로 고통받는 교회를 위해 **계시록**이라는 묵시적 성격의 예언서가 나왔다. 궁극적으로 승리하실 그리스도와 교회의 모습을 그리며, 새 하늘과 새 땅으로 표현되는 새 에덴의 회복과 하나님 나라의 완성을 소망하게 했다.

지금까지 성경신학적 관점에서 성경의 내용을 대략적으로 살펴봤다. 성경 신학은 우리가 신자로서 제자로서 살아가면서 어떻게 생각하고 행동해야 할지 궁금할 때, 성경의 내용을 통해 사고의 체계를 세워준다. 성경을 읽으며 하나님께서 사람을 어떻게 인도하고 길러 가시는지, 그리고 언약을 통해 펼쳐내시는 하나님의 경륜이 무엇인지 알게 되면 하나님의 뜻을 분별하고 그에 따라 살아가는 것이 수월해진다. 이처럼 성경을 성경 신학적으로 이해하는 일은 기독교 세계관의 각 구성 요소를 한층 더 풍성하고 깊이 있게 이해하도록 이끈다.

묵상과 토론을 위한 질문

1. 성경 신학은 계시의 고유한 특성에 따라 각 주제를 살피는 학문입니다. 나는 성경을 읽을 때 하나님의 계시의 특성을 인정하며 읽고 있습니까?

2. 성경 신학이 "역사적 사실이고 점진적이며 유기적인 계시의 연결성"을 강조한다면, 나의 성경 이해 속에도 이런 역사성, 점진성, 유기성이 일관되게 드러나고 있습니까?

3. 구약과 신약을 한 권의 책으로 읽을 때, '약속과 성취'의 흐름이 어떻게 연결되어 있는지 구체적으로 설명할 수 있습니까?

4. 성경 신학적 해석이 기독교 세계관을 풍성하게 한다고 했습니다. 성경을 통해 형성된 세계관이 실제 삶의 판단과 선택에 영향을 미치고 있습니까?

5. 성경 신학은 언약, 하나님 나라, 구속사, 그리스도, 경륜 같은 주제들이 서로 유기적으로 연결된다고 말합니다. 나는 이 주제들을 내 신앙과 삶 속에서 어떻게 통합적으로 이해하고 있습니까?

6. 교회 역사 속 잘못된 성경해석이 신학적 혼란과 사회적 왜곡
   을 가져왔습니다. 오늘날 교회 안에서 반복되는 성경 오해의
   원인은 무엇이라 생각합니까?

7. 성경 신학과 기독교 세계관이 하나님의 경륜을 이해하도록 돕
   는다고 했습니다. 나는 하나님의 경륜 속에서 내 인생을 어떻
   게 해석하고 있습니까?

8. 성경 전체가 유기적으로 연결되어 있다는 사실을 인정할 때,
   부분적 사건이나 교리만을 강조하는 신앙의 한계는 무엇입니
   까?

9. 성경 신학적 관점으로 성경의 흐름을 살필 때, 창세기에서 요
   한 계시록까지 이어지는 하나님의 열심과 신실하심을 어떻게
   발견할 수 있습니까?

10. 성경을 성경 신학적으로 이해하는 것이 왜 기독교 세계관을
    깊이 있게 하고, 오늘의 삶과 사명을 새로이 바라보게 만드
    는지 함께 나누어 봅시다.

8장. 조직신학과 기독교 세계관

1. 조직신학이란 무엇인가?

조직신학은 성경해석을 통해 이해한 내용을 바탕으로, 기독교 신앙의 내용을 체계적으로 조직화한 학문이다. 다른 말로 교리라고 하며, 성경의 내용을 주제별로 정리하여 신자들이 믿음의 내용을 구체화하도록 돕는 학문이다. 따라서 조직신학은 우리의 믿음의 내용을 정리하는 데 있어 큰 도움이 된다. 하지만 우리의 이성적 관심만으로 주제를 선정하고 성경 신학적 해석 원리를 충분히 훈련하지 않으면, 성경을 주해하는 과정에서 많은 문제에 봉착하게 된다. 문자주의나 이성주의의 분파인 자유주의, 과학주의, 그리고 신비주의적 해석을 하는 등 세속 사상에 오염될 위험이 있다.

중세의 기독교는 헬라 철학에 오염되어 하나님 나라를 이원론적으로 오해했고, 사회에 큰 문제를 일으켰다. 십자군 전쟁이나 면죄부는 다 성경을 오해한 결과에서 비롯된 것이다.

역사 속에서 조직신학이 정리되는 데에는 바울과 어거스틴의 공이 크고, 후에 칼빈에 의해 더욱 구체화되었다. 예전 신학자들은 신학은 세분화했지만 자기 전공영역은 세분화하지 않았다. 이에 비해 지금은 구약신학, 신약신학, 조직신학, 역사신학, 그리고 실천신학 분야를 전공한 분들이 있기에, 그 전공 분야에 대한 깊은 이해가 가능하다는 좋은 면이 있다. 하지만 자신의 분야에만 몰두해 집중하다 보면 성경 전체를 통합적으로 해석하는 것의 중요성을 간과하는 경우가 있다. 성경 전체를 하나로 보는 성경신학적 방법이 신학자들에게 가장 기본적이며 공통적인 방법이 되어야 조직신학이 안전하게 된다.

2. 조직신학의 내용과 기독교 세계관

조직신학 서론에서도 성경신학과 마찬가지로 여전히 성경의 권위와 영감의 문제를 다루고 있다. 성경이 모든 신학의 근거가 되기 때문이다. 조직신학은 주해가 완료된 성경 본문을 바탕으로 서론, 신론, 인간론, 기독론, 구원론, 교회론, 종말론 등의 교리를 설명하며, 많은 부분에서 기독교 세계관과 맥을 같이 한다. 기독교 세계관은 본질적으로 성경의 관점이며, 창조, 타락, 구속의 개념을 중심으로 형성된다.

각 개념에 대해 간단히 짚고 넘어가자면, 창조는 하나님의 자존, 예정, 그리고 창조 사역을 통해 하나님의 뜻이 세상에 드러나는 과정을 말한다. 타락은 인간이 하나님의 통치를 거부하고 관계를 단절하게 된 원인과 결과를 다룬다. 구속은 예수 그리스도의 은혜로 타락을 극복하고, 창조의 본래 목적을 회복하도록 하는 하나님의 구원 사역을 말한다. 이러한 구속의 완성은 그리스도의 재림으로 이루어지며, 영원한 나라로 이어진다.

조직신학도 각 교리를 설명하며 기독교 세계관과 마찬가지로 창조, 타락, 구속에 대해 다룬다. 하지만 조직신학은 성경신학이나 기독교 세계관이 발달하기 전에 교회의 역사 속에서 성도들의 신앙 체계를 세우기 위해 발전된 것이기 때문에, 성경 자체에 초점을 두는 기독교 세계관과는 달리 교회 역사 속에서 형성된 교리들에 더 주목하고 있다.

또한, 조직신학은 각 교리에 대한 이해를 돕기 위한 신학임에도 불구하고, 성경해석에 이방 철학을 적용했기에 그 해석 결과에 옳지 않은 부분이 섞여 있나. 이는 곧 조직신학에 성경적이지 못한 부분이 있다는 걸 의미한다.

그러므로 바른 조직신학이 되기 위해서는 성경신학적 관점에서 계시를 바르게 이해하고, 이를 바탕으로 교리를 논리적으로 체계화해야 한다. 올바른 체계화를 가능하게 하는 통찰은 바로 기독교 세계관에서 나온다. 기독교 세계관이 하나님의 경륜을 성경신학적으로 이해한 데서 비롯되었으므로, 조직신학의 각 교리를 기독교 세계관의 관점으로 접근하여 연구하고 새롭게 정리하는 것은 바른 조직신학을 형성하는 핵심적인 방법이 된다.

정리하자면 기독교 세계관적으로 조직신학의 각 교리를 연구하는 것은 성경 신학적 해석을 기초로 하게 되는 것이며, 이방 철학이나 개인적 선입견에서 비롯된 해석의 오류에서 벗어나 조직신학적 주제의 확장으로 이어질 수 있다.

3. 조직신학의 유익

조직신학의 각 교리를 잘 이해하여 믿음의 내용을 확고히 하면, 진리에 대하여 확신하게 된다. 그 확신은 사고, 학문, 행동의 기준이 된다. 그리고 그 외의 다양한 주제들도 어떻게 연구하고 이해해야 하는지 알게 된다. 조직신학에는 서론, 신론, 인간론, 기독론, 구원론, 교회론, 그리고 종말론 등이 있다.

서론에서는 성경의 권위와 영감을 다룬다. 이를 통해 성경의 정경성과 무오성을 알게 되어 계시의 권위를 확신하고 인정하게 된다.

신론을 통해 자존하시는 하나님, 예정하신 하나님, 창조하신 하나님, 섭리하시는 하나님과 심판하시는 하나님을 알게 되면 그 속성을 이해하게 되고 하나님의 주권을 인정하며 사고하는 것이 더 쉬워진다.

인간론을 통해 인간의 기원과 본질을 알게 되고 타락한 인류의 실상이 왜 그런지 이해할 수 있게 된다.

기독론을 통해 하나님의 크신 사랑과 그리스도의 대속의 은혜, 그리고 하나님 나라와 부활을 알게 된다.

구원론을 통해 어떻게 타락한 인간이 그리스도의 은혜로 하나님께 다시 나아갈 수 있게 되었는지, 그리고 어떻게 하나님의 자녀가 되어 창조 목표를 회복하여 살게 되는지 이해하게 된다.

교회론을 통해 구원받은 자들이 어떻게 창조의 아름다움을 회복하여 삶으로 살아내야 하는지, 그리고 그리스도의 은혜와 성령의 도우심으로 이떻게 서로 사랑해야 하는지 알 수 있다. 또한, 공동체가 세상을 향해 어떻게 구원을 적용하여 살아야 하는지 알 수 있다.

종말론을 통해서는 우리가 어떻게 고난을 이겨내고 최종 승리를 소망함으로 평안을 누리게 되는지 알게 된다. 종말론은 미래에 대한 것만을 말하지 않는다. 하나님께서 어떻게 세상의 악의 역사를 극복하여 하나님 나라를 이루시고 완성하시는가에 관한 이야기이다. 따라서 종말론을 공부할 때 에덴의 모습, 이스라엘의 모습, 교회의 모습 그리고 새 하늘과 새 땅의 모습이 어떠한지 살펴야 한다. 종말은 구약의 성도들이 기다렸던 에수님의 사역과 초대 교회를 통해 경험된 것이다. 그리고 지금도 교회는 그 과정을 계속 경험하며, 최종적으로 어떻게 완성될지 바라보며 살아간다.

이처럼 조직신학은 신앙과 교리를 정리하는 데에 큰 유익을 주지만, 본문과의 거리, 철학적 사변성, 시대적 제약이라는 한계도 존재한다. 그렇기에 성경신학을 통해 계시의 맥락과 구속사적 흐름 속에서 다시 살펴보며 보완될 필요가 있다.

계시의 점진성과 구속사적 흐름을 중시하는 성경신학을 통해 하나님의 경륜을 이해하게 되면, 그 이해를 바탕으로 신학에 대한 지식을 정리하여 오류를 줄이고 체계화할 수 있다. 이처럼 성경 신학은 조직신학의 토대가 되고, 조직신학은 기독교 세계관의 구성 요소들을 풍성하게 확신하도록 하며, 기독교 세계관은 조직신학적 주제를 하나님의 경륜 가운데서 통찰하는 관점을 제공한다.

4. 조직신학의 방법과 범위의 한계

신학교에서 배우는 조직신학의 내용이 이미 한정적이기에, 그 범위를 벗어난 부분은 기독교 세계관을 정확하게 이해하지 못하면 정리가 달라질 수밖에 없다.

삶의 현장은 하나님 나라의 백성으로 살아가야 하는 무대이다. 조직신학을 공부했더라도 기독교 세계관을 잘 알지 못하거나 기독교 세계관으로 보는 훈련이 충분하게 되어 있지 않다면, 삶의 영역에서 하나님의 뜻을 온전히 헤아리지 못해 왜곡된 생각을 하게 되고, 그 생각은 잘못된 행동으로 이어지게 된다. 교회가 종교개혁의 전통을 이어받아 하나님의 주권을 이야기하고 함께 신학을 공부한다 하더라도, 더욱 근본으로 돌아가 성경신학적으로 하나님의 구속 사역과 경륜을 이해하려는 노력이 필요하다.

기독교인들의 세계관은 하나님의 뜻, 즉 그리스도의 계시를 통해 존재해 왔지만, 그것이 세계관이라는 이름으로, 학문적으로 정리된 것은 그리 오래되지 않았다. 초대 교회 때는 성경이 형성되고 신학적 정리가 이루어지고 있던 시기였다. 교회가 핍박에서 벗어나 종교의 자유를 얻고 중세로 넘어가는 과정에서, 바른 성경해석 원리가 정립되기 전에 풍유적 해석 방법과 헬라 철학의 이원론을 받아들이면서 성경해석에 오류가 생기기 시작했다. 천국개념을 이데아의 세계와 연관 짓고, 구원론을 죽어서 가는 천국으로 연결시켰다. 그리고 구약을 연구할 때 그리스도의 성취의 역사를 도외시한 결과, 구약의 이분법, 곧 성속(聖俗)을 적용하여 많은 문제를 만들었다. 그 문제들은 구원론, 교회론 그리고 종말론에 그대로 남아 조직신학을 오염시켰다. 성경으로 돌아가자는 구호를 내걸고 이루어졌던 종교개혁 이후에도 여전히 남아 있다.

이원론적 구원론은 구원을 예정과 창조의 회복으로 설명하지 않고, 신자들로 하여금 인간이 최종적으로 어디로 가는지에 관심을 두게 했다. "하나님이 보시기에 좋았더라"고 하신 세상으로의 회복을 강조하기보다는, 단지 이 세상을 거쳐 가는 곳, 그리고 유혹과 핍박에도 신앙을 지켜야 하는 위험한 곳으로 인식하게 했다. 존 번연의 『천로역정』 또한 이 땅에 임한 하나님 나라에 중점을 두는 것이 아니라, 신앙을 하늘에 이르는 길로 오해하게 한다.

하지만 성경적 구원은 하나님의 예정과 창조 목적대로 인간이 하나님의 형상을 회복하고, 사명자가 되어 새로운 교회 공동체로 살게 되었다는 것이다. 또한, 하나님 나라는 구원받아 하나님의 위임을 받은 대리 통치자로 살아가는 것이다. 진정한 하나님 나라의 사역은 그리스도의 증인으로서 살아가는 삶을 통해 드러나는 영적 전쟁, 하나님 나라의 확장, 공동체의 회복이 바로 진정한 구원임을 강조한다. 거룩하신 하나님 앞에 키에르 케골이 주장한 바 있는 '단독자(군중과 분리되어 하나님 앞에 홀로 선 개인)'로서의 인간은 필요하지만, 그것이 인간의 최종적 모습일 수는 없다. "서로 사랑하라"라는 명령은 새 계명인 동시에 하나님과의 관계 속에 나타나는 거룩의 완성이다. 예수께서 자신을 거룩하게 하신 것은 제자들과 제자들을 통한 또 다른 제자들의 거룩을 위한 것이다. 즉, 서로 사랑할 수 있는 사람들이 되도록 하시고자 십자가의 사랑을 주셨다. 진리를 바르게 이해하고 그것을 강조하지 않으면 거룩한 삶을 살도록 돕는 것은 어렵다.

사실 거룩의 의미를 단지 죄를 범하지 않고 의롭게 사는 것 정도로만 이해한다면, 그것은 거룩의 한 면만을 보는 것이다.

거룩은 하나님의 속성이지만 인간을 통해 드러나야 한다. 하나님은 희년을 지키는 것이 이스라엘 백성의 거룩이라고 말씀하셨다(레25:11-12). 곧 거룩은 은혜로 받은 구원을 적용하여 삶의 영역을 다른 세상으로 만들어 가는 것이다. 이스라엘에게는 말씀에 순종하여 제국들 사이에서 제사장 나라가 되는 것이 거룩이다. 신약의 교회에게 있어서는 유무상통하고 서로 사랑하는 것이 거룩이다. 그런 의미의 거룩을 위해 그리스도께서 자신을 거룩하게 구별하여 제물이 되셨다. 교회가 사랑을 잃어 교회의 본질을 잃게 되면, 영향력은 사라지고 짓밟힘을 당해 결국 그 지역에서 소멸된다.

조직신학은 삶의 모든 영역을 어떻게 이해해야 하는지에 대해 충분한 답을 주지는 않는다. 그런 의미에서 기독교 세계관은 조직신학이 답을 주지 않는 영역을 통찰하여 그 답을 찾아가는 관점이며, 조직신학의 한계를 넘어서게 하는 학문이라고 할 수 있다. 앞으로 조직신학의 과제는 기독교 세계관을 접목하여 다양한 주제를 성경신학적으로 연구하고, 조직신학의 주제를 삶의 모든 영역으로 더욱 확장해 가는 것에 있다.

5. 조직신학의 보완으로서의 기독교 세계관

조직신학이 다루는 주제를 넘어 삶의 모든 영역을 주님이 보시듯 바라보는 일은 쉽지 않지만, 이미 살펴본 기독교 세계관이라는 눈으로 성령의 도우심 아래 하나님의 뜻을 분별할 수 있다. 무엇이 하나님의 뜻일까 하는 막연한 생각이 아니라 자존하시는 하나님의 예정과 창조에 근거하여 기원과 본질, 기능과 역할, 그리고 목적을 이해할 수 있다. 하지만 하나님을 부인하는 세상 학문의 관점은 현상에만 집착하고, 이는 부분적 이해나 오해, 왜곡으로 이어진다. 세상의 수많은 문제는 창조 때부터 있었던 것이 아니고 인간의 타락으로 나타난 것이다. 인간이 늙고 병들고 죽는 것, 그리고 세상에 수많은 전쟁과 사회문제가 나타나는 것도 하나님의 완전성과는 거리가 너무 멀다.

인간의 타락으로 인해 망가진 세상은 하나님의 은혜로 구속받고 회복되어 완성을 향하여 나아간다. 후에 그리스도의 재림으로 죄악된 모든 것이 사라지고, 창조 때의 모든 것들이 그 목적대로 회복될 것이다. 인류에게 주신 명령조차 완성되어 극치의 상태에 이르고 그 상태는 영원히 계속될 것이다. 이처럼 기독교 세계관으로 모든 것을 통찰할 때 제대로 보고 이해할 수 있게 된다.

삶의 체계로서의 기독교를 말했던 아브라함 카이퍼의 주장대로, 기독교는 모든 영역에서 하나님의 뜻에 순종하며, 그 순종을 통해 예배가 되는 삶을 사는 공동체이다. 그렇게 하나님의 뜻을 분별하고 이행하려면 기독교 세계관의 눈으로 살펴야 한다. 주를 경외한다는 것은 하나님의 주권을 인정하고, 주님의 경륜 속에 드러난 뜻을 깨달아 그것을 삶의 관점으로 삼는 것이다. 그럴 때 성령이 주시는 지혜로 어떻게 살아야 할지를 구체적으로 알게 된다.

조직신학으로 미처 다 정리하지 못한 인생학, 가정학, 직장학, 사회학, 정치학, 경제학, 더 나아가 인문학과 과학의 모든 분야까지도 기독교적 학문으로 정리할 수 있다. 그렇게 정리된 학문으로 인류가 교육을 받으면 하나님을 아는 지식이 물이 바다 덮음같이, 여호와의 영광이 물이 바다 덮음같이 세상에 가득하게 될 것이다.

자연에는 자원이 있고, 사람들은 과학기술로 그것을 활용하여 문명을 이루며, 더 나아가 통치 체계인 사상을 세우고 법과 제도를 마련해 사회를 다스린다. 앞으로 과학기술은 빠르게 발달할 수밖에 없다. 누군가는 그것을 이용하여 부를 창출하고 권력을 차지할 수 있다. 하지만 기득권자의 폭력 없이 모두가 함께 잘 살기 위해서는 과학기술이 준 유익을 모두 함께 누릴 수 있도록 해야 한다. 그러기 위해서는 좋은 제도를 만들어야 한다. 좋은 제도가 나오려면 공정한 법이 있어야 하고 공정한 법이 나오려면 위대한 사상이 나와야 한다. 위대한 사상은 그리스도를 경외하며 주권을 인정하는 사람을 통해서 나온다. 그러나 세월이 흐르면 다시 악한 자가 권력을 잡을 수 있기에, 기독교 인문학을 통하여 참다운 삶이 무엇인지를 가르쳐야 한다. 과학을 안다고 선한 것이 아니며, 인문학을 한다고 해서 선한 것도 아니다. 오직 주님의 관점으로 과학과 인문학을 다룰 때만 선으로 이끌 수 있다.

기독교 세계관에 입각한 교육은 사람이 사람답게 대우받는 일을 가능하게 한다. 기독교 세계관으로 모든 것을 관찰하고 의미를 부여하는 사역은 아담의 이름 짓기 사역의 연장이라

할 수 있다. 신학을 삶의 방향으로 삼고 기독교 세계관으로 철학적 사유를 하여, 모든 영역에서 하나님의 뜻을 드러내는 것이 **기독교 세계관**으로 세상을 **통찰**하는 신자들의 책임이다.

묵상과 토론을 위한 질문

1. 나는 조직신학을 공부할 때, 성경신학적 해석(계시의 역사성·점진성·유기성)을 '바탕'으로 삼고 있는가, 아니면 이성적 흥미와 주제 선호도에 따라 본문을 재단하고 있는가?

2. 교회 역사 속 철학(특히 헬라 철학의 이원론)이 스며들어 왜곡된 교리가 생겼다는 지적에 비추어, 오늘 우리 교회·사역·설교 속에 남아 있는 이원론적 흔적은 무엇이며 어떻게 교정할 수 있는가?

3. 조직신학의 주요 교리(서론·신론·인간론·기독론·구원론·교회론·종말론)를 '창조-타락-구속-회복-완성'의 세계관의 축과 나란히 놓을 때, 서로 어떻게 설명을 보완·확장해 주는가?

4. "조직신학은 본문과의 거리, 철학적 사변성, 시대적 제약의 한계를 갖는다"는 진단에 동의하는가? 동의한다면 내가 사용하거나 들은 교리 설명 가운데 어떤 사례가 이에 해당했는가?

5. 성경신학이 제공하는 '언약-하나님 나라-구속사-그리스도-경륜'의 큰 틀로 내 신학 학습을 다시 정렬한다면, 내 현재의 구원 이해(개인 구원 중심·사후 천국 중심 등)는 무엇이 어떻게 수정되어야 하는가?

6. 본문은 "거룩은 단지 죄를 피하는 소극적 상태가 아니라 희년
   의 정신과 사랑으로 공동체 질서를 새롭게 하는 깃"이라 말한
   다. 우리 교회나 공동체가 실천할 수 있는 '거룩의 구조적 실
   천'은 무엇인가?

7. 종말론을 "미래의 사건"에만 가두지 말고, 에덴-이스라엘-교
   회-새 하늘과 새 땅의 연속선상에서 현재적 소망과 사명으로
   이해해야 한다. 이러한 관점은 오늘 나의 일상에서 어떤 선택
   을 하며 살아가도록 이끄는가?

8. 조직신학이 삶의 모든 영역에 즉답을 주지 못할 때, 기독교
   세계관은 어떤 개념(기원-본질-기능-역할-목적)을 통해 내게
   해법을 모색하게 하는가?

9. "주의 주권을 경외하는 사람 → 위대한 사상 → 공정한 법 →
   좋은 제도"라는 인과 사슬을 수용한다면, 공적 영역에서
   신자는 어떻게 더 공정하고 선한 질서를 만드는 데 참여할
   수 있을까?

10. 성경신학·조직신학·기독교 세계관의 상호보완(토대-체계-관
    점)을 나의 성경 공부에 통합하려 할 때, 나는 무엇을 우선
    하고 어떤 방식으로 말씀을 배우고 적용해야 할까?

9장. 교회와 기독교 세계관

1. 교회란 무엇인가?
2. 교회의 교육과 기독교 세계관

교회는 기독교 세계관을 가진 사람들의 모임이어야 한다. 하지만 현실은 그렇지 못하다. 교회 안에는 신앙생활 기간과는 별개로 충분히 성장하지도 성숙하지도 못한 신자가 많다. 각 교회 구성원들의 수순에 따라 그 교회의 수준도 달라진다. 교회에 와서 신앙이 깊어지게 되면 자연스럽게 기독교 세계관을 갖게 된다. 성경을 집중적으로 공부하여 기독교 진리에 대해 그 깊이와 넓이를 이해하게 되면 그만큼 개개인이 성장하고 교회의 수준도 올라갈 수 있다.

다시 말하자면, 교회는 성경을 공부하는 사람들의 모임이다. 교회는 성경을 공부하여 이해한 것을 관점으로 삼아 세상을 보는 사람들의 모임이다. 성경공부를 통해 하나님의 경륜을 이해하고 그 경륜에 동참하는 사람들이 기독교인들이라면, 그 경륜을 근거로 세상을 바라보는 기독교 세계관은 교회의 눈이라고 말할 수 있다. 기독교인들은 하나님의 경륜 가운데 드러나게 된 교회를 성경적으로 이해해야 하나님의 경륜에 동참하고 하나님의 뜻을 이룰 수 있다.

1. 교회란 무엇인가?

교회는 그리스도의 구속으로 드러난 에덴의 회복이며 이스라엘의 완성이다. 교회는 구원받은 성도들이 에덴동산의 첫 인류가 죄로 말미암아 잃어버린 공동체의 원리와 목표를 회복하여 살아가는 곳이다. 교회는 구속받은 하나님의 백성으로서 하나님의 주권을 인정하고 서로 돕고 친밀함을 나누며 하나 되어 거룩하게 살아가는 공동체이다. 이러한 모습은 곧 창조질서가 회복된 삶의 형태이다. 교회는 주님의 재림 때 그 창조질서가 온전히 회복되어 극치에 이르게 될 것을 소망한다. 하나님의 도를 행하며 하나님 나라를 드러내기 위해 주님께서 세우신, 하늘에 속한 기관이다.

또한, 교회는 이스라엘이 실패한 제사장 나라의 사명을 회복하여 살고 있다. 교회는 하나님의 경륜에 따른 구속 역사 안에서 이스라엘의 완성으로, 그리스도가 선포하신 은혜의 해 곧 희년을 삶에 적용하며 예수 가족으로, 주님의 몸으로, 그리고 성령의 전으로 살아간다. 언약의 성취, 곧 구속을 통해 창조질서를 회복하고 이스라엘의 완성을 보여주며, 최종적 완성인 새 하늘과 새 땅을 향해 달려가는 하나님의 경륜 가운데 있다.

교회는 예수님을 주님으로, 하나님의 아들로, 메시아로 고백하는 자들을 위해 예수께서 십자가에서 죽으심으로 죄를 대속하시고 의를 입혀 주신 신자들이다. 예수님께서 대제사장으로, 새 언약의 중보자로 승천하셨고 하늘 지성소에서 하나님 아버지께 성령을 받아 신자들에게 부으시어 교회를 세우셨다. 이로써 교회는 새 언약 백성, 주님의 몸, 성령의 전, 그리고 진리의 기둥과 터가 되어 하나님의 뜻을 행하는 자녀들로 실게 되었다. 교회는 하나님과의 특별한 관계로 선택된 자녀들이며 백성이자 왕이다. 세상에 천국의 맛을 내고 빛을 비추는 제사장 나라의 사명을 감당하는 거룩한 공동체이다. 따라서 교회는 공동체 내에서 서로 사랑으로 교제하고 양육하며, 서로 돕고 연합하여 거룩하게 살아가야 한다. 세상을 향해서는 그리스도의 증인이 되어, 세상과는 구별된 원리를 붙들고 탁월하게 위대하게 사는 자들의 모습을 보여야 할 사명이 있다.

신자라는 말은 하나님의 자존, 그리고 그의 예정, 즉 기쁘신 뜻에 대한 하나님의 작정과 인간에게 주신 자유로 인하여 발생될 것들에 대한 허용을 믿는 사임을 의미한다. 그리고 신자는 예정에 따른 하나님의 창조를 믿는 자들인데, 이는 만물에 대한 하나님의 주권을 인정하는 것이다. 하나님의 자존, 예정, 창조를 인정하는 것은 하나님을 아는 것뿐만 아니라 우주 만물의 기원과 본질, 그 기능과 역할, 그리고 목적을 제대로 이해할 수 있는 근거가 된다. 그러므로 교회 안에서 신자로 산다는 것은 참다운 공부를 할 수 있는 자들이 되었다는 말이다.

그러나 세상 사람들은 하나님의 자존, 예정, 창조를 믿지 않는다. 그래서 기원과 목적에 대한 깊은 이해 없이, 그저 어떤 현상을 연구하고 문제에 대한 대책을 마련해야 한다고 생각할 뿐이다. 기원을 알지 못하면 본질을 알 수 없다. 그저 만물의 기능의 일부를 알게 되는 것이다. 그 역할과 목적을 제대로 알지 못하면, 결국 자기 나름의 의미를 부여하며 살게 되고 그로 인해 인생을 허비하게 될 뿐이다.

신자는 세상 사람들과는 같은 생각을 하며 살 수 없다. 바울은 이 세대를 본받지 말고 마음을 새롭게 함으로 변화를 받아 하나님의 선하시고 기뻐하시고 온전하신 뜻이 무엇인지 분별하여 살라고 했다(롬12:2). 또한, 복음을 하나님을 대적하여 높아진 모든 이론을 파하는 하나님의 강력이라고 말했다(고후 10:5). 주님께서는 "너희는 먼저 그의 나라와 의를 구하라"(마 6:33)라고 하셨다. 또한, 바리새인들과 사두개인들의 누룩, 곧 교훈을 조심하라고 경계하셨다(마16:11-12). 신자가 교회에서 설교를 듣는 것은 세상에서 잘되기 위함이 아니라 하나님께서 원하시는 교회 공동체로서 제대로 살아가기 위함이다. "서로 사랑하라"라는 주님의 명령을 이루기 위해 가르침을 받고 교제하며 음식을 나누고 기도해야 한다(행2:42). 이런 교회의 본질을 알고 그에 합당한 삶을 살 수 있도록, 교회는 참된 제자를 기르고 양육하는 일에 힘써야 한다.

2. 교회의 교육과 기독교 세계관

교회는 주님의 제자들을 기르는 곳이다. 그런 교회에서 주로 가르치는 것은 성경과 교리이지만, 그 가르침을 삶의 영역으로 확장하여 필요에 따라 분야별로 가르쳐야 한다. 그러나 여러 한계로 인해 충분한 가르침을 주지 못하는 것이 교회교육의 현실이다. 인적자원의 한계와 성도들의 참여도가 교회교육에 영향을 준다. 교회가 당면한 문제들이 산적해 있다고 해도 복음의 본질인 하나님의 경륜과 교회의 본질을 가르치는 것은 필수적인 일이다.

교회에는 어린이와 청소년을 위한 주일학교 또는 교회학교가 있다. 하지만 대학 입시제도 앞에서 신앙은 점차 우선순위에서 밀려나고 결국 영적으로 메말라 가는 것이 현실이다. 이와 마찬가지로 어른들 또한 생계와 사회적 책임, 바쁜 일상 속에서 신앙을 지켜 내기가 쉽지 않다. 따라서 어린이와 청소년을 포함한 온 성도들이 성경과 교리, 그리고 기독교 세계관을 공부하여 세상을 통찰하고 분별할 수 있는 능력을 키워야 한다.

이렇게 교회 속에서 신학이 회복되어야 신자다운 신자를 길러낼 수 있다. 이를 위해 성경의 권위, 구약 개요, 신약 개요, 성경 해석학, 성경신학, 그리스도, 하나님 나라, 하나님의 경륜, 그리고 구속사 등을 함께 공부해야 한다. 이런 주제들을 배움으로써 신자들은 참된 인식의 틀인 기독교 세계관을 확고히 해야 한다. 즉 하나님의 자존에서 하나님의 예정, 창조, 인간의 타락, 구속의 역사, 회복과 완성, 그리고 영원으로 이어지는 하나님의 경륜을 관점으로 삼아 세상을 볼 수 있도록 해야 한다. 더 나아가 기독교 세계관을 기반으로 조직신학을 정리하고, 역사 속에서 교회의 발자취가 어떻게 전개되어 왔는지 살펴야 한다. 그렇게 함으로써 오늘날 이 시대 속에서 교회가 감당해야 할 역할이 무엇인지 분별하게 되고, 그 사역을 감당하기 위한 성도의 소명이 무엇인지를 바르게 이해할 수 있다.

교회는 다양하게 정의될 수 있지만, 특별히 교육 공동체임을 잊지 말아야 한다. 그러므로 교회의 수준이 올라가려면 교육이 강조되어야 한다. 교육을 통해 기독교 세계관으로 사고할 수 있도록 훈련해야 한다. 기독교 세계관으로 삶의 모든 영역을 통찰하고 분별하여 문제를 해결해야 한다. 그러기 위해 가장 기초가 되는 것은 성경을 주야로 묵상하여 주님 경외하기를 배우는 것이다. 주님을 아는 것과 경외하는 것 없이는 참된 관점을 소유할 수 없고 아무리 공부해도 진리와 지혜에 이를 수 없다.

나는 누구인가? 어떻게 인생을 살아야 하는가? 가정과 부부는 무엇이고 자녀를 어떻게 양육해야 하는가? 학교와 공부는 무엇이며 왜 공부해야 하는가? 직장과 일은 무엇이며 어떻게 준비하고 왜 일해야 하는가? 돈은 무엇이며 어떻게 벌고 사용해야 하는가? 시간은 무엇인가? 이 같은 질문을 통해 깊이 사고하고 정리하는 과정이 필요하다. 또한, 사상이 무엇인지, 정치와 경제, 금융은 무엇을 의미하는지, 더 나아가 자본주의·공산주의·사회주의와 같은 이념들이 무엇인지에 대해서도 공부해야 한다. 공공신학과 생태신학 역시 그리스도인이 깊이 있게 살펴야 할 영역이다. 이런 공부를 해야 온난화 문제 등 지구가 직면한 문제에 대하여 바로 인식할 수 있다. 정말 그리스도인이 공부해야 할 것은 너무나도 많다. 이런 여러 주제와 영역들에 대해 기독교 세계관으로 정리하지 않으면 올바른 삶을 살수 없다. 그러므로 교회교육을 통해 기독교 세계관으로 각 분야를 살펴보는 훈련은 반드시 이루어져야 한다.

이런 점에서 교회는 인생 학교이자 참된 삶의 학교이며, 관계 훈련학교이자 세계관 학교이다. 주님의 제자가 되어 그 분부하신 모든 것을 배워 실천해야 한다. 성경을 공부함으로 교훈과 책망과 바르게 함과 의로 교육함을 받아, 하나님의 사람으로 모든 선한 일을 행하기에 온전한 사람이 되어야 한다. 주님의 제자가 된다는 것은 주님의 관점으로 보고 생각하고 행동하며 사명을 감당하는 것이다. 기독교 세계관의 훈련과 실천 없이는, 시대정신에 물들어 세속화되는 것을 막을 수 없다.

묵상과 토론을 위한 질문

1. 교회는 "기독교 세계관을 가진 사람들의 모임"입니다. 나는 교회 공동체 인에서 싱경직 세계관을 배우고, 실제로 그 관점으로 세상을 바라보며 살아가고 있습니까?

2. 교회는 "에덴의 회복이며 이스라엘의 완성"입니다. 나는 교회가 하나님의 창조질서를 회복하는 공동체라는 사실을 구체적으로 어떻게 경험하고 있습니까?

3. 교회는 "하늘에 속한 기관"으로서 하나님 나라를 드러내야 합니다. 우리 교회가 세상 속에서 하나님 나라의 원리를 드러내는 구체적 사례는 무엇이며, 부족한 점은 무엇입니까?

4. 교회는 "구속받은 자들의 공동체"로서 서로 사랑하고 양육하며 거룩하게 살아가야 합니다. 나는 교회 안에서 사랑과 양육, 거룩의 관계를 어떻게 실천하고 있습니까?

5. 신자는 세상과는 다른 사고방식으로 살아야 합니다(롬12:2). 여전히 세상의 가치관을 본받고 있는 영역이 있다면, 그것을 어떻게 기독교 세계관으로 교정해야 할까요?

6. 교회의 본질은 "하나님의 경륜을 이해하고 동참하는 공동체"
   입니다. 나는 하나님의 경륜을 얼마나 이해하고 있으며, 그것
   이 내신앙생활의 목표가 되고 있습니까?

7. 교회는 "교육 공동체"입니다. 나는 교회 안에서 성경적 교육에
   얼마나 참여하고 있으며, 내 신앙 성장은 그 교육과 어떤 관
   련이 있습니까?

8. 교회교육을 통해 세상을 통찰하고 분별하는 능력을 키워야 합
   니다. 나는 성경 공부나 교리 교육을 통해 실제로 세상의 문
   제 (가정, 직장, 사회, 정치 등)를 분별하는 힘을 얻고 있습니
   까?

9. 교회교육을 통해 다루어야 할 주제들—인생, 가정, 일, 돈, 시
   간, 정치, 경제, 환경 등—중에, 나는 어느 영역에서 기독교
   세계관적 사고가 가장 부족한가요? 그 이유는 무엇일까요?

10. 교회는 "성경학교이며 인생학교이자 세계관학교"입니다. 내
    가 속한 교회가 이러한 정체성을 회복하기 위해 구체적으로
    무엇을 강화해야 하며, 나는 그 안에서 어떤 역할을 감당할
    수 있나요?

10장. 기독교 세계관과 일반은총

1. 일반은총이란 무엇인가?

하나님께서는 시간과 공간을 창조하시고, 그 안에 우주 만물을 두어 인간에게 삶의 무대로 주셨다. 그 창조된 모든 것을 일반은총이라 하며 그 안에 하나님의 창조 원리가 온전히 적용되어 있었다. 하지만 인간이 타락하여 땅에 저주가 임했고 창조된 피조물 또한 그 저주 아래 놓였다. 그 일반은총을 사용하는 인류의 악함으로 인해 세상은 여전히 고통 가운데 신음하고 있다.

그럼에도 불구하고 특별 은총을 통해 구속이라는 신령한 복을 받은 자들이 일반은총 영역을 바르게 다스린다면, 그 영역 또한 구속을 통한 회복을 경험하게 될 것이다.

일반은총 영역을 바르게 다스리기 위해서는 먼저 세계를 바라보는 인식이 변화되어야 한다. 인간의 타락으로 인해 눈과 마음이 어두워져 하나님을 알 수 없게 되었을 때, 하나님께서 구속의 길을 알려 주시기 위해 특별 은총을 주셨다. 선택된 사람들에게 약속하시고 성취하심으로 구속과 회복의 길을 여셨다. 그리고 그 구속의 길을 기록하게 하셔서, 특별 계시의 기록인 성경을 주셨다. 특별 계시를 통해 관점이 회복된 사람들에게 일반 계시가 회복되고, 특별 은총을 받은 자들을 통해 일반은총의 영역 또한 회복되는 것이 하나님의 구속 역사의 목적이다. 그러므로 신자는 하나님의 구속 역사에 동참하기 위해 공동체 안에서 살아가며, 제자 훈련을 통해 말씀으로 자신을 훈련해야 한다. 그리고 주님의 뜻을 이루기 위해 세상의 방식과는 다른 가치관과 사고방식을 가져야 한다.

시간과 공간은 인간이 하나님의 명령에 따라 역사를 이루는 곳이다. 물론 타락으로 인해 죄가 들어오지 않았다면 시간과 공간, 그리고 그 역사에 대한 이해가 지금과 같지는 않았을 것이다. 인간은 불사의 존재였을 것이고 땅은 풍족했을 것이다. 자연재해와 질병을 포함한 그 어떤 고통도 없이 누리며 살았을 것이다. 그리고 하나님의 창조 의도가 역사의 방향이 되었을 것이다. 그러나 인간이 타락하여 일반은총 영역이 변질되었고, 그 영역에 대한 이해 또한 달라져 버렸다.

기독교 세계관은 하나님의 경륜이 우주 만물의 기원을 밝힌다고 말한다. 그런 기독교 세계관으로 볼 때, 하나님의 예정과 창조를 통해 시간과 공간이 드러났음을 알 수 있다. 이러한 기독교 세계관을 통해 창조 의도를 알게 되면 인류가 살며 추구해야 할 가치를 이해할 수 있다. 따라서 신자는 타락으로 왜곡된 세상 속에서도 기독교 세계관을 통해 하나님의 창조 의도를 바르게 파악하고, 그것을 삶으로 살아내야 한다.

시간과 공간은 기독교 세계관의 창조 파트에서 이미 함께 살펴보았다. 그럼에도 일반은총 파트에서 다시 한번 논하는 것은, 일반은총을 공부하는 것이 철학과 모든 학문의 배경이 되는 일이기 때문이다. 타락으로 인해 왜곡된 일반은총의 시공간에 대해 보다 깊이 살펴볼 것이다. 일반은총을 창조, 타락, 구속의 관점으로 이해하게 되면, 그 안에서 시작되고 존재하고 진행되는 모든 것을 바르게 이해할 수 있다.

2. 시간이란 무엇인가?

시간은 영원하신 하나님께서 창조 때 설계하신 원리이며, 인간이 결코 초월할 수 없는 영역이다. 본래 영원히 살도록 지음을 받은 인간은 타락으로 인해 한시적 시간을 살아가는 존재가 되었다. 그래서 창조의 관점으로 시간을 이해하는 것과 타락의 관점으로 시간을 이해하는 것은 다르다.

시간은 흐른다. 하나님께서는 지구와 달의 자전과 공전으로 시간의 규칙을 정하시고 낮과 밤, 하루와 일주일, 달과 계절, 그리고 연한이 이루어지도록 하셨다. 시간에 대한 하나님의 주권을 인정하는 것은 그 시간에 대한 창조주의 의도를 아는 것에서부터 시작한다.

흐르는 시간은 모두에게 공평하게 주신 것이다. 따라서 시간의 흐름 또한 누구에게나 동일하게 적용된다. 이러한 시간을 크로노스라고 한다. 그렇다 해서 모두에게 똑같은 양의 시간이 주어지는 것은 아니다. 타락하여 죽게 된 이후에는 누군가에게는 짧은 인생이, 또 누군가에게는 긴 인생이 주어진다. 이러한 크로노스의 시간을 소중히 여기고 활용하여 성장을 추구하는 사람에게 시간은 곧 기회이다. 이런 기회와 의미의 시간을 카이로스라고 하며, 이는 성경적으로 볼 때 하나님의 경륜이 이루어지는 시간이다. 단순히 흘러가는 시간이 아니라, 하나님께서 정하신 결정적 순간, 즉 은혜가 임하고 언약과 뜻이 이루어지는 의미 있는 시간이다. 크로노스와 카이로스를 바르게 이해하고 분별할 때, 인생을 참된 목적과 방향 속에서 의미 있게 세워갈 수 있다.

사람은 흐르는 시간 속에 어느 날 태어나 공급과 보호, 안내와 섬김, 교육을 받으며 성장하고 성숙해 가는 과정을 경험한다. 인간이 하나님의 형상을 닮도록 창조되어 이 세상을 다스리는 대리 통치자가 되었다는 것은 생애 주기 속 발달과정에서 반드시 이뤄야 할 목표가 하나님의 모습을 닮아가는 것임을 의미한다. 그러므로 하나님의 뜻에 맞게 이 세상을 다스릴 수 있는 존재로 성장하고 성숙해야 하며, 하나님께서 주신 재능과 소질을 계발하고 실력을 갖추어야 한다.

그러기 위해서는 하나님의 온전한 형상이며 죽임당하시고 부활하신 그리스도를 구주로 영접하고 연합하여야 한다. 더 나아가 성령의 임재 가운데 거하며 성경을 읽고 묵상함으로써, 하나님의 형상을 회복하고 예수 그리스도의 장성한 분량에까지 함께 자라나야 하나님의 뜻대로 통치하는 청지기로 살 수 있다.

크로노스는 사용하든 사용하지 않든 흘러간다. 그러므로 흐르는 시간을 가치 있게, 기회로 만드는 사람을 지혜롭다고 할 수 있다. 크로노스는 과거, 현재, 미래로 구성된다. 과거는 감사와 치유, 회복을 위해 되돌아보며 은혜를 기억하고 교훈을 배우는 영역이다. 현재는 선물이자 기회이다. 누군가에게는 성장하고 발전할 기회요, 누군가에게는 섬기며 사랑할 기회요, 또 누군가에게는 가치와 의미, 그리고 차이를 만들어 가는 시간이다. 미래는 희망을 품고 준비하는 영역이다. 현재가 과거를 어떻게 살아왔는지의 결과라면, 미래는 오늘날을 어떻게 살고 있는지의 결과가 될 것이다.

시간의 흐름은 모두에게 동일하게 적용되지만, 그것이 지닌 가치는 사람마다 다르게 여겨진다. 이제 그 상대적 가치에 대해 살펴보자. 가난한 사람은 재능과 시간을 팔아야 하고 부자는 다른 사람의 재능과 시간을 사서 자기의 꿈을 이루기도 한다. 이렇게 시간은 소유와 능력에 따라 주관적이기도 하다.

또한, 시간은 태도에 따라서 다른 모습으로 나타난다. 긍정적인 태도나 부정적인 태도에 따라 시간의 가치가 달라지는 것이다. 재미있을 때의 시간과 지루할 때의 시간이 다르게 느껴진다. 젊은이의 시간과 노인의 시간이 다르게 느껴진다. 계획이 있는 사람의 시간과 없는 사람의 시간이 다르다. 목적과 목표가 있는 사람과 없는 사람의 시간이 다르며, 죽음을 앞둔 사람의 시간과 죽음의 고통을 극복한 사람의 시간이 다르다. 부모가 생각하는 시간과 자녀가 생각하는 시간이 다르다. 현자가 생각하는 시간과 미련한 자가 생각하는 시간도 다르다. 또한, 미숙한 사람의 시간과 성숙한 사람의 시간이 다르다. 미숙한 사람은 순간적인 쾌락을 위해 시간을 사용하지만 성숙한 사람은 가치 있는 일을 위해 시간을 활용한다. 성숙한 믿음의 사람은 자신의 인생을 숭고한 것과 바꿀 수 있다. 시간의 주인이 하나님이심을 늘 인식하고 주권을 인정하며 살 때 숭고한 삶을 사는 것이 가능하다.

이렇듯 시간이 상대적으로 다르게 느껴질지라도 모두에게 공통적인 것은 창조주 앞에 계산해야 할 날이 있다는 것이다. 인생은 시간의 여정이다. 그 여정은 주님을 알아가고 닮아가며 순종할 기회이고, 타인에게 하나님 닮은 모습을 보이며 섬길 기회이다. 과거를 후회하느라 현재를 낭비하거나, 미래를 염려하느라 현재를 허비하는 것은 주님의 뜻이 아니다.

하나님께서 엿새 동안 창조하시고 일곱째 날을 안식일로 구별하여 선포하신 것은 노동으로부터의 쉼과 복을 주시기 위함이다. 주님을 위한 시간의 구별은 우리를 거룩하게 한다. 구약의 안식일의 주인이신 주께서 십자가의 죽음과 부활 그리고 성령 주심으로 모든 날을 주의 날이 되게 하시고 영원한 안식을 성취하셨다. 이제 우리는 기도하고 감사하며 주의 뜻을 이루기 위해 모든 시간을 살아가야 한다. 이것이 창조주 앞에 인간이 가져야 할 바른 태도이다.

이처럼 시간에 대한 세계관을 이해하게 되면 인생과 신앙, 그리고 삶의 의미에 관하여 대화하기가 쉽다. 솔로몬의 전도서에서 시간은 때로 표현된다. 시간은 경우가 되기도 하고 기회가 되기도 하며 때가 되기도 한다. 이는 시간이 단순한 흐름이 아니라 하나님께서 주권적으로 배치하신 의미 있는 순간이라는 뜻이다. 그래서 솔로몬은 창조주를 기억하고 경외하며 율법을 준행하는 것이 인생의 본분이라고 권면한다. 요한계시록은 하나님을 과거에도 지금도 앞으로도 계시는 분으로 소개한다. 또한, 알파와 오메가, 시작과 끝, 그리고 처음과 나중이신 하나님께서 시간의 주권자이심을 드러낸다. 세상은 종말이라는 시간 속에 들어와 있고 그 시간은 완성을 향해 나아간다. 이처럼 시간에 대한 하나님의 경륜을 이해하고 인간의 역사를 바라보는 것, 그리고 하나님의 뜻과 사명 속에서 자신을 이해하는 것은 참된 인생을 알게 한다.

3. 공간이란 무엇인가?

하나님께서 공간을 창조하셨다. 공간에는 시간의 흐름이 나타나고 그 속에서 모든 것이 질서와 법칙을 따라 움직인다. 우리는 이러한 공간을 대할 때 하나님의 창조 원리와 주권에 대한 인정을 기본으로 삼아야 한다.

창조의 순서를 살펴보면, 인간은 맨 마지막에 지음을 받았다. 그렇기에 인간은 결코 공간과 만물의 주인이 아니다. 다만 인간은 하나님께서 위임하신, 다스리라는 사명을 받은 하나님의 대리자이다. 그러므로 땅을 더 많이 소유하려는 인류의 욕망은 하나님의 뜻에 부합하지 않는다. 하나님의 주권을 인정하는 우리에게는 땅과 자원을 서로의 유익을 위해 나누며 함께 살아가려는 공유의 마음과 상생의 태도가 필요하다.

바벨탑 사건 이후 온 세상이 제국을 꿈꾼 것과는 달리, 하나님께서는 이스라엘로 제사장 나라를 세우셨다. 하나님께서 백성들에게 땅을 공정하게 나누어 주시고 '희년'이라는 제도를 두셨다. 희년이란, 매 50년마다 땅을 원래의 주인에게 되돌려 주는 제도이다. 땅은 하나님께서 각 가문에게 분배하여 주신 것이기에, 한시적인 양도는 가능할지라도 영구적인 매매는 허락되지 않았다. 따라서 조상이 땅을 팔았더라도 희년의 때가 되면 그 땅은 본래 가문의 소유로 회복되었다. 이를 오늘날의 언어로 해석하자면, 하나님께서 모든 이에게 생존권을 위한 기본자산과 기본소득을 보장하신 것이다. 하나님께서는 이러한 기본권으로 진정한 자유를 허용하셨다. 이러한 원리는 정치와 경제, 그리고 법과 제도를 낳는 사상들의 기초가 되어야 한다. 에덴의 공동체가 가정 모델이라면, 이스라엘은 국가 모델이다. 가정 모델과 국가 모델의 원리를 적용하여, 일반은총 영역인 이 공간에서 생산과 분배를 통해 모두 잘 사는 길을 여는 것이 하나님이 보시기에 아름다운 정치와 경제이다. 토지와 자본, 노동과 기술, 그리고 경영이 조합되어 생산물이 창출되고, 그 생산의 결과는 유통 과정을 거쳐 분배된다. 이러한 생산과 분배 과정의 의미와 방향은 하나님께서 주신 토지를 어떻게 이해하고 활용하느냐에 따라 달라질 수 있다.

그러나 하나님의 주권을 인정하지 않으면 자유에 대한 오해와 그로 인한 사회적 불평등이 생겨나게 된다. 따라서 기독교인으로서 정치나 경제를 다루는 사람에게는, 기독교 세계관에 따라 토지를 이해하고 자본과 노동, 기술과 경영을 바라보는 것이 매우 중요하다. 또한, 창조 때 에덴의 가정과 가나안에서의 국가 이스라엘을 이해해야 한다. 그리고 초대 교회에서 소유의 유무에 상관없이 필요에 따라 나누었던 사실은 하나님 나라를 이해하는 중요한 단서가 된다.

일반은총 영역, 즉 지금 우리가 논하고 있는 공간을 하나님의 뜻에 맞게 회복하기 위해서는 기독교 세계관을 기준으로 일반은총 영역이 어떻게 왜곡되어 있는지 살펴야 한다. 나라마다 토지제도와 정책은 매우 다양하다. 자본주의 체제를 선택한 나라에서는 돈으로 토지를 매매할 뿐만 아니라 노동과 기술, 경영자마저도 거래 대상이 된다. 이러한 구조 속에서 돈은 모든 가치의 척도가 되고 토지, 자원 등 생산물뿐만 아니라 생산 수단까지도 자유롭게 사고팔 수 있는 대상이 되어 버린다. 그 결과 자본주의에서 자유는 불평등을 초래하는 요인이 될 수밖에 없다. 특히 실질적 가치 이상으로 돈이 과도하게 유통되는 금융자본주의에서는 그 불평등의 격차가 더욱 심화된다.

따라서 기독교 세계관의 관점으로 볼 때, 자본주의는 결코 기독교적인 제도라고 할 수 없다. 세상이 인본주의와 자본주의적 사상으로 살아갈 때, 교회는 초대 교회에 나타난 유무상통의 원리를 교회 안에 적용하고 사회에서도 적합한 정책을 만들어 지혜롭게 적용해야 한다. 위에서 언급했던 것처럼 하나님께서 기본적인 토지를 자손 대대로 소유할 수 있도록 하신 것은 기본 생존권을 보장하시기 위함이었고, 자유는 이러한 기본 자산권과 소득을 기초로 하여 주어졌다. 이것은 기회의 균등이라는 측면에서도 정의로운 것이다.

토지에 관한 정의는 물가 안정적 측면에서도 매우 중요하다. 사람이 거주하는 집에 대해서는 개인이 필요 이상으로 많이 소유하지 못하도록 일정 부분 제한하고, 국가 소유의 주택 공급을 확대하여 집값 상승을 막아야 한다. 그래야 노동 가치가 보존돼 근로 소득자들이 일할 의욕을 잃지 않는다. 자산 소득이 근로 소득보다 더 빠르게 증가하면 생산 의욕은 저하될 수밖에 없으며 새로운 경제 계급이 생겨난다. 그 결과, 불평등은 심화되고 경기 침체와 사회 불안 요소가 발생하게 된다.

주께서는 "주는 자가 받는 자보다 복되다"고 하셨다. 그러나 교회 내에서도 마치 소유를 위해 존재하는 것 같은 자들이 늘어나고 있는 현상은 세상의 잘못된 사상에 물들었기 때문이다.

기독교 세계관에 따르면 공산주의 또한 자본주의 못지않게 왜곡된 체제이다. 자본주의는 구조적으로 인간의 욕망을 허용하는 반면 공산주의는 인간의 욕망을 억제한다. 자본주의는 생산향상을 넘어 빈부 격차를 만들었고, 공산주의는 열망을 상실하게 만들었다. 자본주의와 공산주의의 기초가 되는 아담 스미스와 칼 마르크스의 사상이 온전한 것은 아니었지만, 문제는 그들의 사상이 발전하는 과정에서 본래의 의도와 주장조차 왜곡되었다는 점이다. 공산주의 역시 처음에는 평등과 정의라는 이상을 추구하며 출발했지만 결국 일당 독재를 통해 계급을 만들고 기득권을 차지했다. 이처럼 인간은 아무리 좋은 뜻으로 시작하더라도, 그 마음속 악한 본성으로 인해 결국 나쁜 결말에 이를 수 있다.

기독교 세계관에 따라 진정한 평등과 정의를 실현하려면, 성경적인 정책, 즉 지공주의 같은 사상에 입각한 정책을 수립하여 지대비용을 고정하고 주거비용을 낮추어야 한다. 또한, 공단을 조성하여 사업자들이 저렴한 공간을 사용할 수 있도록 국가가 지원하는 방식이 필요하다. 이렇게 된다면 국민 생활 안정과 국가 경제 발전에 많은 도움이 될 것이다.

공간은 모두를 위한 영원한 유산이다. 당대의 사람들이 잘 누리는 동시에 또한 잘 관리하여 후손들에게 물려주어야 할 사명이 있다. 환경을 개선해 나가는 일은 국가와 기업, 그리고 개인 모두기 함께 감딩해아 힐 시급한 과제이다.

지구가 온난화로 신음하는 것도 결국 무분별한 개발로 인한 것인데, 경제학에서는 이를 부정적 외부 효과라고 한다. 사막화를 막기 위해서는 에덴화 작업이 필요하다. 담수화 기술을 발전시켜 땅에 물줄기를 만들고, 비를 저장할 수 있는 물탱크 기술과 함께 녹화사업이 추진되어야 한다. 사막에 샘이 넘쳐 흐르리라는 말씀을 이루기 위해 공간의 재창조와 과학 기술의 적극적인 활용이 요구된다.

4. 만물이란 무엇인가?

앞에서 시간과 공간에 대해 살펴보았다. 이제 시공간 안에 있는 만물에 대해 생각해 보자. 만물은 사용하고 누리며, 개발하고 보존하도록 하나님께서 우리에게 맡기신 영역이다. 그러나 만물은 인간의 유익을 위해서만 존재하는 자원이 아니다. 하나님께서 지으신 만물은 인간을 위한 것이기도 하지만, 동물과 식물에 이르기까지 그 모습 그대로 가치 있다. 따라서 우리는 자원을 개발하고 보존하는 노력을 동시에 기울여야 한다. 그러기 위해서는 자연에 드러난 물리·화학·생물학의 법칙과 전자·전기의 원리 등 다양한 과학적 법칙과 원리를 잘 이해해야 한다. 그리고 그런 과학을 이용하는 사람들에게 기독교 세계관 교육이 필요하다. 기독교 세계관을 이해하게 되면 하나님의 주권을 인정하는 가운데, 제대로 방향을 잡고 필요한 연구를 할 수 있다. 그 연구를 통해 원리나 법칙을 이해하고 그 본질과 기능, 역할이 무엇인지를 밝히는 것은 과학의 중요한 사명이다. 식물과 미생물 그리고 균에서 고등 생물까지, 심지어는 광물에 대한 이해도 필요하다. 진화론이 지배적인 과학의 현장에서 창조주 하나님의 창조가 모든 것의 기원임을 바로 이해하고, 그 본질 속에 작용하는 원리가 무엇인지 파악해야 한다. 또한, 저주와 결핍, 오염으로 인해 변질된 것이 무엇이며 그 양상이 어떠한지도 분별할 수 있어야 한다. 나아가 멸종 위기에 놓인 생물을 복원하고 보존하는 데 과학이 기여하는 것은 매우 소중한 일이다.

그러나 인류의 역사를 돌아보면, 과학은 경제적 이익을 위한 도구로 사용된 경우가 많다. 경제적 이익만이 과학을 지배하는 힘이 되어서는 안 된다. 과학은 전 지구와 모든 사람, 동물과 식물, 그리고 자연에 유익한 것이 무엇인가를 고민하는 가운데 연구되어야 한다. 지금까지 기술이나 과학은 삶의 체계를 바꾸는 혁명을 이루어 왔다. 불의 사용이 그러했고, 철기의 사용은 농업의 발달과 식량 생산의 증가를 가져왔다. 그러나 과학 기술은 인간의 포악성으로 인해 전쟁의 도구로 사용되었고, 하나님의 형상인 인간이 수없이 희생되었다. 1차 산업혁명은 대량 생산과 교통의 발달을 통해 효율적인 분배를 가능하게 하여 전보다 더 부유한 세상을 만들었다. 그러나 그 부작용으로 빈곤 노동자계급의 출현과 식민지를 개척하는 일이 더욱 폭력적으로 진행되었다. 곧 산업혁명이 제국주의의 길을 열어 놓았다고 볼 수 있다. 2차 산업혁명이 가져온 전기와 화학의 발전은 밤낮을 가리지 않고 대량생산하는 일을 가능하게 했지만, 이것은 1·2차 세계 대전으로 이어저 수많은 사람을 죽음으로 몰았고 유럽은 잿더미가 되었다. 그 영향은 동양에도 미쳤고 그 결과 일본의 산업화와 군국주의에 의한 수많은 살육이 자행되었다. 무분별한 산업화는 하천과 강의 생태계를 파괴하여 물고기가 살 수 없는 환경을 만들었고, 복구가 불가능할 정도의 재앙을 초래하기도 했다. 퍼스널 컴퓨터의 사용으로 인한 인터넷의 발달은 3차 산업혁명을 가져왔고 지식기반사회, 곧 정보 사회로의 전환을 이끌었다. 곧바로 이어진 인공지능과 자동화 기술은 사람들이 노동으로부터 해방될 수 있는 기회를 만들고 있지만, 사상의 발달이 뒷받침되지 않는다면 이는 자칫 심각한 불평등을 초래하고 초긴장 갈등 사회를 야기할 위험이 크다. 그렇게 되면 과도한 실업이 발생할 것이고 그것으로 인해 계층적 갈등 구조가 심화될 것이다.

그러나 성경의 이스라엘과 초대 교회의 원리를 따른다면, 기본자산과 기본소득이 보장되는 구조 속에서 생산자와 소비자 모두가 함께 잘 사는 세상을 만들 수 있다. 그런 회복의 과정에서 노동의 해방과 직업의 재창조를 경험하게 될 것이다.

이제는 성경에 길을 물으며 대안을 찾아야 할 때이다. 만물을 사용하기 위한 과학의 발달만으로는 사람의 악함을 해결할 수도 제어할 수도 없다. 인간의 악함은 과학의 발달을 자기에게 유익한 방향으로 이용하려 한다. 성경에서 진리를 찾아 현 상황에 적용함으로써, 악을 억제하고 사랑을 권장하는 통치 체제를 세워야 한다. 생산과 분배를 성경적으로 이해하는 것은 바른 사상의 출발이 될 것이다. 지금의 사회 현실을 당연하게 여기지 말고, 주님의 말씀에 비추어 새롭게 사유할 때 참된 사상을 찾아가는 기회가 될 것이다.

5. 역사란 무엇인가?

역사는 시간과 공간 속에서 만물과 관계하여 살아온 인류의 문화와 문명, 그리고 그에 대한 해석이다. 학문적 관점에서 볼 때 과거에 관한 이야기이자 동시에 현재와 미래에 관한 이야기이기도 하다. 과거를 연구하는 일은 현재의 삶에 지혜를 제공하며, 미래를 준비하도록 돕는 역할을 하기 때문이다. 따라서 역사는 단순히 과거의 사실을 나열하는 것이 아니라, 그 수많은 사실과 정보를 연구하고 해석함으로써 지혜를 찾는 일이라 할 수 있다. 이러한 맥락에서 과거의 사실들은 지혜의 보고이다. 그러므로 그 사실들이 왜곡되지 않도록 보존하고 해석하는 것은 아주 중요한 일이다.

그러나 기독교적 관점에서 역사는 사탄의 방해에도 불구하고 하나님께서 창세 전에 작정하신 바를 언약에 따라 성취해 가시는 하나님의 경륜의 과정이다. 또한, 인간의 타락에도 불구하고 하나님께서 인내하시는 가운데 펼쳐 보이시는 구원역사의 과정이다. 사람의 타락에도 불구하고, 창조를 보존하고 창조 언약을 기억하시며 완성으로 이끄시는 하나님의 신실하심이 역사 안에 드러난다. 창조, 타락, 구속, 회복과 완성이라는 기독교 역사관을 이루는 하나님의 경륜은 세상이나 역사를 분별하는 정확한 인식의 틀이다.

도전과 응전을 주장하는 토인비의 이론, 역사는 반복된다는 순환론, 칼 마르크스의 유물론적 역사관에 나타나는 계급투쟁, 그리고 진화론적 역사관 등은 모두 역사의 한 부분만을 보고 전개된 이론들이다. 역사적 상황을 설명하는 수많은 이론이 쓸모없다는 뜻이 아니라, 한계를 지니고 있다는 말이다. 기독교 세계관은 인간이 도모하는 일이 악하다는 것, 세상이 악한 영의 지배 아래 있다는 것, 그리고 구속 역사를 통해 하나님의 통치가 실현되고 있으며 완성을 향해 나아가고 있음을 분명히 한다.

사실, 역사는 하나님, 그분의 이야기이다. 인간이 타락하여 악한 존재가 된 이후, 왕들은 고대 제국을 세워 자신들만 자유로운 존재가 되기를 원했다. 그러나 하나님께선 점점 더 많은 사람이 자유와 평등, 그리고 박애를 꿈꾸며 함께 잘 사는 상태에 이르길 원하셨다. 이처럼 역사는 죄악과 잘못된 제도를 극복해 가는 과정이라고 말할 수 있다. 그러나 인간 속에 드리워진, 타락하여 악해진 본성 자체를 바꾸지 않고는 악한 역사는 반복될 수밖에 없다. 더구나 악한 영은 그 구속과 회복의 역사를 방해하고 혼란을 일으킨다. 선한 일을 하도록 하나님의 사람을 길러내는 교회의 일을 늘 방해한다. 사람들의 마음을 산란하게 하고 분주하게 하며 관심을 다른 곳에 두도록 유도한다. 더 나아가 세상 속에서는 인간 중심의 학문을 하도록 부추긴다.

그러나 이런 악한 영의 방해에도 불구하고, 인류의 역사를 전체적으로 살펴보면 정치의 본래 목적은 하나님 나라와 방향을 같이 하는 유토피아를 꿈꾸는 데 있음을 알 수 있다. 이때 정치의 목적과 정치가의 목적이 다르다는 점을 분명히 이해해야 한다. 정치의 목적은 서민들의 꿈인 안전과 평화, 그리고 복지를 실현하는 데 있으며 그것은 곧 모두가 함께 잘사는 세상을 만드는 것이다. 이와 달리 정치가의 목적은 자신들의 유익과 재당선을 통한 집권 연장에 있는 경우가 많다. 악한 정치가들은 권력과 부를 장악하고 누리는 것을 목적으로 삼는다. 선과 악의 분명한 대립 속에 역사가 진행된다는 것을 인식하고 역사를 살펴야 한다.

이처럼 기독교 세계관을 역사 이해의 기본으로 두고, 역사를 공부할 때 나라의 흥망성쇠, 문명의 발달과정, 정치 제도, 그리고 경제와 문화를 살펴보아야 한다. 어느 지역에서 나라가 세워졌으며 그들 속에는 어떤 문명과 사상, 제도가 자리 잡고 있었는지 파악해야 한다. 그렇게 세계사의 흐름을 이해함으로써 현재, 하나님께서 주신 시공간이라는 이 무대에서 만물을 사용하고 관리하며 다스리는 통치를 위한 기관인 가정과 국가, 그리고 교회의 모습이 어떠해야 하는지 방향을 바르게 세워갈 수 있다.

주님의 역사 속에 부름받은 우리는 주님의 뜻을 따라 동참해야 할 사명을 받은 자이다. 우리를 통해 본질이 회복되는 통치가 행해져야 한다. 세상의 흐름을 살피고 분별하며 영향을 끼치고 감시하는 역할을 통해, 일반은총의 영역에서 하나님의 주권이 인정되도록 해야 한다. 교회는 하나님의 영광이 역사 속에 드러나기를 염원하는 주님의 제자들을 길러내야 한다.

묵상과 토론을 위한 질문

1. 특별은총으로 관점이 회복되면 일반은총 영역의 회복을 경험하게 됩니다. 내 삶의 어떤 영역(가정·직장·지역사회)에서 이 원리를 가장 먼저 적용해야 할까요?

2. '크로노스(흐르는 시간)'와 '카이로스(의미·기회의 시간)'를 살펴보았습니다. 최근 1년을 돌아볼 때, 크로노스를 카이로스로 바꾼 결정적 순간은 무엇이었습니까?

3. "과거-현재-미래" 사용법(감사/치유, 선물/사명, 소망/준비)에 비추어 봤을 때, 나는 과거와 미래에 치우쳐 현재를 낭비하고 있지 않나요? 그렇다면 나는 무엇을 멈추고 무엇을 시작해야 할까요?

4. 공간에 관해 본문은 '하나님 소유·사람에게 위임'과 '희년 원리(분배·회복)'를 강조합니다. 우리 교회 또는 공동체는 공유와 상생을 어떻게 실천할 수 있을까요?

5. 자본주의와 공산주의의 한계를 살펴보며 정의로운 분배(예: 지대, 안정, 주거비 완화)의 필요성을 논했습니다. 신자로서 나는 어떤 경제적 선택(투자·소비·기부·고용 등)으로 하나님 나라의 정의를 드러낼 수 있을까요?

6. 하나님께서 맡기신 만물이 '사람만을 위한 도구'가 아니라는
   것을 기억하며, 이번 주에 구체적으로 실천할 수 있는 배려나
   절제의 행동은 무엇인가요?

7. 환경문제의 대안으로 '에덴화'와 기술의 선용을 제안합니다.
   우리 교회 또는 공동체가 실천할 수 있는 것은 무엇이며,
   신앙 교육과 어떻게 연결할 수 있을까요?

8. "하나님의 경륜 속 구속·회복·완성의 진행"으로 역사를 이해해
   야 합니다. 세상의 역사관(순환론·진화론·유물사관 등)에 영향
   을 받고 있지는 않은가요? 그렇다면 어떤 부분을 복음의 관점
   으로 교정해야 하며, 어떤 성경적 해석을 적용하겠습니까?

9. 정치의 목적과 정치가의 목적이 어긋날 때, 신자는 공적 영역
   에서 어떤 역할을 통해 일반은총 영역을 바로 세울 수 있을까
   요?

10. 교회는 세계관 학교가 되어 제자훈련으로 일반은총을 회복해
    야 합니다. 그렇다면 우리 교회는 어떤 훈련을 구체적으로
    시작해야 할까요?

11장. 기독교 세계관과 철학

1. 철학이란?

시공간 속에서 만물을 사용하고 다스리며 삶을 이어 온 인류의 역사에는 통치 체계를 세우기 위한 사상이 필요했다. 그 사상은 나름의 통찰을 통해 형성되었고, 그 통찰의 과정은 사유이며 이는 철학이라는 이름으로 자리 잡았다.

피타고라스는 "철학은 지혜를 사랑하는 것이다."라고 정의했다. 지혜는 통찰하는 혜안이다. 소크라테스는 이데아의 세계를 이해하는 자를 철인이라 했다. 두 주장을 종합해보면, 철학은 통찰하는 혜안으로 이치를 깨닫고 이해하여 세상에 적용하는 학문이라 할 수 있다.

사실, 철학은 우주 만물의 이치에 대하여 통찰하고 정리하는 학문이다. 철학이 구체적인 분야로 나아가면 각기 다른 분야의 학문이 된다. 철학은 철학자들의 세계관에 따라 그 사상의 내용이 다르다. 그러므로 철학은 세계관의 영향을 받으며, 사고와 사유를 통해 사상을 만들어 내는 학문이라고 할 수 있다. 따라서 그 세계관을 구성하는 각 부분의 관점이 올바르지 못하면 철학 또한 올바를 수 없다. 그렇기에 철학의 관점은 반드시 진리에 근거하여야 한다.

진리는 이미 논의했듯이 하나님의 말씀이며, 그 말씀을 체계적으로 정리한 것이 신학이다. 결국, 신학만이 정확한 관점을 제공할 수 있다. 그 신학의 기본은 하나님의 자존과 주권이다. 하나님의 주권을 인정하지 않는 학문은 방향을 잃게 된다. 하나님의 주권을 인정하면 기독교 세계관, 즉 하나님의 자존과 예정, 창조와 인간의 타락, 구속과 회복 그리고 완성과 영원에 대한 하나님의 경륜을 이해할 수 있다. 따라서 기독교 세계관만이 오직 참된 철학의 눈이며 방향이 된다.

이처럼 기독교 세계관은 철학의 참된 방향이 되며, 이를 토대로 세워지는 철학을 우리는 기독교 철학이라 부른다. 기독교 철학이란 진리인 성경을 기준으로 하나님의 구속 경륜 속에서 세계관을 이해하고, 그 세계관으로 우주 만물을 통찰하여 정리하는 것이다. 더 나아가 오늘날 존재하는 다양한 철학과 사상들을 기독교 세계관에 근거하여 평가하는 일 또한 기독교 철학의 중요한 임무이다. 서양 철학에서는 인식론이 중요하지만, 하나님의 주권을 인정하지 않는 인식은 필연적으로 문제를 낳는다. 정확한 인식의 실패는 잘못된 사상을 낳았고, 그 잘못된 이념들이 오늘날 수많은 문제와 고통의 원인이 되었다.

2. 하나님의 말씀을 버린 철학의 헛된 속임수

하나님과의 관계를 온전히 하는 것이 사람에게 가장 중요한 일이지만, 타락으로 인해 인간은 하나님을 떠났다. 인간이 타락한 후, 하나님께서는 "사람의 마음으로 생각하고 계획하는 바가 어려서부터 항상 악할 뿐이다.(창6:5)"라고 말씀하셨다. 이것이 인간을 지으신 창조주께서 타락한 인간을 바라보는 관점이며 인간의 현주소이다. 바벨탑 사건 이후 흩어진 인류는 하나님과 하나님의 뜻보다는 타락의 성향대로 인간 중심이 되었고 야망을 합리화하는 사상을 만들어 갔다. 그 결과, 하나님의 계시 없이 신을 탐구하려는 철학이 등장했고, 이는 종교철학이라는 이름으로 자리 잡게 되었다. 바울은 그런 철학을 헛된 속임수라 말했다. 그들은 문명을 이용하여 성공을 추구했고, 그것으로 자기 이름을 내며 자기 안전을 추구했다. 결국, 타락한 권력은 제국을 만들었고, 그런 권력자들에게는 세상을 통지하기 위한 사상과 법이 필요했다. 그 사상에서 법이 나오고 그 법에서 제도가 나왔다. 함무라비 법전이 바로 그러한 맥락에서 시작된 대표적인 예시이다. 동서고금을 막론하고 인간 사회에는 늘 현자가 필요했다. 그 현자들이 서양에서는 철학자였고 동양에서는 군자였다. 그리스 곧 헬라에서는 철인이었다. 그리스 철학이나 인도의 힌두교, 불교의 경전이나 공자, 장자, 그리고 노자의 가르침 등도 나름 좋은 세상을 만들어 보려는 뜻에서 나왔다. 하지만 성경은 그런 것을 초등 학문이나 헛된 속임수라 말한다. 세상의 철학이 창조주를 인정하지 않는 인간에게서 나왔기 때문이다. 그런 철학은 문제를 해결하는 하나의 방법은 될 수 있으나, 하나님의 뜻을 전적으로 반영하지 않기 때문에 그 사상 자체가 온전할 수 없다. 그리고 그 온전하지 않은 사상에서 법이 나오고 그 법에서 제도가 나와 부작용을 낳는다. 바르고 좋은 사상으로부터 좋은 제도가 나올지라도, 인간의 악한 성향이 바뀌지 않는 한 그 제도를 운영하는 방식이 또 문제가 될 수밖에 없다.

바울이 지식이 부족해서 철학을 헛된 속임수라 말한 것이 아니다. 그는 상당한 교육을 받은 사람이었으며 그리스 철학에도 익숙했고, 모든 철학을 하나님의 주권과 진리에 비추어 판단했다. 그렇기에 그는 "철학과 헛된 속임수"를 경계하라고 경고할 수 있었다.

248

결국, 중요한 것은 관점이다. 철학을 논하기에 앞서, 그 철학이 어떤 관점을 기반으로 하는지 기독교 세계관으로 분별해야 한다.

3. 메소포타미아와 이집트 문명의 정신을 거절하시고 십계명과 율법을 주시다.

하나님께서 아브라함을 택하시고 그를 가나안 땅으로 이끌어 가신 것은 새로운 백성 곧 새로운 나라를 세우기 위해서였다. 하나님 중심이 되어 하나님께서 명령하신 것을 이루기 위해 순종하고, 세상에서의 성공이 아니라 하나님의 복 주심으로 사는 새로운 백성을 원하셨다. 또한, 아브라함과 그 후손이 공도를 행하도록 아브라함을 택하셨다(창18:18). 아브라함이 공도를 행한다는 것은, 약속에 신실하신 하나님의 주권을 인정하고 언약에 순종함으로써 받는 복으로 살아가는 새 백성의 특징을 삶의 원리로 삼는 것을 말한다.

하나님께서는 아브라함과 약속하신 것을 출애굽으로 이루시고, 광야에서 하나님의 충분성을 경험시켜 주시며 이스라엘 백성과 언약을 맺으셨다. 모세 공동체인 이스라엘에게는 십계명과 율법, 그리고 율례를 행하며 사는 것이 공도로 나타난다. 하나님에 대한 충분한 경험의 결과로 십계명이 주어졌고, 그것을 삶의 영역에 구체적으로 적용한 것이 율법이다. 그 율법을 지탱하는 힘은 공동체가 절기를 지키며 은혜를 기억하는 것이었다. 그리고 그 절기를 통해 은혜를 기억하고 묵상하며 얻은 구원에 대한 감격은 안식일, 안식년, 면제년 그리고 희년을 지키는 삶을 가능하게 하였다. 그러한 제도들은 구원의 은혜가 적용된 것이며, 또한 노예 생활하던 백성들이 구원받아 제사장 나라로 세워졌음을 보여준다. 그 은혜를 잃어버리게 되면 결코 세노를 지킬 수 없으며, 다시 이집트나 가나안 족속과 같은 모습으로 돌아간다.

이처럼 하나님의 구원역사에 대한 직접적인 경험은 이스라엘로 하여금 순종으로 제사장 나라를 이루도록 했다. 이러한 이스라엘 나라에 대한 정확한 이해가 철학의 근간이 되어야 한다. 이스라엘을 바르게 이해할 때 하나님과 그분의 사상, 토지제도, 그리고 공도를 행하는 삶의 모습을 제대로 이해할 수 있기 때문이다.

4. 예수님이 선포하신 하나님 나라가 철학 사상의 핵심이 되어야 한다.

하나님이신 예수님께서 이 땅에 참된 인간으로 오셔서 하나님 나라를 선포하시고 그 백성이 어떻게 살아야 할지를 가르쳐 주셨다. 산상수훈과 제자도, 그리고 새 언약이 백성들이 살아내야 할 공도이다. 예수님께서 산상수훈을 통해 하나님 나라 백성의 정체성과 바른 율법 이해, 경건과 관점, 그리고 추구해야 할 바를 가르치셨다. 결국, 예수님 자신의 말씀을 지켜 행하는 것이 지혜로운 삶이라고 하셨다.

또한, 제자도를 통해 제자들에게 어떻게 사역해야 할지 가르쳐주셨다. 복음서의 내용을 보면 하나님 나라의 모습, 그리고 그 백성들과 사역자들이 살아야 할 삶의 모습을 알게 된다.

예수 그리스도께서 공생애 마지막 시간에 유월절을 지키시면서 새 언약을 제정하셨다. 새 언약을 선포하시며 언약의 내용으로 "서로 사랑하라"라는 말씀을 주셨다. 이로써 하나님의 뜻이 온전히 적용되는 하나님의 나라가 이루어지도록 하셨다. 그 나라의 모습은 사도행전 2장에 나타나는 교회의 모습이다(행2:42-47). 사도의 가르침을 받아 교제하고 떡을 나누는 모습, 그리고 기도하고 유무 상통하며 은혜로 세상을 향해 나아가는 모습이 교회를 통해 드러난 하나님 나라이다.

이처럼 하나님 나라의 공도가 아브라함에게는 하나님의 주권을 인정하는 것으로, 모세 공동체에게는 십계명과 율법, 절기와 제도를 지키는 것으로, 신약의 성도들에게는 예수를 믿고 서로 사랑하는 것으로 드러났다. 또, 예수님은 먼저 그 나라 즉, 의를 구하라고 하셨다. 이런 구속의 역사는 새로운 패턴의 삶을 살 수 있게 한다. 세상의 철학은 예수 그리스도를 단지 종교의 창시자로만 여기며, 그 가르침을 종교적 교리에 국한시킬 뿐 통치 사상으로는 보지 않는다. 이것은 철학이나 정치가 타락을 극복하지 못하는 충분한 이유가 된다. 그리스도 예수는 영혼 구원만이 아니라 사람들의 삶의 근간이 되는 사상도 구원에 이르기를 원하신다. 이것이 바로 하나님의 뜻이 모든 사상의 핵심이 되어야 하는 이유이다.

5. 기독교 세계관은 철학의 관점이 되어야 한다.

진리에 입각한 기독교 세계관은 세상의 모든 철학과 사상을 분별하는 인식의 틀이다. 따라서 이러한 인식의 틀을 통하지 않고 세상의 이치를 탐구하면 철학은 방향을 잃고 왜곡될 수밖에 없다. 즉, 참이신 하나님의 관점에서 멀어진 모든 철학과 학문은 세상을 혼란케 하는 초등학문이나 헛된 속임수에 불과하고, 결국 백 보좌의 의롭고 거룩한 심판의 때에 형벌을 면할 수 없다. 하나님을 대적하여 높아진 모든 이론은 파괴될 것이다.(고후 10:5)

모든 철학은 자존하신 하나님의 예정을 통해 하나님의 의도가 나타났음을 인정해야 한다. 또한, 하나님의 창조를 통해 하나님의 의도가 이루어졌고 이 세상의 기원과 본질 그리고 목적이 드러났다는 것을 인정해야 한다. 하나님의 자존과 예정, 그리고 창조를 인정하지 않는 모든 철학과 사상은 그저 이 사회에서 일어나는 현상에 대한 피상적 논의에 그치게 된다. 모두를 유익하게 하기 위한 사상의 적용이 아닌, 자기중심적으로 또는 소수의 이익에 맞게 사상을 왜곡하여 만든 법과 제도는 공도가 아니다. 이는 찬성하지 않는 자들에게는 폭력이 된다.

세상의 철학은 "정의란 무엇인가"에 대해 역사 속에서 끊임없이 탐구해왔다. 소크라테스와 플라톤에게 정의란 이데아의 세계를 이해한 철인의 가르침대로 사회가 운영되는 것이었다. 근대에 이르러 벤담은 소수의 몇몇보다는 절대 최대 다수의 최대 행복을 추구하는 것이 더 정의롭다고 주장했다. 그의 사상은 시민계급의 출현을 가져왔고 민주주의의 기초를 놓았지만, 안타깝게도 결과적으로는 전체주의라는 괴물을 낳았다. 경제철학의 영역에서는 아담 스미스가 당시 왕과 상인세력이 결탁해 발생한 불합리한 중상주의 문제를 해결하기 위해, 누구나 자유롭게 재산을 소유하고 분업을 통해 대량생산하며 시장에서 자유롭게 교환할 수 있는 "자유시장경제"를 주장했다. 이것은 중상주의의 문제를 일부 해결했지만, 자본주의를 확고히 하였고 모두가 잘살 수 있다는 그의 꿈은 실현되지 못한 채 불평등 문제를 초래하였다. 현시대는 이보다 더 나아가 신자유주의와 금융자본주의가 지배하면서 불평등과 빈부 격차가 더욱 심화되었고, 기본적인 행복 추구권마저 침해받는 사회가 되어가고 있다. 이처럼 하나님의 주권을 인정하지 않는 사람들이 만들어내는 모든 사상은 본질적으로 불완전하며, 그 안에는 사탄의 달콤한 속임수가 들어있을 수밖에 없다.

이러한 세상 철학은 대속과 구속을 믿지 않는다. 기본적으로 인간의 타락을 인정하지 않기 때문이다. 타락을 인정하지 않으면 구속을 논할 수 없기에, 타락으로 야기된 죄성을 극복할 수 없고 구속이 만드는 선을 추구할 수 없다. 마이크 샌델은 사회가 공동의 선을 도출해야 한다 했지만, 타락한 인간은 자기가 주인 됨을 포기할 수 없어 결코 그 선을 합의해낼 수 없다. 타락한 인간은 생각하고 계획하는 바가 어려서부터 항상 악하기 때문에 구속의 은혜 없이는 결코 선하게 살 수 없다.

기득권을 포기할 마음이 없는 자들이 자유라는 이름 아래에 사는 이 세상에서는 결코 함께 잘 사는 아름다움을 위한 사상이나 제도를 만들 수 없다. 롤스가 정의를 논하면서 "타고난 재능조차도 자기의 노력으로 얻은 것이 아니니 그 재능은 누구를 이기기 위한 것이 아니라 섬기기 위한 것이 되어야 한다"라고 주장했다. 더 나아가 가장 약한 자의 입장에서 정의롭다고 생각되는 것이 진정한 정의가 된다고 주장했다. 하지만 기득권자들은 롤스의 정의론에 동의하지 않는다. 자본가는 자신이 보유한 자본을 투자하고 생산 활동하여 창출한 부를 소유하는 것을 당연한 권리로 여긴다. 마잔가지로 재능을 타고난 사람들은 자기 재능으로 얻은 것들을 소유할 권리가 있다고 생각한다. 그러나 기독교 세계관으로 보면 이러한 태도는 정의가 아니라 치부하고 사치하는 것이다. 하나님 앞에서 받은 모든 것은 개인의 누림만을 위한 것이 아니라 사랑의 정치를 위한 선물이다.

그렇다면 마이클 샌델이 주장하는 공동선이란 무엇이어야 하는가? 결국, 그 공동선은 인간의 힘이나 도덕적 이상만으로 이룰 수 있는 것이 아니다. 그것은 오직 하나님 중심의 사람이 될 때 가능하다.

일반적 관점으로는 실패의 경험과 반성을 통해, 그리고 도전과 응전을 통해 나름 더 바른 가치를 담은 사상과 제도가 나올 때 세상이 정의로워진다고 생각할 수 있다. 칼 마르크스 또한 이러한 관점에서 기존의 공상적 사회주의를 계승해 '공산주의'를 체계화하며 이를 역사 흐름에 따른 필연적 진리라 주장했다. 그러나 근본적으로 인간의 죄악된 성향이 해결되지 않는 한, 이 세상에서 기득권에 입각한 사상의 전개는 계속될 수밖에 없다. 결국, 성경적 관점을 배제하는 한 그 어디에도 무오한 사상의 최정점은 존재하지 않는다.

예수 그리스도께서 이 세상에 메시아 왕국을 드러내기 위해 십자가로 대속하셨고, 성령을 주심으로 교회를 이루셨다. 교회를 통해 주의 뜻이 이루어지게 하셨으며 그런 교회를 세상을 향한 소금과 빛이라고 하셨다. 주님은 교회가 새로운 경제 질서를 가진 "서로 사랑"하는 가족공동체로 살도록 하셨다.

이제 그리스도 예수의 제자인 우리 모두 그리스도의 관점을 받아들이고, 그것으로 세상을 통찰해야 한다. 주님의 제자가 되어야만 참된 철학자가 되고 참된 사상가가 될 수 있다. 자기가 자신의 주인인 듯, 인간이 세상의 주인인 듯 살면 안 된다. 에덴의 첫 인류를 생각해 보면 알 수 있듯, 인간은 세상의 주인이 아니라 관리자이며 대리 통치자이다. 하나님처럼 되려는 생각은 사탄의 속임수에서 비롯된 것이며, 그 생각을 따라 행한 결과는 죄를 낳았고 결국 저주와 죽음에 이르게 되었다.

더 나아가 우리는 역사 속에서 철학자나 사상가가 만들어 낸 모든 이론을 기독교적 관점으로 재해석해야 한다. 그것이 죄로 물든 사상, 법과 제도 속에서 독소를 제거하는 방법이다.

기독교 사상이 모든 나라에 적용되는 것은 그리스도의 심판 이후에야 가능하다. 인간이 악하기 때문이다. 그럼에도 주님의 제자는 그리스도의 관점으로 모든 것을 해석하고 분별하여, 옳고 이치에 맞는 것만 받아들여야 한다. 특히 교회와 가정, 기독교 공동체 내에서는 기독교 세계관적 통찰과 결과의 적용이 가능하다. 함께 공부하고 노력하다 보면 교회가 하나님의 통치 곧, 하나님 나라를 드러낼 수 있다.

기득권층과 지식인이 하나님을 경외하지 않으면 일반 사람들보다 더 많이 세상을 망칠 수 있다. 하나님을 경외함으로 참 지혜를 구하고 철학을 논하는 일은 모든 이에게 필요하지만, 영향력이 큰 이들에게는 그 책임이 더욱 막중하다. 성경을 보면, 각 지역에서 많은 지혜자들이 솔로몬의 지혜를 듣고자 찾아왔다. 그들은 솔로몬의 지혜에 감동했고 그 지혜의 수강자가 되었다. 예수께서는 그런 솔로몬의 지혜보다 더 뛰어난 지혜를 가지신 분이라 자신을 소개하셨다. 그리고 성령을 진리의 영이자 지혜의 은사를 주시는 영이라 소개하셨다. 바울은 그런 그리스도 안에 지혜와 지식의 모든 보화가 감추어져 있다고 말했다(골2:3). 그러므로 참 철학을 하기 위해서는 오직 그리스도의 참 제자가 되어야 하며, 성령의 충만함을 바라고 구해야 한다. 예수님은 사탄에 대하여 십자가로 승리하시고 하늘과 땅의 모든 권세를 받으신 후, 제자들에게 모든 민족을 제자 삼고 세례 주며 가르쳐 지키게 하라 명하셨다. 참 제자가 되어 참 철학을 하는 신자들은 이런 대위임령을 사명으로 받아, 참 철학을 통해 얻은 지혜를 이 세상에 널리 흘려보내야 한다.

묵상과 토론을 위한 질문

1. 기독교 세계관은 "참된 철학의 눈과 방향"입니다. 내가 현재 따르는 철학적/정치·경제적 관점 중, 하나님의 주권(자존·예정·창조)을 전제로 하지 않는 요소는 무엇이며 어떻게 교정하겠습니까?

2. 바울이 말한 "철학과 헛된 속임수"(골 2:8)를 분별케 하는 기준은 무엇입니까? 자신이 매체·교육·직장에서 접하는 사상들을 이 기준으로 검증하면 무엇을 남기고 무엇을 버려야 하나요?

3. 메소포타미아·이집트 문명의 정신을 거절하고 주신 십계명·율법·절기는 오늘의 제도(토지·주거·부채·노동)에 어떤 원리로 적용될 수 있을까요?

4. 예수님이 선포하신 하나님 나라는 '산상수훈-제자도-새 언약(서로 사랑)'으로 구체화됩니다. 본인이 속한 공동체에서 이 세 축을 동시에 실천한다면 지금 어떤 변화가 필요하며, 먼저 무엇부터 순종하겠습니까?

5. "정의"를 플라톤·벤담·롤스·샌델의 사상과 대비하여 논의해 보았습니다. 이들의 이론이 간과하는 관점은 무엇이며, 그 결핍이 실제 정책(분배·복지·자유)에 어떤 왜곡을 낳았습니까?

6. "재능·자본·시간은 사랑의 정치(공동선)를 위한 선물"이라는 주
   장에 동의하십니까? 그렇다면 내 재능·자본·시간을 통해 공동
   선을 증진할 구체적 결단을 적어보세요.

7. 교회가 새로운 경제 질서를 가진 가족공동체(유무상통)가 되어
   야 한다는 말에 동의하십니까? 그렇다면 그 공동체적 경제 윤
   리를 본인의 삶에서 어떻게 실천하겠습니까? 그렇지 않다면
   그 이유는 무엇이며, 그것을 극복하기 위해 어떤 변화를 결단
   하겠습니까?

8. "철학은 세계관의 영향을 받는다." 본인이 삶의 영역에서 사용
   하는 개념(인간관, 합리성, 효율성, 권리 등)에 스며든 비성경
   적 전제를 하나 찾아 기독교 세계관으로 다시 정의해 보세요.

9. 사상·법·제도는 결국 '운영하는 인간의 죄성'으로 인해 무너진
   다고 했습니다. 그 한계를 전제할 때, 신자는 공적 영역에서
   어떤 태도와 실천으로 그것을 극복할 수 있을까요?

10. "참 철학을 위해 제자 삼고, 가르쳐 지키게 하라"는 대위임
    령을 소명으로 받을 때, 내 일상(직장·학교·가정·교회)에서
    '철학하는 제자'로 살기 위해 강화 또는 교정해야 할 습관이
    있다면 무엇일까요?

12장. 기독교 세계관과 학문

1. 학문을 한다는 것은 무엇인가?

　사람이 공부(工夫)한다는 것은 어느 분야의 달인이 되기 위해 자신을 연마하는 것이며, 학습한다는 것은 배우고 익힌다는 것이다. 학문을 한다는 것은 우주 만물의 이치를 배워 사람이 사람답게 되는 것이다. 사람들은 글자를 만들어 그 우주 만물의 이치를 지식으로 보존했다. 글자는 언어의 소리와 의미를 담는 기호이자 부호이다. 언어와 글에 뜻과 의미를 담아 소통하는 것은 인간의 특징이다. 그러므로 학문을 한다는 것은 뜻과 의미를 담아 소통하며 생각을 발전시키는 작업이고, 또한 사물과 세상에 대한 이해를 넓혀 생각의 힘을 키워 가는 과정이다. 더 나아가 한자로 '학문(學文)'의 의미를 살펴보면, 우주 만물의 이치를 알아 마음이 아름다워진다는 뜻이다. 학문은 '배울 학', '글월 문'으로 구성되는데, 배울 학(學)은 우주 만물의 이치를 손으로 감싸 아들에게 올려 준다는 의미이다. 글월 문(文)은 본래 무늬와 질서를 뜻하며, 글이 사람의 마음을 단정하고 곱게 빚는 힘을 가진다는 의미를 담고 있다. 그래서 한자를 공부하는 사람들은 글에 마음을 아름답게 하는 기능이 있다고 믿었으며, 학문을 통해 우주 만물의 이치를 담은 글을 읽게 되면 사람이 사람다워진다고 생각했다. 그리고 기독교 세계관에서 볼 때 학문을 한다는 것은 우주 만물의 이치를 창조주의 관점으로 연구하고 이해하여 정리하는 것이다. 따라서 학문은 하나님의 형상대로 지음 받은 사람으로서 세상을 다스리기 위한 준비 과정이다.

　모든 인간은 성장 과정을 겪기 때문에, 그 과정에 따라 배움의 내용과 깊이가 다르다. 태어난 후에 신체와 뇌, 마음이 자라나는 과정을 거치는데, 그 과정에 따라 학문의 수준과 양도 달라진다. 뇌의 발달과정에 따라 지·정·의가 고르게 발달할 수 있도록 교육과정이 준비되어야 한다.

사람은 존재 유지와 존재 목적을 위해 교양과 교훈이 각기 필요하다. 이런 면에서, 학문은 존재 유지를 위한 공부와 존재 목적을 위한 공부로 나누어 볼 수 있다. 단순히 생존에 필요한 것을 얻기 위한 공부도 있고 자신을 존재하게 하신 분의 뜻을 펼치기 위한 공부도 있는 것이다. 이런 것을 생각할 때 사람은 자기 성장과 완성을 위한 공부도, 세상을 섬기기 위한 공부도 모두 해야 한다. 공부를 통해 자기 성장과 성숙을 이루지 않고 세상을 섬기기 위한 철학이 정립되지 않으면 세상에 해를 끼치는 사람이 될 수 있다.

바울은 성경이 하나님의 감동으로 된 것으로, 구원에 이르는 지혜가 있으며 교훈과 책망과 바르게 함과 의로 교육하기에 유익하여, 하나님의 사람으로 모든 선한 일을 행하기에 온전케 한다고 말한다(딤후3:16-17). 참다운 사람이 되기 위한 공부 교재로 성경을 꾸준히 읽고 교훈을 받는 것은 너무나 중요하다.

그러므로 모든 학문의 기초는 성경을 공부하는 것에서부터 시작되어야 한다. 모세는 신명기에 왕이 지켜야 할 규례를 기록하여 권면했다. 제사장이 가지고 있는 율법 책을 등사하여 주야로 읽어 여호와 경외하기를 배우면 형제들 속에서 겸손하게 되고 그 보좌의 자리가 길 것이라고 했다(신17:18-20). 학문하는 기본자세를 성경에서 배울 수 있기에, 성경을 공부하는 것은 모든 공부의 시작이며 마침이어야 한다.

2. 학문의 기준으로서의 성경과 기독교 세계관

성경은 하나님의 자기 계시의 기록이자 하나님의 역사와 경륜의 기록이다. 또한, 공동체가 하나님에 대하여 직접 체험한 이야기의 기록이다. 특히나 창세기에는 기원에 관한 자료가 가득하다. 창세기는 조상들로부터 전해 내려온 창조에 관한 이야기와 그 조상들의 이야기인데, 출애굽을 통해 하나님이 상천하지의 하나님이심을 알게 된 사람들이 믿고 수용한 내용의 기록이다. 이러한 맥락에서 성경의 내용은 앞의 책과 뒤의 책마다 저자가 다르더라도 모순되는 점이 없다. 성경은 정확하고 오류가 없는 말씀으로, 모든 인류의 생각과 행동의 기준이 된다.

곧 성경은 진리이다. 성경의 내용을 공부하여 이해하게 되면 앞에서 이미 논한 것 같이 하나님의 주권과 뜻, 나라와 언약, 그리고 하나님의 경륜과 메시아의 왕국이 무엇을 의미하는지 알게 된다. 그리고 성경을 이해하고 정리하여 신학의 체계를 세우는 과정에서 발견한 하나님의 경륜을 깊이 묵상하다 보면 기독교 세계관이 드러난다. 분명히 드러난 하나님의 마음과 관점을 인류 모두가 받아들이고 그 관점으로 모든 것을 생각해야 하지만, 타락한 인간들은 자기가 주인이 되는 것을 포기할 수 없어서 기독교 세계관을 거절한다. 그리고 삶의 주인이라는 착각에 빠진 채 자신도 모르는 사이에 사탄의 졸개가 되어 인생을 허비하게 된다. 인간의 시선으로 옳다고 생각되는 그 어떤 사상과 학문도 부분적으로만 옳을 뿐 하나님의 관점이 없으면 불완전하다(잠14:12). 그러므로 교회 밖 세상에서의 학문은 혼돈이다. 그러나 교회 공동체는 진리의 기둥과 터인 하나님의 집이며 그 가르침의 내용인 성경은 진리이고 사람을 사람답게 한다.

성경이 교회뿐만 아니라 모든 사람의 기준이 되기 위해서는 하나님의 선택을 받은 공동체의 역할이 중요하다. 하나님의 뜻을 세상에 드러내기 위해서는 개인적으로도 흠 없이 살아야 하지만, 하나님의 통치를 보여주어야 하는 공동체가 성경 말씀을 기준으로 삼고 공부해야 한다. 에덴동산의 아담 공동체는 하나님의 말씀을 저버려서 그 맛을 잃었다. 노아 공동체도 하나님의 은혜를 받았으니 그 은혜로 서로를 대해야 했다. 그러나 노아의 아들 함은 은혜를 저버리고 스스로 판단자가 되었고 결국 죄의 통로가 되었다. 가나안에 정착한 이스라엘은 하나님의 말씀을 듣고 순종할 때 열국 가운데 하나님의 소유와 제사장 나라가 되어 거룩한 백성으로 살 수 있었다. 그러나 시간이 흐르면서 말씀에 대한 순종을 잃어버렸고, 결국 멸망하고 말았다. 주께서 죽음과 부활 그리고 승천을 통해 성령을 보내주시어 세우신 교회 역시 중세에 들어 신학적으로 이원론을 수용함으로써 타락하게 되었다. 교회당과 성전을 구분하지 못한 채, 유대교의 성전 개념과 세속 종교의 신전 양식을 모방함으로써 점차 부패하게 되었다. 특히 313년 콘스탄틴의 밀라노 칙령으로 종교의 자유가 선포되자 교회의 지도자들이 세상에 드러나게 되었는데, 이로 인해 교권은 정치 권력과 야합하여 부패하게 되었고, 그 결과 교회는 결국 중세의 암흑기를 맞게 되었다.

이러한 중세의 암흑기에 대한 반발로 르네상스 문예 부흥이 일어났다. 이는 교회에 실망한 사람들이 세상 철학에 빠져 성경과 신앙을 멀리하는 계기가 되었다. 그렇게 세상 철학으로 들어간 사람들은 이성을 판단자의 위치에 놓았다. 그들은 중세 교회의 세속화를 넘어 아예 하나님을 떠나는 길로 나아갔다. 물론 종교 개혁자들의 노력으로 교회 개혁 운동이 일어나 말씀으로의 회복이 주장됐지만, 성경을 모든 영역의 기준과 척도로 삼아 적용하는 데에는 성공하지 못했다.

그 이후, 신학은 여전히 철학이나 다른 학문에 기준이나 방향이 되지 못하고 있다. 그러나 성경은 하나님께서 인류에게 주신 계시이기에 모든 학문의 기준이 되어야 한다. 성경의 내용을 정리한 바른 신학은 철학과 학문의 방향이 되며, 그 신학에서 나온 기독교적 관점은 세상을 통찰하는 참된 눈이 됨에 틀림이 없다.

3. 철학의 눈으로서의 성경과 기독교 세계관

<11장. 기독교 세계관과 철학>에서는 세상 철학을 분별해야 할 필요성에 대해 살펴보았다면, 이번 장에서는 왜 성경이 철학의 기준이 되며 학문의 배경이 되어야 하는지를 조금 더 생각해 볼 것이다.

성경을 이해하여 체계적으로 정리한 것이 신학이다. 신학은

바른 관점의 근거가 되고 그 관점으로 사고하는 것이 철학이다. 신학과 그 신학의 관점에 부합한 철학은 모든 학문의 모태이자 시작이 된다. 성경을 정리하여 학문화한 신학을 관점 삼아 관찰하고 분별하고 사고하는 과정을 통해, 우주 만물의 각 분야를 통찰하고 이해하여 정리하는 것이 참된 철학이며 학문이다.

일반학문으로는 보이지 않는 신에 대해 아무리 연구해도 그 답을 찾을 수 없다. 그러나 신학은 하나님께서 주신 계시의 기록인 성경을 연구하고 그 계시를 해석하여 체계화한 것이다. 따라서 성경이 인정하는 바른 신학은 올바른 연구 방법을 통해 하나님에 관한 내용을 정리한 것이며, 이런 신학이 제시하는 바른 관점이 모든 학문의 방향이 되어야 한다.

그러므로 철학이 참된 학문이 되기 위해서는 신학의 관점, 특히 기독교 세계관을 받아들이고, 그것으로 모든 것을 통찰해야 한다. 더 나아가 기독교 세계관을 관점으로 하는 철학으로 각 분야를 자세하고 깊이 있게 통찰함으로써 각 학문을 점검해야 한다. 학문이 기독교 세계관에 입각한 참된 철학으로 통합되지 않으면 하나의 기능적 수단으로 악용되어 사회에 해악을 끼칠 수 있다. 결국, 철학이 신학을 버리면 그 철학으로부터 구체화된 모든 학문은 타락을 극복할 수 없기에, 세상에 큰 재앙을 가져올 수밖에 없다.

역사를 살펴보면, 문명의 발전이 주는 편리함의 이면에서 세상은 고통을 받아 왔다. 청동기, 철기의 발견과 활용으로 문명

사회가 되면서 농업이 발전하고 생산성이 높아졌다. 그것에 감사하며 나누고 살아야 했지만, 오히려 더 욕심을 내고 전쟁을 일으켜 다른 민족을 정복했다. 피정복민들은 노예가 되어 생산에 동원되었고, 지배층 곧 시민층은 노예들의 노농을 통해 노동으로부터의 자유와 자신들의 특권적 지위를 누리는 사회를 구축했다. 이것이 아이러니하게도 그리스 아테네 민주주의의 기원이다.

농업혁명 이후 오랜 세월이 흐른 뒤 1·2차 산업혁명이 일어났고, 이는 식민지 쟁탈과 제국주의로 이어져 결국 1·2차 세계대전이라는 비극적 결말을 낳았다. 3차 산업혁명은 사람들을 노동 시장에서 쫓아내기 시작했다. 인간을 위해 발달한 과학기술은 오히려 노동 시장에서 인간 소외를 초래했다. 현재, 그런 3차 산업혁명에 이어 4차 산업혁명이 진행되고 있다. 4차 산업혁명이 완전한 궤도에 오르면 수많은 사람이 노동의 현장에서 멀어지고 직업의 종말을 경험할 것이라 미래학자들은 말한다.

1·2·3차 산업혁명의 과정에서 사회는 많은 혼란을 겪은 후에야 안정화되었다. 원래 '혁명'이라는 말은 기존의 질서를 파괴하고 새로운 질서를 만들어 내는 것을 의미한다. 산업혁명이 일어나면 기존의 기술로 이루어진 산업은 점차 입지가 좁아진다. 기술 혁신은 노동 시장뿐만 아니라 국민의 생활까지 바꿔왔지만, 이에 상응하는 인문학적 사상이 발달하지 못하면 오히려 세상은 누군가에게는 지옥과도 같은 공간이 된다. 그런 의미에서 철학의 사명은 매우 막중하다고 할 수 있다. 철학이 본

래의 사명을 감당하도록 신학이 바른 길을 제시해야 하며, 이 점에서 성경을 정리해 관점을 제시하는 신학자들의 역할은 매우 중요하다. 본래 신학자와 철학자는 구분되어서는 안 된다. 신학자인 동시에 철학자가 되어 세상의 문제에 답을 줄 수 있어야 한다.

아무리 세상의 학문이 발달하더라도 인간의 죄성은 극복할 수 없다. 그렇기에 성경적 인문학의 발달이 더욱 필요하다. 인간은 자연 자원을 활용하여 문명을 이루고 살아간다. 자연 자원을 더 효율적으로 활용하기 위해서 기술을 축적했고 과학을 발전시켰다. 그 과학 기술을 후대에 전수하기 위해 교육이 필요했고, 그 결과 교육은 사회의 핵심 가치로 자리 잡았다. 또한, 사회가 원활히 운영되기 위해서는 좋은 통치체제가 필요했다. 그 통치체제는 인문학 사상에서 비롯되어 인문학의 발전으로 이어졌다. 오늘날의 세계는 어느 나라가 과학 기술을 선도하여 패권을 장악할 것인가에 관심이 집중되어 있다. 이렇듯 죄성으로 인해 자기중심적인 인간이 추구하는 바는 권력과 이익이다. 성경적 인문학이 아닌 세속 사상이 해결책으로 등장하면 일시적으로는 효과가 있을지라도 결국 부작용을 겪게 된다. 이 세상을 창조하여 인간에게 관리하도록 위임하신 주님께서 과학 기술의 원리를 알게 하셨고 좋은 통치 제도를 주셨다. 우리를 통해 주님의 뜻에 부합하는 통치가 지속적으로 진행되려면 하나님의 주권을 인정하는 학문을 통해 많은 인재가 세상으로 파송되어야 한다.

교회는 바로 그런 학문을 하는 사람들의 모임이다. 모두 그리스도의 제자가 되어 그의 가르침을 삶으로 살아내기 위해 공부하는 자들이다. 창조의 문화명령을 그리스도의 제자명령으로 실천하는 자들이다. 그리스도 안에서 구속받은 사람들은 통치원리와 과학 기술을 공부하여 자원을 선용함으로써 사람들에게 유익을 주고 세상의 소금과 빛이 되어야 한다. 통치원리가 적용된 공동체의 탁월한 삶을 세상에 드러내어 선한 영향력을 끼쳐야 하는 존재들이다. 성경은 하나님의 주권을 인정하고 하나님의 뜻대로 사는 사람들 속에서 모든 것이 합력하여 선을 이룬다고 한다. 자연과학이 발전할수록 하나님의 주권을 인정하는 기독교 세계관을 바탕으로 학문을 탐구하여, 악한 자들이 악용하지 못하도록 안전장치를 만드는 것이 필요하다.

산업화가 진행되면 반드시 부의 이동이 일어나는데, 그 부는 좋은 제도가 없다면 사람들을 고통 속에 몰아넣게 된다. 불평등은 심화되며, 기회를 놓친 사람들은 노동으로부터의 해방이 아니라 직업의 종말로 인해 고된 삶을 살 수밖에 없다. 역사는 이미 여러 차례의 기술혁명을 통해 이러한 결과가 반복되어왔음을 분명히 보여주고 있다.

고대에는 철기 문명을 바탕으로 제국이 건설되었고, 그 결과 왕과 귀족들을 위한 세상이 만들어졌다. 중세에 들어서는 봉건 제도가 자리 잡으면서 왕과 영주들, 종교지도자들의 권력을 위한 사회질서가 형성되었다. 그리고 중세의 종교지도자들이 만든 비성경적 신학은 왜곡된 관점을 만들었고 그 관점은 역사 속에서 많은 잘못된 일을 양산하게 되었다. 그중 중세의 십자군 전쟁은 기독교 역사상 최대의 죄악이라 할 수 있다. 성경은 더는 이스라엘이 머물렀던 가나안 땅만을 성지라고 말하지 않는다. 하나님의 뜻이 이루어지는 모든 곳을 성지라 말한다. 구약의 이스라엘의 예루살렘은 신약에 와서 교회로 완성되었고, 세상을 의미 있게 만드는 사역을 감당하도록 세워졌다. 하지만 교회가 잘못된 사상을 받아들이면서 그 신학이 비성경적으로 변질되었고, 그 결과 바른 삶을 살 수 없게 되었다. 교회는 청지기적 삶 대신 죄악의 중심에 서게 되었다.

중세의 십자군 전쟁은 단순한 종교적 충돌을 넘어 유럽의 경제와 사회 구조를 재편하는 역사적 전환점이었다. 십자군 원정 동안 상인들은 전쟁 물자의 공급을 통해 막대한 부를 축적했다. 부유해진 상인들은 자녀들에게 양질의 교육을 제공하기 위해 외국 서적을 들여왔고, 그것으로 새로운 사상과 문화를 접하게 했다. 이로써 고대 그리스·로마의 고전과 이슬람 세계의 학문이 유럽에 재유입되며, 르네상스 문예 부흥 운동의 시발점이 되었다.

동시에 상업의 확장과 국제 무역의 활성화는 부의 개념을 중농주의 즉 '토지'에서 '귀금속과 자본'으로 이동시켰다. 그 결과, 중상주의가 태동하게 되었고, 이는 부의 집중 현상을 부추겼다. 금은보화를 축적하는 것이 부의 척도라 여겼던 중상주의는 스페인에서 그 모순을 드러내고야 말았다.

스페인은 아메리카대륙으로부터 대량의 은금을 가져오며 부를 축적했다. 이를 바탕으로 더 많은 돈을 축적하기 위해 값싼 외국 상품을 대량 수입하여 국내에 공급했고, 결국 자국 내의 생산기반은 무너질 수밖에 없었다. 중상주의는 금은보화를 부의 척도로 여긴 나머지 생산설비와 산업 기반을 진정한 부로 인식하지 못했다.

아담 스미스는 국부론에서 이런 중상주의의 모순을 비판하며 자유시장경제와 제한된 정부의 역할을 강조했다. 이는 자유방임주의, 더 나아가 야경국가론의 사상적 기초가 되었다. 국가의 역할을 치안·법질서 유지 같은 최소 기능에 한정하고, 경제 활동은 전적으로 시장의 자율에 맡겨야 한다는 입장이 야경국가론이다. 아담 스미스는 중상주의 시대에 국가와 상인의 결탁으로 특정 소수에게만 부가 집중되었던 문제를 극복하길 원했다. 그는 산업혁명과 분업을 통해 생산성이 크게 향상될 수 있다고 보았으며, 이에 더해 경제 활동의 자유만 보장된다면 누구나 잘살 수 있는 세상이 될 수 있다고 생각했다. 경제를 시장에 맡기고 개인이 자유롭게, 차별 없이 생산하고 판매하는 과정에서 누구나 부자가 될 수 있다고 생각한 것이다. 심지어 부자가 되려는 인간의 이기심마저도 생산 활동의 동기가 되어 부를 늘리는 데 도움이 될 수 있다고 주장했다. 그는 식민지를 통한 독점 무역은 실질적 이익이 되지 않는다고 보았으며, 자유무역이야말로 모든 나라가 함께 번영하는 길이라 생각했다.

그러나 아담 스미스의 이상과는 달리, 산업혁명이 진행되면서 대량생산 체제를 유지하기 위해서는 막대한 원료의 안정적 공급과 그에 맞는 광범위한 판매처가 필요했다. 그 결과 값싼 원료 수급과 상품의 판매를 위해 더 많은 식민지가 요구되었고, 산업혁명으로 부를 축적한 국가들은 제국을 꿈꾸며 치열한 식민지 쟁탈전에 나섰다. 그 최종적 결과가 바로 제1차 세계대전이었고, 전쟁 후 배상 문제를 제대로 해결하지 못한 결과 제2차 세계대전이 발발했다.

이처럼 역사는 인류가 하나님의 주권을 인정하지 않고 패권을 차지하기 위해 계속 싸운다면, 그것이 또 다른 전쟁으로 이어질 수 있음을 경고한다.

결국, 성경을 버린 신학으로 인해 왜곡된 철학이 형성되었고, 이는 세계의 수많은 혼란과 비극으로 연결되었다. 모든 학문은 철학적 사고를 기반으로 이루어지는데, 철학이 신학을 버렸기에 학문 또한 진리에 근거하여 나아가야 할 방향을 잃어버렸다. 고대 그리스의 철학자들이나 동양의 철학자들 모두 바벨탑 사건 이후 흩어진 자들의 후손이다. 그들은 신화를 만들고 철학을 논했지만, 계시 없이 깨달음만을 추구하다 보니 하나님을 아는 지식이 결여되었고 결국 왜곡된 사상을 만들어내고 말았다. 그리스 철학자들이 만물의 근원을 논한 모든 과정 역시 그들 나름으로는 본질을 탐구하기 위함이었지만, 하나님의 창조는 고려하지 않았다. 창조주의 존재에 대한 인정을 기본으로 만물의 근원에 대해 질문하지 않는다면 참된 통찰을 할 수 없다. 더 나은 세상을 만들기 위해 제시된 동양의 철학이나 산업혁명 이후 서구 사회의 사상 역시 부분적으로는 타당할 수 있으나, 하나님을 인정하지 않으므로 본질을 탐구하는 바른 철학의 방법이 될 수는 없다. 성경에 근거한 계시 의존적 사색은 철학을 넘어 모든 학문의 출발점이 되어야 한다.

4. 성경과 과학

성경과 과학은 서로 충돌하는가? 물론 아니다. 하지만 약 400년 전에 형성된 과학의 관점에서 보면 성경에는 이해하지 못할 내용이 너무 많다. 그 과학은 관찰, 실험 그리고 검증 가능한 것만 학문의 대상으로 삼기 때문에 과학주의의 입장에서 보면 성경은 신화에 가깝다. 따라서 일부 과학자들은 성경을 비과학적이라 여기며, 믿음의 영역에 속한다고 말한다. 곧 그들에게 믿음은 합리적인 것이 아니고 선택의 영역이다. 과학자들에게 신을 믿는다는 것은 과학의 영역을 넘어서는 문제에 대한 추론적 선택 방식이다. 영국의 경험론자들이 주장하는 대로 학문을 한다면 신의 영역은 실험도 관찰도 검증도 불가능한 영역이 된다. 결국, 칸트가 주창한 대로 인간의 이성으로는 하나님을 알 수 없기에 신은 오직 믿음의 영역으로 여겨질 수밖에 없다.

그러나 하나님께서는 계시라는 방법을 통해 인간이 하나님을 알도록 하셨다. 인간의 이성만으로는 신을 알 수 없지만, 하나님께서 시간과 공간이라는 물리적 세계에 자신을 계시하여 체험하게 하신 것을 통해 우리는 하나님을 알 수 있다. 그런 체험을 객관화하기 위해서 하나님은 공동체에 약속이나 예언을 주시고 그것을 성취하심으로 공동체에 속한 사람들이 경험하고 믿을 수 있도록 하셨다. 그래서 성경은 비과학적인 것이 아니라, 초과학적이다. 즉 성경은 인간의 인식 범위의 한계를 넘어서는 하나님께서 인간의 한계 안으로 자신을 드러내어 알려 주신 체험의 기록이다.

  그러므로 과학은 우주 만물이 신의 의도로 창조되었음을 인정하고, 창조주의 창조 원리와 인간이 타락하고 난 뒤 변질된 것이 무엇인지 규명해야 한다. 이러한 일을 위해 성경에 기록된 초월적인 기적들이 역사 속에서 사람들이 직접 체험한 사실임을 인정하는 겸손이 과학자들에게 필요하다. 하나님이 시간과 공간, 만물과 생명체를 창조하셨다는 것은 모든 과학의 주인이 그분이심을 뜻한다. 전체 물리학을 하는 사람들은 자신의 한계를 넘는 영역을 신의 영역으로 인정하지만, 구별된 창조주를 인정하기보다는 우주 자체의 경이로움에 빠져 "우주 자체가 신이다."라는 주장을 펼치기도 한다. 이런 주장은 범신론 사상과 일맥상통한다.

  출애굽을 경험한 백성들의 상황에서 볼 때 무신론자, 불가지론자, 다신론자, 그리고 범신론자들의 주장은 수용 불가한 거짓이다. 상천하지에 유일하신 하나님을 경험하며 그분이 창조자이심을 알았기 때문에 그들에게 성경이 모든 과학의 근거가 되는 것은 당연하다.

  창조에는 인격적인 분의 의도가 적용되어 있다. 하나님의 창조는 우주 만물의 기원을 알게 하는데 성경은 그것이 우연한 진화가 아니라 창조임을 분명히 선언한다. 성경의 첫 번째 책인 창세기 1장에 하나님께서 말씀으로 창조하시는 장면과 종류대로 창조하셨다는 말이 열 차례 반복된다. 말씀으로 창조하셨다는 것은 하나님의 의도가 원리와 법칙이 되었음을 의미한다. 종류대로 창조하셨다는 말은 하나님께서 모든 종을 구분하여 온전히 하셨다는 뜻이다. 따라서 진화론이 주장하는 것처럼 생물이 돌연변이로 진화하여 지금의 모습이 되는 것은 확률상 불가능하다. 지금의 과학은 성경에 근거하여 종의 장벽이 있기에 진화론이 성립될 수 없다는 것을 인정해야 한다. 이 같은 인식 위에서, 후성유전학이 말하는 음식과 환경에 따른 적응성이나 변질을 논해야 한다. 게놈지도를 연구하는 학자들은 문제가 있는 유전자의 문제 요소를 찾아내어 유전자 가위를 통해 교정하려고 한다. 정통 분자학을 연구하는 학자들은 영양소를 통해 세포를 교정하려고 한다. 이 두 분야의 과학은 생명에 나타난 결함을 '교정의 대상'으로 인식한다. 성경은 이러한 결함이 창조 본래의 상태가 아니라, 인간의 타락으로 인해 발생한 변질임을 분명히 밝힌다. 그러므로 과학적 연구는 모든 피조물이 온전하게 창조되었음을 인정하고, 그 변질된 상태를 원래의 모습으로 회복하고자 하는 방향으로 진행되어야 한다. 침팬지와 인간의 유전자가 98% 유사하다고 해서 그것이 곧 진화를 의미한다고 주장해서는 안 된다. 유전자는 생명체의 정보인데 수많은 지혜와 지식을 담고 있다. 따라서 인간이 가진 2% 차이의 정보의 양은 책 몇십 권에 달하는 방대한 분량이며, 이 사실 때문에 진화론과 같은 주장은 우매한 것임을 인정할 수밖에 없다. 과학의 사명은 창조주의 의도와 솜씨를 합리적으로 이해하고 밝혀 삶에 유익을 주는 것에 있다. 성경을 사실로 인정하면 만물의 기원과 본질, 그리고 목적을 규명하는 것이 훨씬 쉬워진다.

미국의 한 재판에서 창조과학자들이 주장한 지적 설계이론이 비과학적이라는 이유로 학교에서 가르치기에 부적합하다는 판결이 내려졌다. 이는 과학이라는 학문에 대한 오해로 인한 것이다. 신에 대한 것은 과학이 아니라 신학이라고 생각하기 때문에 신의 창조를 인정하는 지적 설계이론을 과학이 아니라 신학이라고 판결한 것이다. 당시 법관은 루터교 신자였고 하나님을 믿는 사람이었다. 그는 실험, 관찰, 검증의 과정을 거치는 과학적 방법만을 과학이라고 생각했다. 신의 설계를 주장하는 지적설계론을 과학적 방법으로 설명하기 어렵다는 이유로 지적설계론이 과학이 아니라는 주장을 받아들였고, 과학 시간에 지적설계이론을 가르쳐서는 안 된다는 주장 또한 받아들였다. 그리고 "유전자"가 신의 지적설계라는 주장에 대해서는 공공학교에서 특정 종교를 가르쳐서는 안 된다는 법이 이미 존재하므로, 신학인 지적설계론을 가르치는 것은 법에 위배 된다고 판결한 것이다.

하지만 평화를 위해 특정 종교를 가르치지 못하게 하는 것이 오히려 진리를 알 권리를 박탈하고 핍박하는 것이 되었다. 세상의 법이 특정 종교나 지적설계론을 가르치지 못하게 한다고 해서 성경이 거짓이거나 비과학적인 책이 아니다. 그리고 지적설계론이 틀린 것도 아니며 유전자가 우연히 진화한 것도 아니다. 과학이라는 학문의 "전제"가 잘못된 것이다. 초월적인 사건은 오히려 신의 존재를 확인하고 경험하게 하는 것이다. 물이 포도주로 변한 것은 과학적으로 이해 불가능하지만, 그 사건이 실제로 경험되었다는 사실은 과학을 넘어선 하나님의 역사를 증거한다.

결국, 과학이라는 것은 영국의 경험주의자들의 인식론적 한계를 학문에 적용한 결과이다. 대륙의 합리주의와 경험주의를 통합해서 관념론을 만들고 인간 이성의 한계를 주장한 칸트도 죄로 말미암아 하나님을 아는 지식이 어두워졌다는 사실과 성령의 조명하심으로 성경과 하나님을 알게 된다는 사실을 알지 못했다. 순수 이성으로는 하나님을 알 수 없다고 보았지만, 실천 이성의 관점에서는 하나님이 계시지 않으면 인간의 삶을 이해할 수 없다고 추론한 것도 칸트였다. 그런 상황에서도 그는 계시 의존 사색을 생각하지 않고 인간의 인식론에만 근거하여 학문을 전개했다. 그렇기에 학문이라는 것이 절대 진리에 기반한 것이 아니라 시대적 상황에서 그 틀이 형성되었다는 것을 인정해야 한다. 과학은 진리를 담는 그릇이 아니라 하나님께서 창조하신 우주 만물의 원리를 이해하고 정리하는 학문이다. 하나님 앞에서 인간과 인간이 만든 학문은 거대하고 초월적이며 완전한 진리를 담기에는 너무나 부족한 그릇임을 깨닫게 된다.

앞에서도 설명했지만, 중세 신학자 토마스 아퀴나스는 인간의 타락에도 불구하고 인간의 이성은 진리를 분별할 수 있다고 주장했다. 르네상스 문예 부흥 운동은 이러한 주장을 오해하여 이성을 진리의 판단자로 여겼고, 모든 것을 판단할 수 있는 신의 자리를 대신하게 했다. 이처럼 이성이 모든 통찰의 기준이 되어 만들어진 사상이 바로 대륙의 합리주의와 영국의 경험론이며, 이 사상들을 통합한 것이 칸트의 관념론이다. 칸트는 이성의 한계를 논하고자 순수이성 비판이라는 책에서 인간의 이성으로는 하나님을 알 수 없다고 했다. 이를 이성의 한계로 규정한다면, 칸트 이후의 사람들은 하나님의 계시로 돌아와야 했으나 중세의 교회에 대한 실망으로 인해 돌이키지 않았다. 칸트 이후 정신 현상을 논한 헤겔에 이르러서는 진리를 고정되고 영원한 것이 아닌 변하는 것으로 생각했다. 또한, 인간의 이성적·논리적 사고를 정반합 작용으로 통합하는 변증법을 주장하기에 이르렀다.

신학자인 쇠렌 키에르케골은 칸트가 주장한 이성으로 하나님을 알 수 없다는 "이성의 한계"를 인정했다. 그는 하나님께서 주신 계시의 논리를 통해 하나님을 알아야 한다기보다, 하나님을 믿어야 한다고 주장했다. 하나님은 믿음의 대상이며, 믿어야 알게 된다는 것이다. 이는 신학자가 믿음을 설명될 수 없는 것이라 말하며 과학과 신앙의 간격을 인정해버린 것이다. 이런 과정에서 신학과 과학의 구분을 넘어, 성경을 아예 비과학으로 규정하기에 이르렀다. 하지만 성경이 비록 과학을 논하진 않더라도 비과학이 아니며, 모든 과학적 사실의 주인이신 창조주의 초과학적 역사의 기록이라는 것을 인정해야 한다.

지금의 과학은 현상에 관한 학문이다. 즉 과학은 진리를 발견하는 학문이 아니라 현상을 관찰·실험·분석하여 원리를 탐구하는 학문이다. 하나님과 진리는 그분의 계시를 통해서만 제대로 알 수 있기에, 과학도는 창조주 앞에 겸손해야 하고, 과학은 신학에 방향을 물을 때 회복되고 온전해질 수 있다.

5. 성경과 사회과학

과학과 마찬가지로 인문 사회과학 또한 하나님을 떠났다. 창조와 타락 그리고 구속을 사회과학은 받아들이지 않는다. 성경이 말하는 진리, 즉 위임통치와 인간의 타락에 대한 개념을 인정하지 않기 때문에 그 본질에서 멀어졌고, 세상을 올바르게 통찰하는 지혜를 잃어버렸다. 그저 사회현상을 나름의 관점으로 분석하며 이론을 생산해왔다. 이제부터 우리는 그러한 이론들을 하나씩 알아보며, 그 한계와 문제점을 이해하고 성경적 관점에서 어떻게 회복되어야 하는지 살펴보고자 한다.

사회학을 공부하다 보면 각자의 소명에 따라 그 기능과 역할을 다하면 된다고 주장하는 기능주의는 마치 창조의 원리를 인정하는 듯 보인다. 그러나 기능주의는 이미 오래전에 타락하여 박애를 잃고, 불평등을 고착화하는 사상과 제도를 옹호하는 기득권의 이론으로 변질되었다. 기능주의와 긴밀히 연결된 자유주의와 자본주의 역시 각자가 노력하여 얻은 것을 누리며 사는 것을 정의라 생각했다. 이는 사회질서를 유지하게 하는 체계로서 한때 이상적 정의를 구현하는 듯 보였다. 그러나 시간이 지나면서 정의라 여겼던 것들이 결국 불평등과 양극화 사회로 진행된다는 것이 드러났다. 이는 결국 개인도 사회도 개인의 악이나 사회의 구조적 악에 대한 부분을 심도 있게 인식하지 못했음을 의미한다.

마르크스는 이처럼 자본을 중심으로 한 사회적 불평등 문제를 분석하여 그 해결책으로 계급 없는 사회를 주장했다. 그의 갈등주의적 시각은 이 세상을 계급투쟁의 역사, 즉 문명의 발달로 잉여 생산이 가능해지고 인류가 증가함에 따라 서로를 지배하는 과정으로 보았다. 이는 박애 정신을 잃고 소유에 집착하는 기득권자들이 만들어 놓은 계급의 불합리성이 계급 갈등으로 표출된 역사적 현상을 정확히 인식한 것이다. 마르크스의 갈등주의는 공산주의의 배경이 되었다. 하지만 이것이 사회 문제를 해결할 수 있는 이론이 되지 못했다는 사실은 역사를 통해 이미 증명되었다. 인간의 타락과 부패성을 고려하지 않았기 때문이다.

그리고 기능주의와 갈등주의를 적절하게 통합하여 조화와 균형을 도모해야 한다는 통합주의가 있다. 이것이 바로 수정자본주의와 사회주의의 사상적 배경이 되었다. 이는 자본주의의 모순을 해결하고자 제기된 이론으로, 생산수단의 공산화가 아니라 필요에 따른 공급을 목표로 하는 다양한 정책을 가능하게 했다. 하지만 통합주의 역시 타락과 죄성을 간과했기 때문에 아무리 제도가 바뀌어도 근본적 문제는 여전히 남아 있었고, 결국 새로운 불평등과 갈등이 반복해서 나타날 수밖에 없었다. 이러한 한계는 특히 토지 문제에서 더욱 분명하게 드러났다. 제도적 조정과 분배 정책에도 불구하고, 토지를 시장의 자유 소유에 맡기는 한 구조적 불평등은 해소되지 않았다.

토지에 대해 공소유 개념을 가진 지공주의는 저성장의 문제나 고비용 사회문제를 해결하는 단추가 될 수 있다. 그러면서도 기능주의와 갈등주의 그리고 통합주의의 문제를 해결할 실

마리가 될 수 있다. 성경에서 토지는 가문에게 주어진 것으로, 일시적으로 타인에게 넘어가더라도 희년 제도를 통해 다시 후손에게 돌려주도록 되어 있어 가난이 구조적으로 대물림되지 않았다. 곧 희년은 기본 생존권과 소득을 보장하는 제도였다. 하나님께서는 하나님 나라를 보여주는 이스라엘에게 하나님이 주시는 복으로 살게 되는, 그리고 사람이 하나님의 형상으로 존귀한 대접을 받게 되는 제도를 만들어 주셨다. 하지만 이런 지공주의는 극히 일부의 나라나 지역에서만 시행되고 있다.

이처럼 역사 속에서 나타난 기능주의, 갈등주의, 통합주의의 주요 사상들은 모두 기독교 세계관적 통찰이 없었기에 그 한계를 드러냈다. 지공주의는 성경의 세계관을 받아들이지만, 극소수만이 받아들이고 있어서 영향력이 미미하다. 자유주의와 자본주의는 제국주의를 꿈꾸게 하고 다른 나라를 식민지로 만들었다. 공산주의는 평등을 추구했지만 독재 국가를 형성하여 국민에게 폭력을 가했고, 공산주의자들은 자신이 기득권이 되어 또 다른 계급 사회를 만들었다. 인간 안에 내재하는 악은 어떤 이론으로도 제거될 수 없으므로, 사회과학은 세상을 구원할 진리를 담는 학문이 될 수 없다. 그저 문제의 현상을 부분적으로 이해하고 제한적인 해결책을 내놓는 데 그칠 뿐이다.

이런 이론과 사상들은 사회를 올바르게 인식하는 틀이 될 수 없고 우리로 하여금 일부분만 인식하게 한다. 애초에 인간이 타락하지 않았다면 생각할 필요조차 없는 것들이 학문 속에 너무 많이 자리 잡고 있다. 하나님께서 창조하시고 보시기에 좋다고 선언하신 세계, 그리고 인간의 타락으로 강포한 세상이 되었을 때 이를 한탄하신 그분의 마음을 기억해야 한다. 창조-타락-구속이라는 관점을 이해하고, 사회계약이 아닌 하나님의 언약 사상을 국가와 정치, 경제 이념에 적용해야 한다. 가령 빈곤 문제를 해결하려고 할 때 기능주의는 빈곤을 개인의 책임으로 본다. 자유와 능력을 가지고 노력하면 누구나 부유하게 살 수 있다고 생각하며, 가난을 개인의 무능이나 게으름 탓으로 여긴다. 이에 반해 갈등주의는 사회 구조적 악으로 인해 개인의 노력으로는 가난에서 벗어날 수 없다고 생각한다. 그래서 권리를 되찾기 위해 투쟁해야 한다고 생각한다. 그러나 통합주의에서 비롯된 수정 자본주의나 사회주의는 부자에게 세금을 거두어 가난한 자를 돌보아야 빈곤 문제를 해결할 수 있다고 생각한다.

하지만 기독교는 자유와 재능을 바탕으로 성숙하고 선한 부자가 되어 가난한 자들을 돌보아야 하며, 더 나아가 그들이 자립할 수 있도록 도와야 한다고 말한다. 부자일 때 가난한 자를 돌아보고 또한 자신이 가난하게 되면 도움을 받을 수 있어야 한다는 것이 기독교 사상이다. 연보 사상은 이러한 원리가 구체적으로 적용된 것이며 이는 곧 상생 사상이다. 고대 사회가 제국으로 진행될 때 하나님께선 이스라엘이라는 제사장 나라를 세우셨고, 그들이 실패한 이후 교회를 세우셨다. 그렇게 세워진 교회에는 하나님 나라가 드러나야 하며, 그럴 때 교회 내의 정치와 경제, 문화는 하나님의 뜻이 이루어지는 기회가 된다.

인간의 타락을 인정하고 하나님의 말씀인 성경이 말하는 기독교 세계관으로 사회를 이해할 때 사람들을 재앙으로 몰아넣지 않는 참된 사회과학이 될 것이다. 또한, 하나님께서 말씀하신 원래의 세상, 타락 이후의 세상, 그리고 구속받은 이스라엘과 교회의 모습을 연구힐 때에야 비로소 참된 공동체가 무엇인지 제시할 수 있다. 교회 안에서 하나님의 나라로 드러나는 구속적 통치와 세상 속에 역사하시는 하나님의 섭리가 어떻게 다르게 나타나고 있는지를 인식해야 한다. 주님의 재림까지는 이 세상은 결코 하나님 나라가 아니다. 오직 교회 안에서 경험되는 통치가 하나님 나라이다. 그럼에도 불구하고 세상에서 기독교 세계관에 입각한 사상과 그에 따른 제도가 형성되어 그것이 통치 체계를 이루게 된다면, 죄를 억제하고 사랑을 경험하는 일은 충분히 가능해질 것이다.

6. 성경과 문화 문명

　기독교는 때로 반문화적이라는 오해를 받기도 한다. 그러나 기독교는 반문화적인 종교가 아니다. 그렇다고 기독교가 세상의 문화와 문명을 그대로 추종하는 것도 아니다. 기독교는 하나님께 문화명령을 받은 공동체이다. 따라서 기독교는 세상의 문화 변혁을 통해 새로운 문명을 창달해야 할 책임이 있는 종교이고, 그렇기에 문화에 대한 정확한 관점을 소유하는 것이 필요하다.

　기독교인은 정복하고 다스리라는 말씀을 문화명령으로 이해해야 한다. 하나님께서는 인간에게 창조한 세상을 보여주시며 이 세상을 정복하고 다스리고 경작하라고 명하셨다. 이 말씀이 바로 문화명령이다. 예수 그리스도는 죽으시고 부활하신 후, 제자들에게 모든 민족을 제자 삼고 세례를 베풀며 가르쳐 지키게 하라 명하셨다. 이처럼 문화명령은 그리스도의 대위임령 안에서 회복되고 성취된다.

문화가 하나님께서 보시기에 아름답고 인간에게 유익하려면 문화 안에 하나님의 주권과 뜻을 인정하는 태도가 있어야 한다. 문화 행사에서 하나님을 찬양하는 활동만 해야 한다는 말이 아니다. 문화가 인간 중심으로 발달했기에 인간의 사랑이나 슬픔 같은 감정을 담아내고 또 불러일으킬 수 있지만, 하나님을 모독하거나 인간에게 해를 끼치며 악으로 이끄는 문화는 변혁되어야 한다는 뜻이다. 신자들은 교회 내에서만이 아니라 세상에서도 좋은 문화가 형성되도록 선한 영향력을 행사해야 한다. 하나님의 주권과 뜻을 삶의 현장에서 지혜롭게 사랑으로 드러낸다면, 신자들이 있는 곳 어디서든 변화와 혁신이 일어날 수 있다. 초대 교회를 보면 성령을 받은 공동체의 기준은 사도적 가르침이었고, 그것을 통해 교제하면서 삶이 변화되었다. 유무 상통하며 서로의 필요를 채워주는 사랑의 문화가 자연스럽게 형성된 것이다. 공동체가 모여 시와 찬미와 신령한 노래로 화답하고 모든 일에 감사함으로 하나님께 아뢰며 서로 피차 복종하려는 모습을 교회에서 볼 수 있다. 이러한 내용을 현대 사회에 적용하면 하나님께서 보시기에 아름다운 문화가 생겨난다.

또한, 우리는 하나님의 예정으로 드러난 하나님의 작정을 이해할 때 하나님의 뜻이 문화에 어떻게 드러나야 할지를 알게 된다. 창조 언약에 나타난 문화명령을 보면 개발과 보존이라는 방법을 통해 이 세상을 에덴의 원리가 적용되는 곳으로 만들어야 하는 사명이 우리에게 주어졌음을 알 수 있다. 타락 전의 에덴이 공동체의 모델이었듯이, 타락 이후에도 하나님의 선택과 구원으로 세워진 이스라엘은 하나님의 통치를 보여주는 국가 공동체 모델이다. 문화명령에서 중요한 것은 경작을 통해 생산하고 소유하며 분배하는 과정이기에, 이것이 문화의 주요한 요소가 될 수밖에 없다. 따라서 문화는 정치와 경제를 포함할 수밖에 없고 생산성을 높이기 위한 기술과 학문을 통해 문명이 발달하게 된다. 정치와 경제의 근간을 이루는 사상이 과학 문명과 발맞추어 발달하지 않으면, 인간은 문명의 발달로 인해 수많은 문제에 직면하게 된다. 그러므로 악을 억제하고 선을 격려하는 사상과 법, 그리고 제도를 마련해야 한다.

인간은 본래 선하게 지음을 받았으나 타락하여 악한 존재가 되었고, 예수 그리스도의 구속을 통해 그리스도와 믿음으로 연합하지 않고서는 결코 선한 존재가 될 수 없다. 선한 존재가 되어야 선한 문화를 만들 수 있기에 예수 그리스도의 구원은 문화구속의 우선 조건이라 할 수 있다. 하지만 세상을 향해 그리스도를 전파한다고 해서 모두 다 믿고 순종하는 사람이 되는 것은 아니다. 그래서 교회로 모여 서로 사랑함으로 하나님 나라를 증시하는 것이 중요하다.

우리는 메소포타미아 문명, 이집트 문명, 인더스 문명, 황하 문명이라는 4대 문명을 통해 바벨탑 사건 이후 인간의 발자취가 어디로 흘러갔는지 확인할 수 있다. 성경은 바벨탑 사건으로 흩어진 존재들이 어디서 어떻게 문명을 만들었는지에 관심을 두고 있지 않으며, 오히려 그런 문명으로부터의 탈출을 명하고 있다. 하나님께서는 아브라함을 메소포타미아에서 불러내셨다. 하나님의 주권을 인정하며 공도를 행하는, 새로운 인류의 표준이 되도록 하셨다. 또한, 이스라엘이 이집트를 벗어나 가나안 땅에 들어가도록 하셨다. 그곳에서 하나님께서 기뻐하시지 않는 문화에 대해서는 완전정복을 통해 척결하고 새로운 문화를 세우도록 하셨다. 하나님께서 세우신 그곳에는 세상 나라와 구별된 절기와 경제, 그리고 정치 제도가 있었다. 세상이 제국을 꿈꿀 때, 이스라엘은 제사장 나라와 거룩한 나라가 되도록 하셨다(출19:4-6). 신약에서는 교회가 만물을 충만하게 하는 분의 충만이 되어, 세상을 의미 있게 하도록 하나님께서 교회를 세우셨다(엡1:23).

이렇게 하나님 앞에서 사명을 받은 공동체는 세상을 향한 모델이 되었다. 에덴의 가정이 아담과 그 후손이 온 세상에 펼쳐야 할 가정 모델이었듯이, 하나님께서 택하신 이스라엘은 제국 속에서 제사장 나라의 모델이었다. 이스라엘 내의 희년이라는 사회제도는 땅이 개인의 것이 아닌 가문의 것임을 보여준다. 이는 곧 이스라엘이 기본 생존권이 보장되는 나라였음을 의미한다. 누구나 땅을 소유할 수 있고 자유로운 경제 활동이 가능하며 안정된 삶을 위한 기본소득이 보장되는 나라였다. 이는 세상에서 최초의 법전이라 여겨지는 함무라비 법전으로도 도저히 따라올 수 없는 제도였고 특히나 고대의 제국들 속에서는 상상도 하지 못할 제도였다. 하나님께서는 이스라엘에 노동을 쉬는 안식일, 노예를 풀어주는 안식년, 빚을 탕감해주는 면제년, 땅을 원래의 주인에게 돌려주는 희년, 그리고 고아와 과부를 보호하기 위한 제도뿐만 아니라 이방인들이나 동물들을 위한 제도까지 만들어 주셨나.

이처럼 주님의 주권을 인정하는 신자들이 모이면 세상의 단체와는 차별된 새로운 공동체가 된다. 초대 교회의 모습을 그저 역사적 현상으로 보는 것에서 끝내지 말고, 모든 교회의 모델로서 그 모습을 봐야 한다. 교회가 참된 모델이 되기 위해서는 예수 그리스도를 구주로 영접하여 개인이 변해야 하고 그 변화된 개인이 모여 함께 공동체로 살아야 한다. 주님께서 자신의 죽임 당함과 부활, 성령의 보내심으로 세우신 교회의 본질을 깊이 알아야 문명의 발달이 교회나 세상을 어지럽히는 방향으로 나아가지 않고, 하나님의 뜻대로 순기능을 하도록 도울 수 있다. 모두에게 유익한 문명의 발달을 이루는 것은 기독교 세계관으로 통찰한 참된 사상을 가질 때 가능하다.

문명의 발전이 인간의 삶을 한층 더 편리하게 함에는 틀림이 없다. 그렇기에 문명의 발달에 따라 그 문명을 함께 누릴 수 있도록 하는 제도가 더욱 필요한 것이다. 그 제도에는 문명으로 생산된 부를 나누고 사람들에게 새로운 기회를 부여하는 사상이 담겨 있어야 한다. 교회가 기독교 세계관으로 통찰한 사상을 온전히 담아내는 주님의 몸된 교회로 살 때, 모든 학문과 문화 문명을 회복할 수 있다. 이로써 교회가 만물을 충만케 하는 자의 충만으로서의 기능을 다 할 수 있게 된다.

묵상과 토론을 위한 질문

1. "학문은 하나님의 형상대로 지음 받은 사람으로서 세상을 다스리기 위한 준비 과정"이라는 정의에 비추어, 현재 삶의 영역(학업/직장)에서 그 목적에 부합하게 조정해야 할 것이 있다면 무엇이며 어떻게 방향을 잡아가겠습니까?

2. "모든 학문의 기초는 성경 공부에서 시작되어야 한다"는 주장에 동의한다면, 현재 내가 배우는 또는 사용하는 지식과 기술은 성경적 세계관에 따라 어떻게 해석·통합되고 있으며, 무엇이 성경적 관점에서 볼 때 왜곡되어 있는지 진단할 수 있습니까?

3. 본문에 등장하는 아담 공동체, 노아 공동체, 이스라엘, 교회의 실패와 회복을 통해 볼 때, 하나님의 말씀을 기준으로 삼지 않을 때 공동체가 필연적으로 겪게 되는 문제는 무엇이라고 생각합니까?

4. "성경→신학→철학→학문"으로 이어지는 관점 사슬이 무너짐으로써 발생한 역사적 폐해를 원인-과정-결과로 정리해보고, 그 왜곡이 미친 영향을 기독교 세계관으로 분석해 보세요.

5. 본문은 '철학이 신학을 버리면 학문은 기능적 수단으로 전락한다'고 말합니다. 오늘날 학문이 힘이나 도구로만 사용되고 있다고 느껴지는 사례에는 어떤 것들이 있으며, 그 근본 원인은 무엇이라고 생각합니까?

6. 본문이 말하는 '성경은 비과학이 아니라 초과학적 계시의 기록'이라는 수상에 비추어, 과학과 신앙을 대립적으로 이해해왔던 나자신의 전제는 무엇이었는지 점검해 보세요.

7. "과학은 신학에 방향을 물을 때 회복된다"는 명제를 자신의 전공에 적용하여, 하나의 연구 질문을 기독교 세계관으로 분석해 보고, 타락으로 인해 왜곡된 부분이 무엇이며 그것을 어떻게 회복의 방향으로 전환할 수 있을지 제시해 보세요.

8. 현재 사회 문제 중 하나를 선정하여 사회과학의 주요 틀(기능주의·갈등주의·통합주의)에 대한 본문의 비판을 참고해 분석·비평한 뒤, 기독교 세계관으로 어떻게 보완할 수 있을지 정리해 보세요.

9. 기술혁명이 만든 생산성과 부의 이동, 인간 소외 문제를 본문의 관점으로 진단할 때, 교회·국가·시장이 각각 취해야 할 정책또는 실천 방안을 제시하고, 악용을 방지하기 위한 안전 장치도함께 적어보세요.

10. "교회는 학문하는 사람들의 모임이자 문화명령을 제자명령으로 실천하는 공동체"라는 주장에 따라, 교회 내 소그룹에서 바로시작할 수 있는 제자 사역은 무엇이며, 그 사명을 감당하기 위해가져야 할 태도는 무엇일까요?

글을 마치며

　이 책은 필자가 대학에 다닐 때부터 관심을 가져온 분야를 정리한 것인데, 관련 주제의 책들이 많이 있어 글쓰기를 주저했지만, 교회에 기독교 세계관이 더 쉽게 뿌리 내리기를 바라는 마음으로 썼다.

　이 책이 삶과 신앙의 방향을 잃었다고 느낄 때 다시 펼쳐 보며 자신의 관점을 점검하는 데 도움이 되기를 소망한다. 앞으로 출판될 저자의 다른 책들에서는 가정과 일, 관계와 사회, 학문과 문화의 영역 속에서 신앙을 어떻게 구체적으로 살아낼 것인지에 대한 보다 세밀한 논의와 실제적인 적용을 다루게 될 것이다. 이 책은 그 여정을 시작하는 첫 관문이자 방향을 제시하는 역할을 감당하고자 한다. 앞으로도 각각의 주제들에 대하여 기독교 세계관으로 통찰해보려 한다. 계속해서 공부하고 연구한 것을 정리하여 나누고 싶다는 생각이 든다.

　책을 쓴다는 것은 소비자에서 생산자가 되는 것이다. 누군가에게 생각할 수 있도록 자료를 제공하는 것이기도 하다. 사유재에서 공공재를 만드는 것이기도 하다. 세상에 말을 거는 일이기도 하다. 심지어 선지자의 기능을 하는 것이기도 하다. 동시에 생각이 다른 누군가로부터 비판을 받는 일의 시작이기도 하다.

　독자들에게 무엇인가를 드러내 보이는 것에 대한 두려움도 있었지만, 누군가에게는 영향을 줄 수 있다는 기대도 있다. 처음 책을 마무리한다는 기쁨도 있지만, 부족함을 느끼며 더욱 성장할 것에 대하여 목마름을 느낀다.

이 책이 나오기까지 후원과 협조해주신 원미 언약교회 성도 님들과 지금의 내가 되도록 길러 오신 믿음의 선배들에게 감사를 전한다. 신학을 더욱 개진할 수 있도록 지도해 주신 이순태 교수님께 감사드린다. 신학 시절 3년간 학자금을 후원해주신 이상엽 장로님, 송영옥 전도사님께 감사드린다. 특히 묵묵히 바라보며 기도해 주시고 사랑해 주신 어머니 임화점 권사님과 누님들께 감사드린다. 아직 주님을 알지 못하는 가족에게는 이 책이 그리스도를 아는 기회가 되면 좋겠다. 함께 살아오며 모든 면에서 인내와 사랑으로 동행해 준 나의 아내에게 한없는 사랑의 마음을 담아 감사를 전한다. 고귀한 선물이며 훌륭한 인생 학교가 되어준 아들과 딸, 며느리, 손녀가 있음에 행복한 감사를 전한다. 오늘날까지 구원해 주시고 인도하시고 길러 주시고 가르쳐 주시며, 공급하시고 보호하시는 주님께 감사드린다.

마지막으로 이 책을 끝까지 읽어주신 분들께 진심으로 감사드립니다.